Ofendidos
e Ofensores

Dario Sandri Jr.
pelo Espírito Fénelon

Ofendidos e Ofensores

Aliança

1ª edição, 2ª reimpressão, Maio/2014, 9º ao 11º milheiro

Título
Ofendidos e Ofensores

Autor
Dario Sandri Jr.

Revisão
Antônio Roberto de Carvalho

Diagramação
Bárbara Francis Bugno Gomes

Capa
Thaís Sandroni Mota

Impressão
Rettec Artes Gráficas e Editora

Ficha Catalográfica

Dados Internacionais de Catalogação na Publicação (CIP)
— Câmara Brasileira do Livro | SP | Brasil —

Fénelon (Espírito).
Ofendidos e Ofensores / pelo espírito Fénelon; [psicografado por] Dario Sandri Jr.. -- São Paulo : Editora Aliança, 2013.

ISBN: 978-85-88483-97-2

1. Espiritismo 2. Psicografia 3. Romance espírita I. Sandri Junior, Dario . II. Título.

13-09736 CDD-133.9

Índice para catálogo sistemático:

1. Romance espírita psicografado : Espiritismo 133.9

Editora Aliança
Rua Major Diogo, 511 – Bela Vista – São Paulo – SP
CEP 01324-001 | Tel.:(11) 2105 2600 | Fax: (11) 2105 2626
www.editoraalianca.com.br | editora@editoraalianca.com.br

Sumário

Primeira Parte

Segunda Parte

Terceira Parte

Prefácio

Ao leitor amigo, nossas saudações. Algumas palavras se fazem necessárias para a melhor compreensão dessa história.

Em primeiro lugar, devemos salientar que os nomes dos personagens foram mantidos nas diversas vidas, ou pouco alterados, a fim de facilitar a memorização. Evidentemente, foram tomadas certas liberdades literárias no intuito de se permitir uma melhor compreensão do texto. Por isso, ao final do livro será possível acessar uma tabela com a visualização dos principais personagens nas duas épocas de maior importância. Recomendamos que isso seja feito em caso de dúvida, no transcorrer da leitura. Na maior parte dos casos, os protagonistas estarão implícita ou explicitamente identificados. No entanto, como alguns dos personagens secundários permanecem mais ou menos obscuros, será possível efetuar-se a verificação sem maiores problemas por meio da tabela.

Em segundo lugar, uma advertência: as pessoas tendem a idealizar o processo de evolução, como se a partir de uma vida primitiva, o homem já atingisse a beatitude na vida seguinte. As nuances da realidade são bem mais complexas e por isso os personagens poderão apresentar oscilações naturalmente compatíveis com a existência humana e com a lei de evolução. O certo é que, aos poucos, o homem deixa no passado a brutalidade e os vícios de sua personalidade anterior. Contudo, que ninguém seja ingênuo a ponto de acreditar que em um passe de mágica, o selvagem de ontem se tornará o santo de hoje. As melhoras são sempre graduais, assim como a distinção entre o que é uma paixão orgulhosa e o amor verdadeiro. Essa é uma questão que demanda séculos e nem sempre é facilmente solucionada. A verdade, amigos, é que para descobrirmos as respostas da vida, normalmente sofremos muito e, nesse processo, tanto podemos nos tornar as vítimas como podemos nos tornar os algozes...

Boa Leitura.

Dario Sandri Jr.

"Nós nunca sabemos realmente até que ponto somos os ofendidos ou os ofensores"
(André Luís).

Primeira Parte

Capítulo Primeiro

FINIS ÁFRICA[1]

MARROCOS, AGOSTO DE 1578

O Sol inclemente estava a pino. A terra ressecada pelo calor dava a impressão de ser gleba submetida a um longo período de estio. Aqui e ali chumaços esquálidos de touceiras atrofiadas brotavam do solo, como se fossem símbolos da tenaz resistência da vida contra as intempéries.

No alto de um pequeno cômoro, doze cavaleiros maltrapilhos contemplavam, desarvorados, o poço que se destacava na ravina escaldante. Há muito aqueles homens tinham abandonado as armaduras, as cotas de malha e as esperanças. Tal como os arbustos, eles tinham chegado ao extremo, ao limite final. A resistência acabara e com ela a noção exata da diferença entre o que era um ato de coragem e o que era um suicídio deliberado.

Seis dias já tinham transcorrido desde a batalha; seis dias da morte do rei e do desbaratamento do exército. A fuga evitara a

[1] Denominação latina que significa, "Fim da África", ou seja, do mundo conhecido.

captura aviltante e quiçá, a execução. Mas o deserto implacável era um inimigo ainda pior do que mil lanças. Na ânsia do retorno, os trânsfugas tinham se perdido e, se deslocando quase a esmo, eram caçados pelos mouros[2] vingativos.

A paisagem verdejante cambiara lentamente, na medida em que avançavam para o interior, com a intenção de despistar os partidários do sultão.

A água se esgotara. Os cantis estavam vazios. Pequenas cacimbas tinham ficado para trás e já não era possível voltar. Os cavalos, igualmente desidratados, davam claros sinais de esgotamento. Não havia comida, mas ao longe, na ravina, cabras pastavam tranquilamente, como se esperassem o abate para salvar a vida de todos; exceto a delas próprias.

Todavia, entre a salvação divisada e a morte certa, encontrava-se uma patrulha inimiga, incumbida da missão de destruir os desgarrados do exército lusitano.

Os mouros não se empenharam, em nenhum instante, no engajamento de um combate decisivo. Eles esperavam que o Saara fizesse o serviço. Os cristãos sabiam disso. Conheciam o líder daquela patrulha. Era um homem de bronze, barba aparada, olhar altivo e penetrante. Destacava-se dos demais companheiros por sua túnica azul, semelhante a dos tuaregues, mas de um tecido fino, o que realçava sua posição social, indicando uma origem nobre.

Esse líder árabe estava certo de que levara os cristãos invasores ao desespero e que aos fugitivos só restava como alternativa à morte, uma rendição desonrosa. De fato, o mouro se dispunha a oferecer termos generosos de capitulação. Como era praxe nas guerras da época, pensava em lucrar com o resgate de prisioneiros.

[2] Povos islâmicos do norte da África e da Península Ibérica.

Do ponto de vista mouro, os cristãos estavam encurralados pela sede e pela desvantagem numérica de quatro para um. Além disso, os árabes estavam descansados e com o moral elevado pela vitória obtida no campo de batalha.

Todavia, a ideia de rendição, nutrida pelo chefe mourisco, não era compartilhada por seu antagonista imediato, o conde Juan de Extremadura, um castelhano[3] a serviço de Portugal. O conde Juan era um daqueles nobres que guardavam no peito o desejo de luta perpétua contra o infiel. Para ele, a deposição das armas não se constituía em uma opção. O deserto e a sede, porém, eram pouco idealistas, de modo que a situação exigia uma atitude drástica.

— O que faremos? – indagou um homem que se mantinha à direita do conde e que parecia ser, dentre os cristãos, o segundo em comando.

O castelhano apanhou o elmo, derradeira peça marcial que lhe restava além da espada. Ao colocá-lo, deixou claro suas intenções:

— Não vou me render! Jamais me tornarei um refém!

Um terceiro cavaleiro se adiantou, exclamando:

— Eles são muitos, senhor! Não temos a menor chance! Seremos massacrados!

O homem que interpelara Juan tentou dissuadi-lo:

— Talvez possamos negociar!

Juan pareceu irritado e bradou:

— De minha parte não haverá negociação! Jamais me humilhei em toda a minha vida e pretendo morrer por Cristo com minha dignidade intacta! Agora, se desejardes salvar as vossas miseráveis peles e perder vossas almas para o inferno, lançai vossas espadas na terra e suplicai! Eu não o farei! Prometi

[3] De Castela, região central da Espanha.

empenhar minha última gota de sangue à causa de nossa Santa Igreja[4] contra os inimigos da cristandade!

— Não penso que estejas errado! – tornou o vice-chefe, cujo nome era Cristiano. — Mas, olha para esses jovens! Eles têm uma vida inteira pela frente.

O conde voltou-se para trás e vislumbrou seus homens. Quase todos eram meninos de pouca barba, adolescentes fanatizados pela ideia de cruzada gloriosa e de salvação divina. Juan não se comoveu, respondendo:

— Eles sabiam das possibilidades, Cristiano! Todo homem nasce para morrer! E é melhor morrer por um ideal, em um dia escolhido por ele próprio, do que numa cama, apodrecendo aos poucos!

Juan fez uma pausa. O vento quente e seco soprava. Uma fina camada de areia dançou como uma cobra entre as patas dos cavalos. A seguir, gritando, o conde explodiu em euforia, perturbado na sua insanidade fanática:

— Jesus nos recompensará com o paraíso pelo que deixarmos na Terra!

E erguendo sua espada nos ares, incitou os homens ao derradeiro combate:

— Por Deus! Por el rei! Por Santiago!

Todos repetiram o gesto e as palavras, dando a entender que estavam dispostos a sucumbir em um ataque impetuoso. Cristiano foi o único que não se entusiasmou. Ele não era covarde, mas não tinha a menor vocação para suicida.

Juan esporeou a sua combalida montaria em direção ao poço e deu a ordem de ataque, que se traduzia em um único grito, longo, sagrado, mortal...

[4] Referência à Igreja Católica Apostólica Romana.

— Ave Cristo!

Agora não havia mais saída. Ou lutavam e expulsavam os mouros ou morriam tentando. Cristiano observou atentamente os adversários, que já se posicionavam para receber o ataque. Em um segundo, ele ponderou sobre as chances que tinham. Não eram muitas e a tática adotada, de ataque frontal, era a consagração da estupidez. Com tantas desvantagens, seria preciso um milagre daqueles bem grandes para que se salvassem. E como pudera testemunhar, nos últimos dias, Alá[5] sempre estivera com os muçulmanos.

Cristiano foi o último dos guerreiros a descer pela colina arenosa e pôde observar que os inimigos formavam uma meia-lua côncava, com a infantaria leve no centro e a cavalaria nas laterais. O mouro estava numa posição de vantagem e procurou aproveitar ao máximo a situação. Cristiano percebeu que, com a mão, o árabe ordenava para que a cavalaria permanecesse inerte, enquanto que da massa de infantes, um grupo de arqueiros rompia à frente. Imediatamente, setas começaram a cair sobre os portugueses.

Como sempre acontece nos transes de tensão e perigo, a realidade se obliterou e o instinto tomou conta do raciocínio, não só de Cristiano, como de todos os que se engajaram na luta. Cristiano mal ouviu a exortação de Juan, quando este gritou:

— Que São Tiago nos valha!

Mas, gritos não detêm flechas e não aplainam lanças, de forma que quando a cavalaria muçulmana se lançou em combate, alguns cristãos já estavam no chão, feridos.

Juan, em um ato de desespero, dirigiu-se ao centro da formação inimiga para eliminar-lhe o chefe, na esperança de causar, entre os mouros, confusão e debandada. O árabe, contudo,

[5] Alá: Deus entre os muçulmanos.

retirou-se para trás da linha, enquanto que seus cavaleiros cercavam os cristãos. Juan percebeu que era o fim. O conde resolveu, então, vender caro a vida, mas aos poucos foi sentindo que golpes profundos lhe dilaceravam a carne.

Cristiano, por sua vez, tentou, quase por instinto, chegar ao poço, mas foi alcançado por uma lâmina. Sentiu uma dor lancinante e perdeu o equilíbrio, caindo na areia quente e macia. Mil coisas passavam em sua mente, coisas insignificantes e frenéticas que deslizavam sob seus olhos com a vertigem de uma explosão. Parecia que ele abraçava a realidade, integralmente, de uma vez só. Não entendia o que estava acontecendo; ouvia nitidamente os ruídos da batalha que prosseguia, percebia o céu azul e descortinava os fatos antigos de seu passado. Tudo isso simultaneamente. Ele viu, afinal, quando um rosto moreno se aproximou e, vibrando um ódio irrefletido, ameaçou desferir-lhe uma acutilada de misericórdia.

Foi aí, então, que a consciência desapareceu, anulando-se no eclipse escuro do nada.

Capítulo Segundo

VERNIZ

Ele abriu os olhos, tentando se localizar em meio ao breu. Seu coração batia agitado e a respiração era rápida e ofegante, como se tivesse acabado de sair de um cataclismo. Tateando no escuro, procurou se orientar. Perdera a noção das coisas. Não sabia onde estava, nem de onde tinha vindo.

Aos poucos, foi recuperando a razão. Deu um suspiro de alívio e apalpou o rádio-relógio da cabeceira. Grandes números vermelhos apareceram. Eram três horas da manhã. Ele se sentou na cama, compreendendo que fora assaltado novamente por aquele singular pesadelo. Dentre os vários fragmentos desconexos, permanecia sempre a impressão de que alguém iria golpeá-lo fatalmente enquanto se encontrava caído na areia. Por isso, ficou por vários segundos com uma desagradável sensação de pânico.

Cristiano passou a mão sobre o rosto. Tentava afastar de si o nervosismo e a irritação. Considerou que nem mesmo o sono lhe proporcionava a paz almejada. Quando o visor do rádio-relógio se apagou novamente, ele apertou um botão e a luz do quarto foi acesa.

Notava-se que era uma casa de gente que, mesmo sendo simples, longe estava da vulgaridade dos Espíritos brutais. Certamente, aquelas pessoas faziam da humildade de cada dia a fé em um futuro melhor.

As paredes eram pintadas a cal, com a cor pesada de um vinho desbotado e manchado pela umidade. Apesar disso, o asseio e a ordem imperavam, soberanos. Os móveis, poucos e velhos, estavam bem conservados e sobre um deles podia-se ver, discreta, a Bíblia, com uma página marcada. Grifada, a lápis, uma passagem em II Reis, 24:20: “Pois assim sucedeu por causa da ira do Senhor”.

Cristiano ignorou a Bíblia, pensando em assuntos bem mais mundanos. Ele tinha sede. Levantou-se e foi até a cozinha. No caminho, cruzou com um gato cinzento, que aconchegado em sua cestinha, olhava-o com curioso desdém.

O jovem, para resgatar o bom humor, brincou com o bichano:

— O que foi? Você está tendo pesadelos também?

O gato, que por motivo ignorado recebera o sugestivo nome de Fifo, pertencia a sua mãe. Mas, quem cuidava mesmo da bicharada era a irmã mais nova, Ester, de maneira que o gato a reconhecia por verdadeira dona. Talvez por fome, talvez para responder a pergunta que lhe era feita, Fifo miou agudamente.

Cristiano fechou os olhos, arrependido. Já sabia o que viria a seguir. De fato, menos de um segundo depois, latidos repetidos ecoavam no corredor externo. O rapaz, para evitar que os ladrares perturbassem a vizinhança e a própria família, saiu para o quintal.

Lá fora, um cãozinho bege, também de raça ordinária, pulava de alegria ao ver o patrão.

O rapaz se agachou e fez um carinho no animal, com o intuito de silenciá-lo.

— Quieto Pito, quieto! – ciciava Cristiano, tentando acalmar o bichinho, que de tão alegre o enchia de lambidas carinhosas.

O rapaz sabia que teria problemas. O cão não se aquietaria facilmente e sua mãe, dona Emília, proibia que Pito dormisse dentro de casa, para que ao amanhecer não tivesse de limpar a bagunça. Fifo saiu e passou a observar, com jornalística curiosidade, os acontecimentos.

Cristiano voltou à cozinha e tentou subornar o cão com algumas bolachas velhas de água e sal. Deu certo. O faminto animal passou a devorar as bolachas, ainda que protestasse ligeiramente contra a posterior deportação para o quintal.

Cristiano tomou a água e sentou-se na cadeira da cozinha, meditando sobre o pesadelo que tivera, cujas imagens estavam, ainda, frescas na memória. Ele piscou os olhos, angustiado, ao sentir que as visões recomeçavam. Não, aquele não era um sonho normal. Era real demais para ser apenas um produto da imaginação ou resultado de metáforas simbólicas de uma mente perturbada.

Ele queria entender porque tinha tais sonhos recorrentes. Não que fosse algo grave ou atormentador, mas com certeza não era agradável acordar assustado no meio da noite, com a visão de alguém se aproximando para tentar matá-lo.

Cristiano precisava de paz, de descanso. Considerou que aquele aborrecimento tirava o seu precioso sono. Ele já dormia pouco, por causa dos horários apertados. O trabalho no banco, a faculdade, as atividades religiosas. Não podia desperdiçar uma noite, atormentado por pesadelos.

De qualquer maneira, concluiu que conversaria com o pastor Eduardo, no sábado, após o culto, para ver se existia uma explicação plausível para a repetição constante de um mesmo sonho. Fosse o que fosse, ele não podia se impor o tributo da insônia. Precisava de toda a energia disponível para superar o desgaste do cotidiano.

Essa vida sacrificada Cristiano recebera como triste herança de uma pobreza ancestral. Na verdade, a família inteira sofrera as dificuldades inerentes aos deslocados pela miséria.

Seu pai, Josivaldo Xavier tivera de abandonar o torrão natal, diante das constantes secas que assolavam o nordeste brasileiro. No final da década de 1960, o governo de Brasília pouco fazia para deter a migração e a diáspora dos flagelados, interessado que estava em explorar a mão-de-obra barata que se acumularia no sul, algo indispensável para o crescimento econômico do país.

O estabelecimento dos Xavier em São Paulo não foi fácil. A mãe de Cristiano ainda sabia ler, mas Josivaldo mal conseguia assinar o nome.

De qualquer maneira, Josivaldo arrumou um emprego na construção civil, enquanto que a esposa, Emília, passou a fazer faxinas domésticas para senhoras de classe média. Isso lhes permitiu alugar um cômodo em um bairro distante, na zona norte da grande cidade. Os três filhos pequenos, Cristiano, Ester e Amós passavam a manhã com uma vizinha e à tarde iam para uma improvisada creche particular. No caso do mais velho, para a escola primária do Estado.

O salário de Xavier, apesar de modesto e suado, era não só suficiente para o sustento como ainda permitia a formação de um excedente. Com esse dinheiro, somado ao que Emília trazia para casa, a família logo adquiriu um terreno nas fímbrias da Serra da Cantareira[6]. A região era invadida e, portanto, irregular. Mas, ao

[6] Cadeia de montanhas ao norte da cidade de São Paulo.

construir sua humilde casa de tijolos, Xavier saiu do aluguel e, orgulhoso, começou a dar um lar decente para os filhos. Ano a ano, mês a mês, Josivaldo arrumava o seu canto. Aumentava o espaço, erguia um muro, rebocava uma parede, construía um quarto.

Dona Emília observava, satisfeita, o progresso material da família, coisa que jamais sonharia ter em sua terra natal. Eles eram pobres ainda, mas não passavam necessidade e os filhos desconheciam o significado da palavra fome.

A situação se alterou ligeiramente em 1974, quando Josivaldo perdeu o emprego fixo em uma construtora. Contudo, como ele era bom pedreiro, passou a fazer trabalhos esporádicos pelo bairro, o que, afinal de contas, se revelou até mais lucrativo em termos de rendimentos.

Emília, seduzida pela singeleza de uma fé comunitária, aderiu ao protestantismo, pois via na nova religião o afeto de irmãos e o arrimo de pessoas que ansiavam pela paz. Empolgada com os cultos, rituais e palavras facilmente compreensíveis para o seu coração simples, Emília passou a levar as crianças, na esperança de educá-las nas leis de Deus.

Josivaldo não gostou da mudança de comportamento da companheira. Para ele, aquela igreja era um antro de hipócritas e ele via com ciúme exagerado o convívio de sua esposa com outras pessoas; ou mais exatamente, com outros homens.

Ao contrário do que Xavier supunha, a atmosfera na igreja era de total respeito. Todos se tratavam com carinho e se ajudavam em qualquer emergência.

Josivaldo porém, enxergava a aproximação como intimidade indevida e começou a reclamar. As reclamações foram subindo de tom, estimuladas pelo descontrole emocional. Quando a situação se tornou insustentável, Xavier decidiu se afastar. Para não ficar sozinho em casa, aos sábados à noite, ele passou a frequentar um bar, cujo dono era seu conhecido de anos. Ali, se entregou ao vício da bebida e iniciou um processo de derrocada moral.

A embriaguez de um dia tornou-se a rotina do outro e a necessidade de sempre. Às vezes, Josivaldo parava por um tempo, espicaçado pela consciência e pelo remorso. Mas, diante de qualquer insatisfação ou problema, voltava ao vício.

Acresce que, ao beber, Xavier faltava ao trabalho e, pior, exibia atributos de violência. Brigas em casa se tornaram um espetáculo corriqueiro e dona Emília passou a sofrer, em silêncio, sessões de espancamento. Muitas vezes, ela se interpunha entre o marido e as crianças para poupá-las de agressões injustificadas e gratuitas. Nessas horas, sempre acabava apanhando. A situação familiar ganhou contornos insustentáveis e dona Emília pensava em desquite, pois não podia suportar uma ou duas surras por semana.

Conhecendo o drama, os companheiros de fé de dona Emília tentaram um resgate desesperado, o que funcionou por certo tempo. Tendo já se tornado um dependente do álcool avassalador, Josivaldo sofreu uma recaída que colocou tudo a perder. Ele abandonou de vez os cultos que a contragosto frequentara e se aproximou novamente de seu grêmio de falidos.

Diante desse quadro negro, não se constituiu surpresa alguma quando dona Emília recebeu a notícia de que seu marido fora esfaqueado em uma briga de bar. Ao chegar ao local do sinistro, a polícia já estava lá e pouco poderia ser feito. Josivaldo morrera.

Dona Emília lastimou a morte do companheiro; mais como cristã do que como esposa. Afinal, ela sofrera barbaridades nas mãos dele. Aos poucos, apesar das dificuldades financeiras, a senhora Xavier retomou a rotina e com a ajuda dos companheiros de fé, foi levando a vida. Trabalhou no limite das possibilidades e conseguiu criar os filhos, que se tornaram, para ela, a prioridade máxima e o objetivo maior de sua existência.

Os anos passaram, tristes, na luta cotidiana contra a pobreza, que era sempre uma vizinha à espreita, esperando o menor deslize para insinuar-se com suas sugestões de desespero.

Cristiano começou a batalhar cedo para ajudar a mãe. Nas feiras do bairro fazia carretos e depois foi convidado a colaborar nas barracas de feirantes amigos, a quem seu esforço e humildade não passaram despercebidos. O empenho exigido era grande e o salário pequeno. Mas Cristiano não desanimou. Ao sair do serviço, voltava para casa e frequentava a escola no período vespertino. Foi assim que se formou no antigo ginásio e posteriormente no colegial, já estudando à noite.

Com o diploma de segundo grau em mãos, conseguiu um estágio em um grande banco particular, no centro da cidade. Logo em seguida, ingressou na faculdade de administração e foi efetivado no emprego. Cristiano ficou exultante, bem como dona Emília, que agradeceu aos céus, pois supostamente a situação financeira da família melhoraria.

Isso veio bem a calhar, já que quando Cristiano completou 19 anos, seu irmão caçula, Amós, começou a dar dor de cabeça.

Ao contrário de Ester e de Cristiano, Amós não tinha inclinação para os estudos. Para ele, a escola era uma chatice, que nada acrescentava à sua falsa experiência. Ele não compreendia a necessidade do aprendizado, porque achava que já sabia tudo o que precisava para viver.

A primeira ação de rebeldia de Amós foi trocar os cultos da igreja por bailes suspeitos, seguindo amigos cujo comportamento dona Emília reprovava veementemente.

Cristiano, cinco anos mais velho, era respeitado por Amós, o qual o via quase como um pai. Contudo, Amós achava-se incapaz de imitar os elevados padrões familiares de moralidade. Aquele insípido ritmo de vida, segundo o caçula, era próprio dos que se satisfaziam com pouco. E isso, para um Espírito irritadiço como ele, era algo aviltante, quase desonroso.

O adolescente revoltava-se ao avaliar que os esforços da mãe e do irmão não eram recompensados com nada além do mínimo; com o suficiente apenas para levar uma vida no limite crítico da sobrevivência. Um absurdo, do seu ponto de vista. Ele queria mais; queria roupas, queria bem-estar, queria luxo, queria tudo aquilo que merecia e não tinha.

Dentro de Amós cresceu um ódio irrefreável ao constatar o abismo social que o separava dos endinheirados. Ele se sentia inferior; sentia-se desprezado por ser pobre, filho de migrantes. Sua revolta encontrou eco no coração de companheiros perigosos, que o estimularam a seguir um caminho de crime e dor.

Para desespero de dona Emília, Amós largou a escola e começou a praticar pequenos furtos. No começo, ninguém percebeu a mudança. Mas logo Ester chamou a atenção para roupas caras e tênis estranhos que apareceram em casa. Amós deu algumas desculpas esfarrapadas, que não puderam ludibriar dona Emília.

A mãe, vigilante, foi até a escola. Lá soube que o filho só aparecia esporadicamente e tinha um comportamento repreensível, de agressividade e negativismo. A diretora da instituição, que conhecia dona Emília há anos, recomendou que Amós fosse fiscalizado mais de perto e colocou-a a par dos boatos que corriam.

Dona Emília saiu arrasada da entrevista e telefonou para Cristiano, no serviço, contando rapidamente o que ocorrera. Cristiano ficou preocupado e se dispôs a conversar com o irmão.

Para não alertar o caçula, a matrona nada disse; esperou que o primogênito chegasse da faculdade. Naquela terça, Cristiano estava bastante cansado; o ritmo de trabalho fora estafante. Depois de comer a singela refeição que a mãe carinhosamente havia preparado, ele foi para o quarto que dividia com Amós.

O adolescente dormia. Cristiano acendeu a luz e disse, severo:

— Amós, acorda! Precisamos conversar.

— O que foi? – resmungou o outro, remexendo-se na cama.

— Você está indo à escola?

— Claro! Todos os dias!

Cristiano mordeu os lábios. A mentira deslavada do irmão o transtornava.

— Como assim? A diretora disse que faz dias que você não aparece lá! Que na semana passada você não foi e que praticamente já perdeu o ano!

— A diretora é louca!

Agora Amós sentara-se na cama. Ele precisava estar atento para tapear o primogênito, embora a sua causa já estivesse perdida de antemão.

— Ela não é louca, Amós! A escola deu uma cópia do boletim. Suas notas estão todas abaixo da média. Você não tem ido às aulas!

Amós se ergueu, encarando o irmão. Decidiu que já era hora de mostrar quem era de fato. O tom de sua voz tornou-se desafiante e estranho. O respeito de anos acabava de morrer ali.

— É, não tenho mesmo! E daí?

— Onde você tem ido então?

Amós ergueu os ombros, como se indicasse que aquilo não era da alçada de Cristiano. Este desenhou no rosto uma expressão de censura, compreendendo tudo.

— Você não pensa na mamãe? Ela está aborrecida com essa história. E com as coisas que têm aparecido aqui em casa!

— Que coisas?

— Você sabe, Amós! Roupas, tênis de marca. Isso custa caro! De onde vem o dinheiro?

— Eu me viro! Não vou ficar como vocês, trabalhando o dia inteiro para os outros e no fim do mês ganhar uma miséria!

— Foi essa miséria que te sustentou até hoje! Foi essa miséria que botou o pão de cada dia na mesa de casa!

Amós fez um gesto de desprezo e retrucou:

— Lá vem você com essa besteira, Cristiano! Você não é meu pai! Você acha que eu vou viver limpando privada dos outros, como a mamãe fez a vida inteira? Ou me tornar um bajulador que dá lucro para banqueiros? Então, por que não cuida da sua vidinha sem graça e deixa a minha em paz?

Cristiano percebeu que a mente do irmão estava conturbada e repleta de cólera injustificada. Quem lhe inoculara semelhante veneno na alma? Ele adivinhou a resposta.

— São esses seus amigos, não? São esses meninos irresponsáveis que te arrastam para o mau caminho!

— O que você sabe? Eu faço o que quero, quando quero. Ninguém manda em mim!

— Todos nós, um dia, prestaremos contas a Jesus!

— Para! Eu não acredito em nada disso!

Cristiano ficou perplexo. Ele tinha dificuldade em entender como Amós, após aprender tanto na igreja, ainda podia optar pelo mal como companheiro.

Essa primeira discussão foi seguida de muitas outras. Dona Emília tentou desesperadamente salvar o filho, por conhecer o destino destrutivo de todos os rebeldes inconscientes. Josivaldo fora uma experiência por demais ilustrativa para que ela não percebesse a semelhança de atitudes e de vícios entre pai e filho.

Pois, a verdade é que Amós, com o tempo, foi ficando incontrolável. Ocorreu então uma primeira prisão, por roubo. Internado em uma fundação para menores, Amós foi solto pouco depois, somente para cair novamente na prática ainda mais arriscada dos assaltos.

O comportamento de Amós, bem como dos outros jovens, começou a perturbar os comerciantes da região, vítimas da quadrilha. Um desses comerciantes tinha contato próximo com policiais que, agindo à revelia da lei, faziam justiça com as próprias mãos. Eram verdadeiros esquadrões de extermínio, que ao capturarem delinquentes, resolviam o problema de maneira radical.

Foi numa manhã de domingo que a família Xavier recebeu a infausta notícia de que o corpo de Amós fora encontrado em um terreno baldio, junto com os amigos criminosos. O caçula de dona Emília não tinha sequer completado 17 anos.

Além da imensa tristeza, a única herança que Amós deixou foi um objeto perigoso que Cristiano encontrou ao revirar os pertences do irmão. Tratava-se de uma potente arma de fogo. A princípio, Cristiano pensou em descartá-la no rio, no mato ou em qualquer lugar distante. Mas pensou, simultaneamente, que talvez alguém procurasse por ela. Portanto, era bom tê-la para devolver e evitar problemas, se fosse necessário. Embalado em um estojo de madeira, coberto por várias camadas de plástico, o objeto foi escondido por Cristiano sob a caixa d'água de casa, em um lugar bem protegido e de difícil acesso. Ele não queria que Ester ou a mãe vissem aquilo.

A tragédia de Amós abalou profundamente dona Emília e pesou sobre os ombros de Cristiano, que recebia, agora, um enorme tributo de responsabilidade. Mas o jovem cristão não desanimou. Conciliando com dificuldade os rendimentos e as despesas da casa, economizava desesperadamente cada centavo para quitar a faculdade. Ele via que o estudo era a única rota de fuga da violência e da miséria.

Dona Emília, abalada com a perda, alicerçava sua resistência na fé e na necessidade de terminar a educação dos outros filhos. A confiança em Deus evitava que desmoronasse moralmente, embora por dentro ela se sentisse aniquilada. A vida, para a mãe de Ester, se convertera em um calvário insopitável, que só encontraria o fim em um túmulo.

Suas mãos esfoladas pelo trabalho, seus olhos fixos em uma justiça cega e sua pele morena precocemente enrugada, mostravam que ela não guardava em si esperanças terrenas e que somente recompensas divinas poderiam quitar o extenso sofrimento.

Um doce consolo para a matriarca era a presença dos filhos nas reuniões da igrejinha singela, no culto do amor e na veneração a Deus. Alegres com essa comunhão, Cristiano e Ester raramente faltavam aos compromissos religiosos.

Ester nunca deixava a mãe sozinha, ainda mais porque encontrara naquele círculo harmonioso um companheiro de ideal, um jovem honesto e temente a Deus. Bernardo, o namorado de Ester, se agregou lentamente à família e conquistou a confiança e a amizade dos Xavier. Cristiano gostou dele e tratava-o como a um irmão querido.

Em palestras íntimas, Bernardo perguntava a Cristiano por que ele não se interessava por nenhuma das meninas da igreja. O filho de Emília desconversava, alegando que ainda não tinha tempo para essas coisas, pois queria primeiro resolver suas querelas profissionais. Na verdade, Cristiano não se sentia tocado por nenhuma das jovens que frequentavam as reuniões. Portanto, descartava o assunto, considerando-o como coisa de importância secundária no momento.

Algo mais relevante do que um namoro o incomodava e ele pretendia dar ciência disso ao pastor Eduardo. Naquele sábado, Cristiano desejava conversar reservadamente com o líder da igreja sobre seus sonhos.

O pastor Eduardo era novo ainda; não atingira quarenta anos de idade. A congregação o considerava como uma pessoa de excelente discernimento, que detinha uma irretocável percepção do cristianismo. Ainda que ligeiramente manco, ele não se tornara um homem revoltado. Afeiçoado aos dogmas protestantes, procurava acertar nas atitudes e na fé inquebrantável, amando sua igreja com um sentimento que beirava o fanatismo.

Cristiano confiava nele; considerava-o um amigo e um condutor seguro do rebanho. Assim, podia contar sem medo o que o afligia. O filho de Emília esperou os cumprimentos finais e as despedidas, o que demorou bastante, pois muitas pessoas buscavam apoio e conselhos. Finalmente, quando chegou sua vez, disse que gostaria de ter uma palavrinha em particular.

Eduardo estranhou o pedido do jovem, sempre conciso e reservado, um fiel bem calmo e discreto. Todavia, aquiesceu, com a ressalva de que tratassem do assunto no dia seguinte, pela manhã, pois a conversa poderia se prolongar e já estava tarde.

Cristiano se apresentou no domingo, cedo. Eduardo recebeu-o em uma salinha anexa à igreja; na verdade um cubículo no qual organizava sua burocracia pessoal.

Após algumas palavras iniciais, de pouco significado, o pastor, curioso, inquiriu:

— Então, Cristiano, em que posso ajudar?

O filho de Emília ficou sem graça. Temia relatar seu sonho e ser tachado de impressionável. Raciocinando porém, de que o pastor era o último porto seguro antes de um médico, ele decidiu se abrir.

— Irmão, tenho tido sonhos perturbadores por esses tempos.

Eduardo levou o polegar ao queixo. Ia falar algo, mas foi interrompido por sua esposa que, gentil, trazia uma xícara de café para a visita. Depois da saída dela, Cristiano prosseguiu, sem dar chance a qualquer pergunta:

— A verdade é que são pesadelos que se repetem. Não sei mais o que fazer. Em algumas épocas eles param, mas depois voltam; cada vez mais nítidos, cada vez mais reais. Reais a ponto de eu acordar suado e tremendo de susto.

— Sonhos são sonhos, irmão. Não devemos dar importância a eles. – explicou Eduardo, tentando minimizar o fato. Cristiano repudiava essa ideia. Já a tinha repetido milhares de vezes para si mesmo e nunca se convencera.

— Eu também pensava assim! Só que o lugar, as pessoas, o ambiente... Tudo me parece concreto demais...

— Conte-me o seu sonho, Cristiano! – pediu o pastor.

O rapaz mordeu os lábios, ansioso por fazer uma revelação que poderia ser mal interpretada. Mesmo assim, começou a descrever as imagens que a memória guardava confusamente. Após terminar a narrativa, com riqueza de detalhes, Cristiano esperou.

Eduardo não interrompera o rapaz; deixara-o extravasar o quanto tinha de angústia em seu peito. Por força de sua profissão, como conselheiro espiritual, desenvolvera a experiência de psicólogo amador. Chegara mesmo a estudar as ideias de Freud, Jung e alguns outros psicanalistas[7]. Baseado nessas teorias, ele concluiu:

— Isso é fácil de ser explicado! É um processo de associação! A morte de Amós foi um trauma para a família. E você Cristiano, ao segurar os sentimentos, represando-os, criou uma tensão

[7] Ramo da psiquiatria que cuida dos processos de traumas ou recalques por meio da associação de mensagens do inconsciente. Freud e Jung foram seus maiores expoentes, embora tenham posteriormente se distanciado.

inconsciente que é eliminada pelos sonhos. É uma espécie de válvula de escape de sua mente. Isso é até bom, porque caso não se efetivasse, haveria um colapso de seu sistema nervoso.

Cristiano discordou rotundamente da análise do pastor. Ele não sentia conexão alguma entre o acontecido e os pesadelos. Todavia, expressou-se com calma ao falar:

— Poderia ser! Mas há um problema! Eu tenho esse mesmo sonho, nesse mesmo padrão, desde que era pequeno, muito antes do assassinato do meu irmão ou do meu pai. É sempre assim! Quando estou caído na areia, alguém vem para me matar!

Eduardo não se deu por vencido. Vasculhou em sua linha de raciocínio antigos esquemas acadêmicos que pudessem se encaixar no perfil do problema. Relembrou de alguns e defendeu uma outra argumentação:

— Bem, isso também pode ser uma memória genética ou arquétipos do inconsciente coletivo[8].

Cristiano empertigou-se na cadeira. Jamais ouvira falar naquilo.

— Como assim? Não entendi!

— Existem teorias que defendem a ideia de que recebemos por herança genética a memória de nossos ancestrais e o conjunto dessas memórias formam uma herança comum a todos, ou seja, o inconsciente coletivo. Esse inconsciente coletivo está repleto de símbolos e atavismos, que são repassados e reconstruídos de geração em geração.

Cristiano digeriu aquela tese, mas achou-a descabida. Ele sentia que o homem na areia era ele; não a memória de alguém que morrera há quase quinhentos anos. Tampouco era uma simbologia que a mente usava para extravasar uma tensão reprimida. Ao contrário, os sonhos estavam gerando a tensão, não a eliminando.

---

[8] Segundo C.G. Jung, é a estratificação das experiências milenares da humanidade, da qual todas as ideias derivam.

Apesar do respeito que ele sentia pelo pastor, Cristiano balançou a cabeça, negativamente. Foi um gesto instintivo, quase sem querer. Mas inevitável.

— Você não concorda? – questionou Eduardo ao notar a reação esquiva do rapaz.

— Não! – retrucou Cristiano, sinceramente.

— Então, o que você acha que é?

— Eu não sei! Não faço a menor ideia.

Eduardo se remexeu na cadeira. Por sua mente passou a ideia de reencarnação. Ele lera resumos de Kardec[9], durante seus estudos teológicos. As análises protestantes, porém, eram tendenciosas e geravam discordância imediata. Por isso, o pastor achava a teoria espírita um despropósito, uma sandice. Afastou de imediato a hipótese e procurou dar ao rapaz uma sustentação espiritual mais simples.

— Cristiano, você não deve se ocupar com isso. É apenas um delírio do inconsciente! Mas, se isso persistir por um período longo, então fique em alerta. O inimigo de Deus está sempre a esperar por um instante de fraqueza, para lançar dúvidas em nosso coração e falsear a nossa coragem!

Desta feita o filho de Emília concordou. Eduardo aconselhou ao jovem buscar ajuda profissional, se fosse o caso. Um psicólogo talvez o orientasse com critérios mais plausíveis. Cristiano prometeu pensar no assunto. Agradeceu e saiu.

Contudo, permaneceu bastante insatisfeito. Aquela explicação superficial não lhe elucidara a questão. Ao contrário, deixara completamente em aberto o sentido das projeções oníricas que o atormentavam.

Todavia, ao voltar para casa, desalentado, teve um súbito estalar de memória. Sem saber o porquê, recordou-se de velhos

[9] Allan Kardec, codificador do espiritismo.

cadernos do primário, que sua mãe ainda guardava em uma caixa de tranqueiras, embaixo da cama. Ele estava incerto se aquelas bugigangas imprestáveis já tinham ou não sido descartadas, mas resolveu investigar. Ao encontrar dona Emília na cozinha, preparando o almoço do domingo, inquiriu-a sobre o fato, ao que ela esclareceu:

— Não, não joguei fora, não! Continuam lá, debaixo da cama, no caixote!

Cristiano avançou até o quarto da mãe e arrastou uma arca de vime. Estava entulhada de material escolar antigo. Eram cadernos de Amós, de Ester e seus. Ele ficou comovido com tamanho amor maternal e lamentou que seu irmão tivesse desperdiçado aquele carinho tão sincero, tão genuíno. Colocou as coisas dele de lado e remexeu até encontrar seus primeiros cadernos, que estavam no fundo.

Ao abri-los, verificou que em todos, sem exceção de um só, existiam desenhos de batalhas, cavalos, rabiscos de castelos, campos verdejantes e paisagens desérticas. Eram traços infantis, mas significavam que as visões o acompanhavam desde criança.

A verdade é que a Idade Média sempre o fascinara. Sentia-se inexplicavelmente atraído para aquele mundo de fé e obscurantismo, honra e sacrifício. Ele não sabia o porquê disso. Achara, inicialmente, que era um diletantismo passageiro.

Chegara mesmo a pensar em fazer faculdade de História, mas a realidade o obrigara a tomar um caminho financeiramente mais compensador do que o de simples professor. Apesar de não gostar muito, ingressou no curso de administração, para ter uma chance melhor no mercado de trabalho. Todavia, sempre que podia, assistia filmes épicos medievais. Desses, "El Cid" era, sem dúvida, o seu preferido.

Cristiano permaneceu pensativo por alguns minutos. Tentou sufocar uma ideia que brotara em sua cabeça. Era uma teoria que já ouvira antes e que rejeitara a priori, por ser diametralmente oposta às suas convicções religiosas.

A suposição de que tivera uma outra vida, em outro momento, ganhou força em seu raciocínio. Ele tinha colegas espíritas no banco e ouvira comentários sobre reencarnação. Mesmo alguns católicos, mais curiosos do que religiosos, aceitavam essa tese como uma banalidade irrisória.

Vários até se divertiam com jogos, quiromancias e mapas astrológicos, tentando adivinhar suas vidas passadas e futuras. Ele não compartilhava dessas ideias e se afastava quando o assunto tomava tal direção. Ao se lembrar dos colegas do banco, automaticamente a figura de Reinaldo preencheu a tela de seus pensamentos.

Reinaldo era um jovem espírita, simpático e tranquilo, que se apresentava como estudioso de fenômenos paranormais. Para ele, a questão era séria, e sua intenção de defender aquilo que julgava como sendo a verdade, às vezes se tornava incômoda para pessoas que não tinham a mesma percepção. Os céticos e materialistas zombavam dele, julgando-o como um tolo insensato, que acreditava em qualquer bobagem.

Cristiano julgou propício conversar com o colega e saber mais sobre reencarnação, porquanto se reconhecia um perfeito ignorante em relação ao tema. Aquelas imagens seriam reminiscências do passado? A memória morta poderia emergir assim, por meio de sonhos? A vida atual era só um verniz encobrindo a nossa personalidade real? Cristiano, perturbado e tentando encontrar uma solução para a sua angústia, decidiu perquirir o colega para entender os dilemas que lhe atormentavam a alma em noites de tormentosos pesadelos.

Capítulo Terceiro

GENTE DO REINO

Um céu límpido e azul desdobrava-se à frente. O menino guiava pela rédea um cavalo e seu olhar era introspectivo, do tipo de gente que mais pensa do que fala. Demonstrava ter uma grande firmeza de caráter, embora a indumentária o identificasse como alguém à margem da elite social, de meados do século XVI.

O jovem, que tinha exatos dez anos à época, trabalhava como ajudante de um nobre português. De fato, sua família jamais poderia ter um cavalo de raça árabe como aquele. Era um animal imponente, no auge de sua forma e, portanto, bastante caro.

Na realidade, a montaria pertencia ao fidalgo Fernando de Braga, homem de muitas histórias e batalhas, um cruzado tardio que empenhara a vida toda defendendo a fé de Cristo em terras longínquas como Chipre, Malta e Grécia.

Onde quer que houvesse um conflito, D. Fernando se engajava. Ele podia se dar a esse luxo, pois o clã dos Braga detinha títulos e terras no norte do país e isso lhe financiava as aventuras. Fernando, um paradigma quixotesco de corpo e alma, agia em nome do vetusto e decadente código de cavalaria medieval.

Em um desses entreveros, o fidalgo perdera um olho. Como triste compensação, ganhara um gilvaz que lhe percorria todo o rosto; de "norte a sul" como costumava dizer, entre as troças e rimas desajeitadas das bebedeiras constantes.

D. Fernando era um homem sem esperanças pessoais. Sabia que terminaria na ponta de uma espada, esmagado sob as patas de um cavalo ou perfurado por um projétil qualquer. Por isso, não se casara. Jamais tivera vocação para o sedentarismo ou para as alegrias afetivas de um lar. Preferia levar uma vida de risco e privações a suportar os queixumes de uma esposa. Inquieto, ele nunca se permitira ser agrilhoado às paredes de um castelo ou às prendas de uma mulher. Ademais, sentia que a fome de glórias nunca se saciaria na alma de um guerreiro como ele.

Chegara ao quarto decênio de sua agitada existência, repudiado pela morte e consumido pelo tempo. Já não era mais tão ágil com a espada, nem tão destro na cavalgada. Sua força se esvaía lentamente, com a hemorragia dos anos a drenar seu sangue em uma lenta e implacável destruição.

Percebendo que precisava de um herdeiro, D. Fernando aparecera certo dia na fazenda do pai. Este, apesar de idoso, ainda estava lúcido. Ele ouviu o filho perguntar se havia no feudo alguém de coração, que merecesse a oportunidade de se tornar escudeiro.

O velho Cristóvão de Braga, como bom alvitre, indicou um rapazinho já seu conhecido. Era o primogênito de um sesmeiro fiel e dedicado, homem de raras qualidades e muito estimado por sua argúcia e temperamento. Quando o menino lhe foi apresentado, D. Fernando ergueu-lhe a fronte pelo queixo, já que o olhar receoso do rapazote estava pregado no chão. Mirando-o fixamente, o nobre indagou:

— Teu nome?

— Cristiano!

— Cristiano do quê?

— Cristiano! Filho de Eurico!

Em um segundo, D. Fernando avaliou a compleição física do garoto. Achou-o forte e saudável. Fez um gesto de assentimento perante todos, nobres e camponeses.

— Muito bem; se tu fores digno, herdarás o meu nome! Tu te achas digno de ostentar os meus brasões e honrar-me, como se meu filho fosse?

— Sim senhor! – respondeu o menino, mesmo sem saber exatamente o que significavam as palavras honra e dignidade.

D. Fernando espraiou o olhar pelo infinito e disse:

— Tu irás comigo para o sul! Possivelmente não voltarás mais para cá! Abandonarás teus pais! Em troca, conhecerás as letras, as armas e o mundo! Estás de acordo?

Já tendo recebido instruções prévias para aceitar, o menino concordou. Despediu-se choroso dos pais verdadeiros, que viam nisso uma imperdível oportunidade de ascensão social e seguiu o cavaleiro para destino incerto. Na verdade, a marcha demandava os ares do Algarves[10].

D. Fernando gabava-se de ser coerente consigo mesmo, apesar da perturbação e amor pelas galantearias da honra. Por isso, calculou que precisava treinar o menino, já que pretendia deixar as glórias de sua espada a um herdeiro digno, tanto na força quanto no idealismo.

Somente dois dias depois da partida, numa noite amena, o menino ousou perguntar ao severo patrão:

---

[10] Ou Algarve, última taifa (reino) muçulmana conquistada pelos portugueses. Fica no sul do país.

— Senhor, aonde vamos?

— Para o sul! – respondeu D. Fernando, sem estender-se muito. Aqueles dois Espíritos eram, por natureza, lacônicos, de maneira que pouco falaram durante a viagem.

Todavia, naquela manhã abrasadora, o fidalgo parecia menos sisudo do que de costume. De fato, às vezes até chegava a sorrir com a paisagem conhecida, sobre a qual fazia algum comentário.

Ao vislumbrar ao longe a miserável choupana de camponês, numa área próxima ao litoral, o filho de Cristóvão virou-se para o aprendiz e disse:

— Chegamos!

O menino apertou as rédeas e perguntou a si mesmo exatamente onde tinham chegado. Ele perdera a noção de espaço e nem podia dizer se ainda estavam no reino. Olhou para o céu azul e concluiu que, onde quer que estivessem, aquele era um local importante. O jovem aprendera com o pai de que só deveria se pronunciar quando fosse instado a fazê-lo. Assim, permaneceu calado, esperando. O cavaleiro, com um esgar involuntário, o que acentuava sua fealdade de mutilado de guerra, sentiu que devia uma explicação e disse:

— Aí está a tua escola!

O aprendiz só olhou. D. Fernando sorriu, satisfeito. Gostava do garoto. Falava pouco e demonstrava respeito. Isso seria importante para os dias vindouros.

Um homem de aspecto arrastado manejava, numa seara pobre, uma pesada charrua. Notava-se que era um sexagenário. Ele empertigou-se o mais que pôde, mas sua coluna estropiada não o deixava endireitar-se corretamente. O velho tinha uma barba grisalha, longa e descuidada. Na cabeça, mantinha uma espécie de barrete que cobria a auréola da calvície.

D. Fernando se aproximou e, sorrindo, cumprimentou o camponês efusivamente:

— Baruch! Bom vê-lo novamente, meu amigo!

O outro largou o arado e estreitando D. Fernando entre os braços, advertiu:

— Caetano Coelho agora! Batizado e jurado!

O cavaleiro fez um gesto de troça e emendou:

— Que seja! Um cristão-novo[11] é melhor do que um judeu velho!

— Assim pensam os padres, meu amigo! Assim pensam e não querem deixar em paz um simples professor!

E a seguir, Caetano, observando o jovem, indagou:

— E este, quem é?

D. Fernando apresentou seu pupilo:

— Cristiano de Braga! Adotado pelo coração! Trouxe-o aqui para que o ilustres com as letras, as ciências e as leis de honra! Como tu fizeste comigo, em outras eras, a mando de meu pai!

— Ah, sim! E o venerável Cristóvão? Ainda é vivo?

— Com a saúde de um leão! Haverá de enterrar a todos os filhos e muitos dos netos!

O antigo judeu lançou no ar um vago gesto de gratidão e comentou:

— Que ele seja poupado de semelhante sina! É um justo! Ainda guardo comigo os préstimos que me houve e que me salvaram de uma santa fogueira, para purificação de minha alma!

— Isso foi há muito tempo!

— Para o ingrato, o tempo não tem importância. Mas, para aquele que reconhece a justiça, a eternidade não apaga a recordação de um benfeitor!

[11] Cristão-novo: judeu ou muçulmano obrigado a se converter ao cristianismo.

Cristiano a tudo ouvia, atento. Não entendia muito bem o que se sucedera, mas depreendeu da conversa que o cristão-novo tinha obrigações pesadas para com a casa dos Braga.

— Entremos, filho meu! Decerto desejas um pouco de vinho e repouso para as pernas! Pois, bem sei que tu preferes andar para poupar as montarias!

D. Fernando riu, ao gracejar:

— Estou pesado demais! E fazer um exercício sempre é bom!

À noite eles se reuniram em torno da mesa. Velas bruxuleantes iluminavam o recinto simples. Cristiano percebeu que o camponês não aparentava ser casado e que também não ostentava nenhum tipo de objeto religioso ou relíquia, ao contrário do que acontecia em sua antiga casa.

O antigo judeu olhou para o menino com curiosidade e perguntou:

— Conheces o latim?

D. Fernando intercedeu, explicando:

— É gente do reino! Raia miúda! Duvido que saiba ler!

— Também não conheces as letras? – insistiu Caetano. O menino negaceou. Era analfabeto.

— Teremos de remediar isso! Um guerreiro só pode ser nobre se possuir sabedoria. De outra forma, não é mais do que um bárbaro assassino!

Cristiano fitou o professor. Curioso, procurou por algum livro nas prateleiras. Não achou nenhum. A casa em si era paupérrima; pouco diferia da sua própria.

— Estás a procurar os livros? – inquiriu D. Fernando, adivinhando os pensamentos do aprendiz. Cristiano temeu ter cometido alguma indiscrição e negaceou novamente.

— Vá dormir! – ordenou o fidalgo, indicando uma cama. Cristiano obedeceu e ficou ouvindo por algum tempo o diálogo de seu patrão com o cristão-novo. Eles versaram sobre assuntos vários e sobre o passado em comum. Cristiano, cansado da viagem, adormeceu em instantes.

Quando acordou no outro dia, o Sol já estava alto. Algumas galinhas cacarejavam por perto e não havia ninguém na casa. Pulou da cama e correu para o terreiro. Encontrou D. Fernando montado, pronto para uma viagem. Caetano afagava o cavalo, despedindo-se do fidalgo.

Cristiano nada falou. O cavaleiro lançou seu sorriso torto, aleijado.

— Vou partir! Tu ficarás aqui! Caetano será o teu instrutor! Respeita-o, portanto, como a um mestre! Sê digno do meu nome, como fui digno do nome do meu pai. Voltarei em alguns anos, quando tiveres completado os teus estudos. Que Deus te abençoe e proteja sempre!

Desta feita, o menino, inseguro e receoso, indagou:

— Aonde vais, senhor?

O cavaleiro respondeu sem titubear:

— África!

Os olhos de Cristiano se encheram de lágrimas. Não eram lágrimas de afeto ou de tristeza pela ausência do fidalgo. Eram de medo. Um futuro incerto começava e o menino tinha ciência disso. D. Fernando percebeu o pavor do jovem, mas decidiu incentivá-lo com palavras duras:

— Não tema! O destino de um homem é o seu destino! O que tiver de acontecer, acontecerá! A coragem, antes do que a espada, é a arma dos bravos!

E dito isso, o cavaleiro partiu, calmo, resoluto, devagar. Não olhou nenhuma vez para trás. Sua alma não gostava de se amarrar naquilo que poderia sumir pelas trilhas obscuras da vida humana.

Capítulo Quarto

NOITES PASSADAS

Cristiano Xavier acordou na segunda-feira de mau-humor. Seu sono pesado, reflexo do severo esgotamento físico e psicológico, o impedira de sonhar claramente. Restaram em sua mente fragmentos que se misturavam a problemas cotidianos. Sabia que sonhara com cavalos, aridez, céu azul e campos semeados. Julgou que era alguma associação com a terra natal e com o trabalho duro da lavoura. As lembranças, contudo, estavam embaralhadas e desconexas.

O jovem bancário sacudiu a cabeça, concluindo que não valia a pena perder tempo com imagens insignificantes. Apenas uma última palavra marcara o seu despertar: África. Não sabia por que a guardara na mente, mas percebeu que o Espírito navegava entre os destroços do passado e as preocupações do presente.

Quando Xavier terminou de se arrumar, dona Emília já havia lhe preparado o café preto e o pão com margarina. A matriarca saía um pouco mais tarde, de maneira que Ester acompanhava o irmão até o ponto de ônibus. Dali tomavam rumos diferentes.

Cristiano seguia para o centro da cidade, enquanto que a irmã trabalhava em um grande estabelecimento comercial, em um bairro relativamente próximo. Eles não iriam se ver pelo resto do dia e, portanto, se despediam com carinho.

Essa era a rotina diária dos filhos de dona Emília, mas o rapaz nem olhava para o próprio desgaste.

Ele prestava atenção na tormenta espiritual que lhe invadira a alma. Como se entenderia com Reinaldo? Excetuando-se o pastor, jamais falara sobre tal assunto com qualquer pessoa. Para abordar um tema como aquele, inventaria uma desculpa ou diria abertamente que o problema era seu?

Temia que o jovem espírita se insinuasse com ideias extravagantes e o desviasse do rumo correto. E se o espiritismo fosse mesmo obra do demônio? Isso poderia colocá-lo em risco? Poderia ser desvirtuado por uma fé falsa e perigosa?

O pastor Eduardo jamais citara explicitamente, mas era nítido que condenava a comunicação com os mortos, porquanto alegava que a Bíblia o proibia. O filho de Emília julgou apropriado elaborar uma ficção, apenas para conseguir qualquer resposta. Mentir era errado, ele sabia, mas fazer o quê? Seria melhor assim.

Cristiano chegou cedo no banco e começou a organizar o seu serviço. Sendo escriturário, sempre tinha algum tempo para uma conversa rápida com os colegas. Querendo estabelecer um contato, considerou que a hora do café era a ideal. Reinaldo e ele tinham uma relativa amizade, circunscrita aos limites estabelecidos pelas exigências profissionais. Dessa forma, Cristiano achou que não seria tão difícil uma aproximação.

O expediente interno começou normalmente na agência, exceto por um detalhe: a apresentação de uma nova empregada.

A menina, de seus vinte anos, chamava-se Agnes e era aluna de uma universidade de grande prestígio. Certamente ela galgaria postos mais altos em poucos meses e estava ali apenas para aprender a faina de um banco em maiores detalhes.

Agnes tinha um sorriso fácil e penetrante. Seus cabelos negros estavam presos, mas indicavam uma moldura preciosa a proteger a face delicada. Os olhos da moça eram escuros e inocentes; sua atitude transparecia simpatia e humildade.

Quando o gerente apresentou-a aos funcionários, um certo mal-estar tomou conta de Xavier. Sentiu-se ruborizar e notou que aquela presença o afetara muito mais do que seria de se esperar. De início, julgou que a beleza dela o fascinara. Após alguns segundos, considerou que não era bem isso. Uma impressão de familiaridade tomou conta de sua alma. Rastreou a mente, tentando achar respostas. Foi uma busca infrutífera que o fez perceber que sua vida estava mudando radicalmente. Sentimentos antagônicos cresciam a cada instante, tornando caótico aquilo que antes, para ele, era simples e natural.

Para aumentar-lhe o desconforto, Agnes foi designada à sua mesa, para aprender o tipo de serviço que seria de sua competência. Cristiano sentiu-se incomodado, embora tenha agido de maneira formal e cortês com a nova colega. Sem que pudesse atinar o motivo, observou as mãos da jovem, procurando-lhe uma aliança ou qualquer sinal de compromisso afetivo. Uma estranha satisfação encheu a alma do filho de Emília, quando verificou que ela não tinha nada de representativo nos dedos.

Cristiano esperava que aquela inquietude passasse com o correr das horas, mas não foi assim. Ele só se sentiu aliviado quando chegou o horário do café.

Pedindo licença, ergueu-se e foi até a salinha que funcionava como refeitório. Havia uma espécie de revezamento pré-determinado na hora do lanche, para que o atendimento ao público não fosse prejudicado.

Cristiano foi primeiro ao banheiro, e abalado, jogou água em seu rosto, secando-o a seguir, com toalhas de papel.

"Estou nervoso!" – pensou ele, quase debatendo consigo mesmo. "Esse ritmo de vida está acabando comigo! E por que estou tão agitado? Que impressão foi essa que eu tive com essa menina nova, que nem sequer conheço?"

Ele não pôde responder às próprias perguntas, pois nesse instante, Reinaldo entrou no banheiro. Batendo levemente em seu ombro, disse, brincando:

— E aí, Xavier! Que sorte, hein? Logo de cara a belezura fica contigo! Se fosse feia, na certa passariam para mim!

— É... Pois é! – retrucou Cristiano, sem se empolgar muito. Ele sabia que Reinaldo era paquerador e sempre estava aberto a relacionamentos inéditos. Mas, essa realidade era distante da sua.

— Ela tem namorado? – indagou Reinaldo, efetivamente curioso, posto que o porte físico de Agnes impressionara os rapazes do banco.

— Como vou saber? Não perguntei! E ela também não disse!

— O que é isso!? – tornou o jovem. — Você não pode deixar passar uma oportunidade dessas!

— No momento me preocupo com outras coisas... Aliás, queria conversar contigo para ver se você pode jogar uma luz sobre alguns fatos que estão me atormentando!

Nesse instante, o pensamento de contar uma mentira morreu no cérebro de Cristiano. Ele falaria a verdade. Pouco acostumado a distorcer as coisas, temia se enrolar e pôr tudo a perder.

Reinaldo observou o colega. Para ele, Xavier era uma esfinge. Pouco falava, jamais revelava sua situação pessoal.

Quando o fazia, era de má vontade. Por isso, a atitude de Cristiano o surpreendeu.

— Claro! Sem problemas! Conversaremos aí no refeitório!

Cristiano saiu, pegou o pão com mortadela que era servido aos funcionários e tomou um café. Em menos de dois minutos, Reinaldo apareceu. Nessa hora, a copeira entrou. Era uma senhora de uns cinquenta anos, que trabalhava ali há algum tempo. Reinaldo brincava muito com ela, de maneira que quando a viu, abraçou-a, dizendo:

— Dona Marta! Dona Marta! Casa comigo?

A senhora sorriu, ciente da afetividade do rapaz e retorquiu, rindo:

— Sai pra lá, Reinaldo! Já tenho cinco filhos! Para quê vou querer criar mais um?

— Mas, este aqui vai te encher de carinho!

E assim dizendo, Reinaldo beijou a face da copeira, que bateu nele com um pano de prato e, feliz, retirou-se. A cena de intimidade, julgada excessiva por Cristiano, incomodou-o, já que ele não tinha esse tipo de comportamento com ninguém.

Reinaldo, no entanto, encarava a brincadeira com naturalidade e, calmo, indagou:

— E então? O que foi?

Cristiano virou a face para o lado. Justo naquele instante a coragem faltou-lhe e ele pensou em desistir. O jovem espírita, anotando-lhe a dificuldade em se abrir, estimulou-o a continuar:

— Ora, vamos lá! O que pode ser assim tão grave para que você queira conversar comigo?

— Nem sei como começar, Reinaldo. Tenho vergonha, creio.

— Vergonha? Vergonha do quê, Xavier?

Reinaldo pensou que o assunto versaria sobre dificuldade com mulheres, posto que Cristiano era visto por todos como um homem muito tímido.

— De falar certas coisas! Eu sei que você estuda psicologia, mas mesmo assim...

— Você está se referindo a...?

Cristiano, diante da pausa, suspirou. Encarando o colega, revelou:

— É sobre um sonho que me persegue! É muito estranho. Eu me enxergo como personagem atuante, mas não consigo captar o significado disso. Pensei que talvez você pudesse me ajudar na interpretação! Porque, sinceramente, esse pesadelo é bem incômodo!

Fez-se uma pequena pausa. Reinaldo levou a mão à cabeça.

— É tão forte assim a impressão que te causa o sonho?

Cristiano fez um gesto positivo.

— Conte-me! Talvez eu possa te explicar. – tornou o outro, emitindo uma enorme tranquilidade e mansuetude no olhar. Isso deu confiança a Cristiano, que descreveu as passagens fragmentadas do drama íntimo.

Ao final da narrativa, Reinaldo, encostado no balcão da cozinha, ouviu o colega perguntar:

— E então? O que você acha?

Reinaldo apanhou o copo de café e como se opinasse sobre algo banal, afiançou:

— Essas coisas não são novidade, Cristiano! Há uma vasta gama de possibilidades, mas na minha opinião são lembranças de vidas passadas!

Cristiano mordeu os lábios. Parecia contrariado.

— Eu sou evangélico! Não acredito em reencarnação!

— Não importa no que você acredita ou deixa de acreditar! A natureza está aí e age por conta própria, independentemente de nossas conveniências sociais, políticas, econômicas ou religiosas.

No meu modo de entender, por algum motivo suas memórias inconscientes estão aflorando por meio dos sonhos.

— Como assim?

— Xavier, nós temos três tipos de memória: a consciente, que se subdivide em memória de longa, média e curta duração; a subconsciente, que armazena no esquecimento os dados infantis e traumáticos da nossa existência atual; e a memória inconsciente, na qual estão guardadas as lembranças de nossas últimas encarnações. Tanto a subconsciente como a inconsciente surgem em situações anômalas, tais como estados alterados de consciência, hipnose, livre associação e também na reencarnação prematura. Esse último caso se apresenta quando a reencarnação se dá mais rápido do que o normal e muitas reminiscências emergem do passado. É o caso, por exemplo, de crianças que narram acontecimentos de outra vida como se fossem desta.

— Espera, espera! – interrompeu Cristiano. — O que você está dizendo? Que isso é normal? Que todos temos essa percepção?

— Não! Esse afloramento súbito da memória inconsciente depende de várias circunstâncias. E tende a se apagar com o tempo, porquanto tais recordações não são mais necessárias para a condução da vida atual. Mas, se elas não desaparecem, é sinal de que há algo no passado perturbando o presente. Ademais, todos nós sentimos que somos mais do que parecemos! Isso porque agregamos no Espírito as experiências de existências múltiplas.

Cristiano recebeu de maneira muito negativa àquelas palavras. Ele não tinha a menor noção das leis espirituais. Sua educação, religiosa por princípio, desconfiava sempre da ciência humana, tida por imperfeita. Na verdade, julgava-a incompatível com os textos sagrados. Paradoxalmente, ele usou a ciência como seu escudo:

— Há alguma prova sobre isso? Sobre essas memórias e sobre reencarnação?

Reinaldo balançou os ombros, replicando:

— Prova empírica, cartesiana, reconhecida pelos cientistas ainda não! Mas, os indícios são fortes e os estudos nos mostram que essas hipóteses são válidas.

— Então, se não há prova efetiva, trata-se de um artigo de fé! É uma crença religiosa, como a minha! – a voz de Cristiano readquirira a confiança de sempre. Ele não podia estar tão errado em suas convicções. Todavia, Reinaldo ainda não terminara:

— De certa maneira; sim! Mas há diferenças significativas.

— Quais?

— As evidências! Há milhares de casos catalogados e pesquisados, tanto no Brasil como no exterior. A realidade do fato é inequívoca, porque muitas vezes as identidades passadas são descobertas e comprovadas. As crianças nunca poderiam ter, por si mesmas, acesso às informações que transmitem aos pais e aos pesquisadores. Cristiano, eu sei o que falo! Na faculdade esses assuntos são corriqueiros em nossos debates! A hipnose, hoje, já é utilizada como maneira de se sondar o inconsciente. E por intermédio dela, obtemos dados reveladores.

Cristiano estava perplexo. Desconhecia estudos científicos sobre o assunto. O seu ceticismo começava a explodir. Mas, ele jamais se entregaria facilmente e, por isso, ao inquirir Reinaldo, o tom de sua voz ganhou uma sonoridade desdenhosa:

— Hipnose? Não creio que funcione realmente!

Reinaldo ergueu os ombros e concluiu:

— Crer não é raciocinar! É se fechar em uma opinião!

Cristiano permaneceu em silêncio. Aquela sentença era profunda e merecia uma reflexão. Aproveitando-se do silêncio, Reinaldo arrematou:

— Mas enfim, Xavier, se essas lembranças permanecerem te incomodando, você perceberá que não se trata de um artigo de fé. Caso queira, posso te indicar alguns colegas que trabalham com regressão de memória!

— Não, obrigado! – rejeitou Cristiano, quase automaticamente. Reinaldo sorriu e, pondo o copo de café sobre a pia, despediu-se:

— Bem, se precisar, fale comigo!

O estudante de psicologia afastou-se, voltando para a área de trabalho. Cristiano ficou a meditar sobre o que ouvira. O filho de Emília sentia-se mal. Uma ruptura ocorrera na ordem das coisas. Seus velhos conceitos estavam desmoronando fragorosamente. E nenhum argumento parecia dar arrimo às suas convicções religiosas. O colapso de sua fé seria um desastre difícil de encarar. Ele preferiu não pensar nisso e afastou as ideias de Reinaldo com repugnância, como se fossem heresias diabólicas, insufladas por Lúcifer para que perdesse de vez a coragem de enfrentar um mundo de pecados e pecadores.

À noite, em casa, Cristiano estava mais calado do que de costume. Até mesmo a senhora Emília notou a agitação silenciosa do filho. Perguntou se tudo estava bem. Cristiano respondeu que sim. A mãe comentou certos problemas de Ester, no trabalho, e ele mal a ouviu. Sua mente estava focada na revolução que se agitava em seu íntimo e que ele não conseguia debelar. Uma onda de raiva invadiu-lhe a alma pacífica. Sem saber o porquê, afastou o prato de comida.

— Estou cheio! – a voz do rapaz deixava transparecer uma irritação anormal.

Dona Emília, cautelosa, sentiu que o primogênito também deveria enfrentar suas próprias batalhas, visto que não estava interessado em conversar. A viúva calou-se. Recolheu o prato, lavou-o em silêncio e, alegando o adiantado das horas, foi se deitar.

O rapaz acolheu o beijo de boa noite da mãe quase indiferente. Ele olhou para o gato, que o fitava com ares de superioridade, como se zombasse da capacidade humana de raciocinar.

— O que foi, Fifo?

O bichano se espreguiçou, eriçando os pelos. Passeou pela cozinha e enroscou-se nas pernas do patrão. Ganhou um afago simples, aninhando-se novamente na cestinha.

Cristiano olhou o gato, mas seus pensamentos estavam longe dali. Parecia que o mundo ao seu redor estava diferente agora. Tudo o que ele conhecia se mostrava adulterado, quase em ruínas. E ele sabia o que causara isso.

De fato, as palavras de Reinaldo reverberavam severamente na cabeça do filho de Josivaldo. Um sentimento agudo de inquietude lhe dizia que havia algo errado em suas crenças. O assunto nunca pesara muito para ele, mas agora, as contradições filosóficas somadas às experiências íntimas, faziam soçobrar seus antigos conceitos.

Até então, a figura de um Deus vingativo, irracional e cruel, que se ofendia com os mais comezinhos detalhes e entregava os homens ao reino de satanás, lhe parecera suficiente e justo. Era tudo simples: aos bons e fiéis, a glória dos excelsos campos do paraíso. Aos cúmplices da maldade, o inferno. Não havia atenuantes; não havia meio-termo. Deus julgava ímpios e santos com os mesmos critérios fixos e insondáveis.

Mas na mente de Cristiano dúvidas pesadas se agigantavam: e as crianças natimortas? E os pagãos? E os homens primitivos? Que seria feito deles? Teriam uma alma? Se tinham, seguiam para o inferno ou para o céu? E os animais? Estavam realmente subtraídos de qualquer esperança; eram meros figurantes do teatro divino?

A avalanche de perguntas feria a razão de Cristiano e a ideia de uma evolução geral soava-lhe como mais coerente do que qualquer outra teoria. Honestamente analisando, com as múltiplas existências tudo fazia sentido, embora ele tivesse aprendido, desde cedo, que os desígnios de Deus não eram necessariamente compreensíveis.

Espírito investigativo e lúcido, Cristiano achava-se à beira de um dilema angustiante: abjurar ou sufocar. Se abjurasse sua religião, magoaria a mãe, os amigos, a família e tudo o que construíra ao longo da vida. Jogaria no lixo anos de apoio e o carinho dos companheiros de fé. Isso se lhe afigurava como uma traição abominável. Por outro lado, se sufocasse a razão, não encontraria nem paz e nem equilíbrio. Seria sempre atormentado pelos fantasmas de memórias ignotas.

Mas não havia alternativas; a resposta tinha de ser imediata. Assim, decidiu em um instante: aniquilaria a filosofia de Reinaldo e anularia a própria razão. A hipótese espírita, por mais coerente e racional que fosse, jamais poderia ser a condutora de sua vida.

O problema é que Cristiano era incapaz de mentir para si mesmo. E ele se reconhecia atraído por aquelas ideias. Estranhamente, para ele nada daquilo era novidade. Parecia que em Espírito reaprendera antigas lições, olvidadas no eclipse da inconsciência. Por isso, em seu peito cresceu a necessidade de saber. Ele precisava descobrir se seus sentimentos refletiam a percepção de que era uma alma eterna; uma alma que vivera muitas vezes antes.

Semelhante desavença íntima o atormentou por muitos dias, mas ele continuou indo às reuniões religiosas com a família.

O pastor Eduardo perguntou, de passagem, se ele estava melhor. Cristiano respondeu que sim.

A verdade é que nenhuma das amizades próximas poderia avaliar as convulsões tormentosas que varriam a alma do rapaz. Os cultos, de repente, não o satisfaziam mais. Ele adorava tudo ali: os amigos, os cânticos, os ensinamentos. Apesar disso, espiritualmente estava perdido no labirinto de novas construções.

No fundo, Cristiano percebia que não eram somente as teorias religiosas que o inquietavam. O contato com Agnes acrescentara-lhe persistente desorientação. Era como se conhecesse aquela menina há séculos. Tudo nela lhe era familiar. Sabia como ela agiria; quais seriam suas palavras, os seus mínimos gestos...

Para Cristiano, sentimentos assim expulsos dos abismos de sua personalidade eram inéditos. Ele ignorava como lidar com a situação. Nunca tinha namorado antes. Era tímido demais e até então não se interessara por ninguém. A família, como era de se esperar, forçara-o diversas vezes a entabular contatos com jovens da igreja, mas ele matava na raiz qualquer relacionamento, pois uma estranha certeza preenchia-lhe o Espírito.

Ele sentia que a mulher de sua vida apareceria; que o destino guardava, no futuro, a pessoa amada de seu coração. Evidentemente, o filho de Emília esperava que sua alma gêmea fosse uma irmã da igreja; alguém com as mesmas ideias e convicções.

Por isso, quando começou a se sentir atraído por Agnes, ficou confuso e deprimido. Ignorava como trabalhar com sentimentos contraditórios. Sem saber que atitude tomar, retraiu-se ainda mais, escondendo o pânico no silêncio.

Só falava com a jovem o estritamente necessário, na tentativa desesperada de evitar uma delação indiscreta. Com o passar dos dias, porém, isso foi se tornando cada vez mais difícil. Fustigado por uma emoção desconhecida, Cristiano notou que sua razão, ordinariamente firme, começava a oscilar nas bases.

Agnes observou a mudez nervosa do colega. Usando a perspicácia feminina, avaliou que provocara alguma reação inesperada.

Consultando outras funcionárias a respeito do silêncio anormal do seu instrutor, recebeu a notícia de que ele sempre fora esquisito. Atribuía-se o comportamento introspectivo de Cristiano aos seus princípios religiosos. Mesmo assim, ele gozava da simpatia geral dos companheiros, quer por seu profissionalismo, quer por sua polidez no trato com as pessoas.

Agnes ficou curiosa com os informes; desejou conhecer um pouco mais sobre o rapaz. Não passava por sua cabeça incentivá-lo ou cativá-lo sob falsas promessas. Mas, ela o achou interessante e pensou em cultivar uma amizade maior. Sem perceber o que realmente a estimulava, quis ter um contato mais pessoal; algo além das usuais informações sobre apontamentos, números, códigos, senhas, títulos e protestos.

A oportunidade que Agnes esperava surgiu numa sexta-feira. Era fim de expediente e o semestre terminara, de maneira que muitos funcionários já estavam de férias escolares. Aproveitavam a folga noturna, então, para encontros informais nos bares do centro da cidade.

As comemorações desse tipo normalmente se prolongavam bastante e envolviam o consumo de bebidas alcoólicas, o que Cristiano não tolerava, por causa da religião e do exemplo paterno. Assim, raramente acompanhava os colegas. Na verdade, fôra uma única vez, mas se sentira tão deslocado que se retirara em menos de meia hora.

Agnes, porém, já se ambientara o suficiente para ser convidada pelos colegas. Ela estava na mesa, próxima a Cristiano, quando José Carlos e Reinaldo abordaram-na, simpáticos:

— Agnes, hoje faremos uma reunião após o expediente! Você não quer ir conosco? Toda a equipe vai! Inclusive as meninas! – a expressão de José Carlos dissimulava uma certa cobiça e Cristiano ficou paralisado na cadeira, enquanto uma sensação desagradável desfilava por seu peito. Ele logo identificou aquela sensação: era ciúme.

A menina ignorou a postura inadequada do colega, fixando a atenção no convite. Observou os companheiros e respondeu quase de pronto:

— Quero sim! Mas, antes vou falar com meus pais! Se eles consentirem, tudo bem!

Os rapazes se afastaram e Agnes fitou Cristiano. O filho de Emília tinha abaixado a cabeça, fingindo ler alguns papéis, embora as letras, agora, só parecessem borrões indistintos. Na verdade, ele tentava esconder o rubor, pois sentira que o sangue lhe fluíra para a face, esquentando-a com doloroso ardor. Sua vontade era de sair correndo dali, mas uma energia poderosa paralisava-lhe as pernas, que pareciam pesar como chumbo.

— Xavier, você vai? – indagou Agnes, olhando-o com inesperado carinho. Cristiano custou a acreditar que a pergunta era dirigida a ele.

— Eu? – retrucou o moço, levantando a face, ainda ligeiramente corada.

— É! Ou você não pode, por causa da religião?

Desta feita Cristiano ficou sério e, recuperando o sangue-frio, disse:

— Minha fé a nada proíbe! A mim, tudo é permitido; embora nem tudo me convenha!

— E uma diversão de sexta-feira, um bate-papo informal, te convém?

Cristiano ergueu os ombros.

— Penso que não muito!

Era a chance que a menina queria. Aproveitando a brecha, Agnes esboçou um sorriso quase malicioso e indagou:

— Há alguém que te proíba de compartilhar com os amigos uma reunião inocente?

Cristiano percebeu que aquela pergunta não era isenta de segundas intenções. Isso o encheu de alegria, embora sua face mantivesse a máscara de indiferença.

— Não, ninguém me proíbe de nada! Mas essas reuniões raramente são inocentes, como você diz. Prefiro me isolar dos acontecimentos sociais. Sei como muitos terminam.

Um desenho de decepção estampou-se no rosto da garota. Ela esperava uma resposta explícita sobre a situação afetiva de Cristiano, mas recebeu apenas uma vaga indicação de disponibilidade. Duvidava que ele tivesse um compromisso, ou ao menos um compromisso sério. Avaliou simultaneamente que os evangélicos preferiam relações discretas e endogâmicas. Poderia ser esse o caso. De qualquer forma, decidiu insistir.

— Deixa de ser puritano, Xavier! Vamos lá! Só um pouquinho! Se você não for, eu vou ficar sozinha! Não conheço muito bem o pessoal!

Cristiano acendeu a chama do entusiasmo, mas tentou não transparecer. Ele percebeu que Agnes desejava a sua presença de fato e não simplesmente para usá-lo como ponto de contatos. Analisando as possibilidades, o jovem decidiu que daria uma chance ao destino. Esboçou um sorriso amarelo e disse:

— Certo! Ficarei um pouco com a turma!

Agnes, agora, demonstrava alegria. Era a satisfação natural de toda mulher que testa com sucesso o seu poder de fascínio sobre um homem.

Cristiano esperou por um momento oportuno e quando a jovem se afastou um pouco, ligou para Ester, avisando que chegaria mais tarde. Ele não desejava preocupar a mãe e como a família não tinha telefone em casa, a solução era pedir à irmã que desse o recado.

Ester estranhou, já que o irmão não era dado a essas confraternizações exuberantes de fim de ano. O problema é que ela iria passear com Bernardo e também não voltaria para casa no horário de costume. De qualquer maneira, tinha o telefone de uma vizinha e se comprometeu a notificar a mãe.

Cristiano passou a olhar para o relógio com impaciência. Empolgado com a possibilidade de Agnes estar interessada em um romance, ele começou a criar ilusões platônicas em sua mente. Essas ideias surgiam em um instante e brotavam com força. Giravam no ar, cresciam, corriam por horizontes inexistentes e em um segundo sumiam, como se fossem quimeras perdidas entre a fronteira do real e do imaginário. A fusão de sonhos vertiginosos era, claro, o mais sensível sintoma da paixão que se assenhoreava da alma do rapaz.

No seu lirismo juvenil, Cristiano cogitava tirar Agnes do ceticismo materialista, levando-a para a harmonia salvadora de sua fé. Surpreendeu-se fantasiando um casamento, um futuro, filhos e uma família. Aquilo era irreal, ele sabia; mas deleitava-se no seu sonho dourado de justiça e paz, de trabalho e fé. Pelo canto dos olhos fitava Agnes e construía castelos no ar, refúgios de amor e carinho, sem saber que a realidade humana só permite a manutenção de tais fortalezas jubilosas por escasso período de tempo.

O longo expediente terminou afinal. José Carlos exultara ao saber que a moça confirmara a presença na reunião. Ele estranhou um pouco quando Agnes advertiu que Xavier também iria.

José Carlos, cujo primeiro nome os colegas abreviavam, era um rapaz da mesma faixa etária de Reinaldo e Cristiano. De aparência agradável, tinha na conquista afetiva o objetivo primário de qualquer relacionamento. Mulherengo, ficara impressionado com a estagiária e pretendia cortejá-la; inicialmente com as intenções espúrias de qualquer sedutor inescrupuloso.

Agnes afigurava-se como um prêmio merecido e prestigioso para sua alma vazia de amor. Dominar a jovem e tê-la em submissão psicológica o enchia de vaidosa esperança.

Apesar de desprezar Xavier como concorrente e subestimá-lo como homem, José Carlos notara, amargurado, a suposta deferência de Agnes em relação ao instrutor. Contudo, acreditava que poderia eliminar tal concorrência com facilidade, humilhando o evangélico, caso ele se revelasse um rival à altura.

O local de encontro era uma simpática lanchonete, conhecida de todos e que se situava em um dos calçadões do centro velho. A tarde que caía estava serena. Havia chovido forte e o cheiro típico de laje molhada dava a impressão de ter saneado o clima sempre pesado da capital paulista.

Vários colegas tinham se adiantado e se entretinham em animadas palestras quando Xavier e Agnes chegaram. No trajeto, que era bem curto, eles pouco conversaram. A estagiária forçara o rapaz a abrir-se, mas acuado pela vergonha, Cristiano apenas levantara assuntos que diziam respeito ao banco ou à faculdade.

O filho de Emília percebeu que a reunião seria regada a cerveja e outras bebidas, o que lhe causou grande aversão. Só permaneceu no ambiente vicioso por sentir que Agnes valia a pena.

É claro que José Carlos achou um jeito de se sentar ao lado da garota, afastando Xavier discretamente. Mas, para sua surpresa, Agnes rearranjou as posições de maneira a que o instrutor ficasse de frente para ela, o que facilitaria ainda mais qualquer conversa.

Para Cristiano, esse detalhe, tão insignificante em si mesmo, não passou despercebido. Ele notou que a jovem procurava mantê-lo por perto e embora lhe fosse impossível determinar as motivações dela, acolheu o momento com vibrante alegria.

A própria Agnes desconhecia a origem do seu interesse. O fato é que uma menina bonita e inteligente como ela sempre acharia admiradores, onde quer que fosse. E como Cristiano não era especialmente bonito, culto ou alegre, aquela preferência surpreendia a ela própria. Na verdade, Agnes também tinha seus motivos para estar confusa.

A realidade desconhecida de todos é que ela tinha um namorado, de nome Celso. Era filho de um amigo de seu pai e eles se conheciam desde pequenos. O compromisso não a empolgava, pois Celso esbanjava futilidade e amor excessivo ao dinheiro. Além disso, não gostava de estudar e sua vida orbitava em torno do prazer. Extremamente egocêntrico, tinha a si mesmo em alta conta.

Agnes, por sua vez, contemplava o mundo ao redor com profunda consciência social. Ela adotara uma postura política de esquerda e influenciada por colegas da universidade, acreditava no comunismo. Sua psique, sem o saber, procurava nas teorias utópicas, uma tábua que a salvasse do mar das iniquidades humanas.

Segundo suas suposições, um dia, no curso da civilização, os homens se entenderiam como irmãos. Ninguém seria explorado e a injustiça desapareceria do mundo, simplesmente por uma questão de irracionalidade.

Todavia, ela descartava a religião como protagonista desse processo, porquanto a via como fundamento de lutas, de ignorância e de opressão. Aprendera com seus mestres que a religião obliterava a mente, manipulava as massas e favorecia o domínio de gananciosos fantasiados de democratas.

Deus, para ela, ou não existia ou então era um monstro, que tinha prazer em ver Suas criaturas sofrendo.

Esse era, talvez, o único ponto em que ela e Celso se alinhavam, embora o rapaz fosse, na verdade, indiferente em relação à religião. No mais, o tempo cavara um abismo emocional, de maneira que Agnes estava disposta, há alguns meses, a romper um relacionamento que se revelava fadado ao fracasso.

Embora ela não se desse conta disso no momento, a doçura silenciosa de Xavier a cativara. Ele vinha de um mundo diverso, um mundo simples, incompreensível, mas que despertara a sua curiosidade pela paz que transmitia, uma paz que ela jamais tivera.

Estimulada pela filosofia de Cristiano, Agnes entregava a ele suas atenções, o que suscitou uma violenta animosidade em José Carlos.

Naquele dia em particular, o escriturário, bastante agastado, passou a provocar Cristiano com palavras maliciosas. A finalidade específica era de esmagar moralmente o jovem evangélico, que por sua vez, tentava ignorar o rival.

Depois de duas horas, todos notaram que a temperatura do ambiente estava aumentando. José Carlos começou a se alterar por conta do álcool venenoso, que ingeria sem cessar. Ele se mostrava a cada minuto mais irritado com a presença de Cristiano, pois se sentia desprezado por Agnes. E essa irritação aumentou quando a moça perguntou para o jovem evangélico:

— Então? Sua namorada permitiu que você ficasse um pouco conosco? Você disse a ela que era uma reunião com os colegas?

Embora fosse moreno, Cristiano tinha o problema de se ruborizar facilmente. Não soube o que responder na hora. Desejou mentir para causar ciúmes e para não passar por um tolo celibatário. Todavia, José Carlos foi mais rápido e atalhou, dizendo:

— Não, ele não precisa disso. As mulheres evangélicas são bem tolerantes! Mas duvido que ele tenha alguém! Acho que nunca teve uma namorada na vida! Não é verdade, Xavier?

Todos perceberam a provocação, inclusive Agnes. Cristiano teve vontade de agredir José Carlos, mas se controlou. Observou-lhe a face maliciosa e respondeu:

— Se você acha isso...

Era evidente que a raiva tornara-se recíproca. O filho de Emília compreendeu que eles disputavam o mesmo espaço no coração de Agnes.

— Não é bem assim, não! – retrucou a moça voluntariosamente, disposta a revidar a grosseria e a realimentar o tema. — Eu o vi ligando para avisar que chegaria mais tarde!

Os outros jovens da mesa, que participavam da conversa, soltaram um apupo, indicando que entendiam o interesse da moça e a indireta. Cristiano, embaraçado, esclareceu:

— Era para avisar a minha mãe!

— Ah! Tem de ligar para a mamãe ainda? Você já é bem grande para isso! – zombou José Carlos.

— Eu ligo para quem amo! Você não?

A resposta sagaz de Cristiano deixou José Carlos desconcertado. Sentindo-se ofendido, revidou com rudeza:

— Isso é coisa de afetado! Ficar ligando para a mãe!

Cristiano sentiu que não haveria diplomacia suficiente para conter o colega. Em silêncio, tirou uma nota da carteira e entregou-a a Reinaldo, pedindo que pagasse a sua parte. A seguir empurrou a cadeira para trás e se levantou. Esse gesto defensivo, embora tranquilo, suscitou a ira de José Carlos, disposto a levar a contenda até o fim.

Erguendo-se, ele encarou Cristiano, exalando um bafio de raiva:

— O que foi? Está indo embora por minha causa? Estou te incomodando?

Resoluto, senhor absoluto de si, o filho de Josivaldo respondeu, diante do olhar pasmo dos companheiros:

— Está!

O sangue de José Carlos, aquecido pelo álcool, ferveu.

— Então vai embora, seu bajulador covarde! Você não é ninguém! Quem você pensa que é, com essa pose? Só porque faz faculdade se acha mais sabido do que todo mundo, não é? Mas você não passa de um puxa-saco!

Cristiano era avesso a violência. Jamais brigara antes e sabia que na vida, pequenos desentendimentos podem acabar em grandes desastres. Mas, na hora em que José Carlos tocou em seu peito com o indicador, para incitá-lo à briga, o instinto assumiu o controle e todas as lições cristãs foram subitamente esquecidas.

Com um golpe rápido, surpreendente, Cristiano pegou a mão do agressor e torceu-a, imobilizando-o totalmente. Humilhado, José Carlos se viu obrigado a se debruçar sobre as mesas.

— Nunca mais toque em mim! – explodiu Cristiano. A turma do deixa disso logo interveio e separou os oponentes.

Sem dizer nada, entre orgulhoso e vexado, Xavier se afastou e, a pedido de Reinaldo, foi embora.

Cristiano só não podia imaginar que Agnes o seguiria. Sem dizer nada aos colegas, ela pegou a bolsa e saiu atrás do rapaz, julgando intimamente que seu proceder tinha levado a uma contenda inesperada.

— Você está bem, Xavier? – indagou a moça, ao alcançá-lo no ponto final de ônibus.

— Sim e não! – respondeu ele, visivelmente perturbado.

— Sim e não? Como assim?

— Se há algo que eu odeio, Agnes, é a violência. Já passei por experiências bastante traumáticas na minha vida por causa dela. Por outro lado, sinto que o nosso amigo merecia uma lição.

A estagiária fitou com enlevo o seu instrutor. Ele era tão surpreendentemente justo, que era fácil adivinhar-lhe o dilema.

— Mas você sabe o que é pior, Agnes?

— O quê?

— Eu não ter me controlado. Estudei tanto na igreja, li tanto e não consegui dar a outra face...

— É natural. Sua reação foi normal. O ser humano é programado pela natureza a reagir a qualquer ameaça!

— Será? – tornou ele, sério. Caiu uma pausa. Um ônibus estacionou próximo à calçada. A fila se agitou. Agnes percebeu que teria de ser rápida, pois o embarque não demoraria.

— Eu lamento ter causado problemas. – disse a jovem.

— Você? Não, a culpa foi do José Carlos.

— É, mas eu acho que ele só fez essa provocação, porque estava com ciúme!

A porta do ônibus abriu nesse instante, com um estrondo. Cristiano mal percebia o ambiente. Ele prestara atenção naquela última frase. Quis explorar ao máximo a situação:

— Ciúme de mim?

— De quem mais seria?

Cristiano cravou seus olhos nos de Agnes. A timidez desapareceu naquele instante. Ele nem sequer se lembrava da vergonha, de tão empolgado que estava.

— E ele teria motivo? – inquiriu o rapaz, novamente cedendo à impulsividade.

Agnes deu um sorriso e revelou-se implicitamente, naquele estranho jogo de indagações sem respostas diretas:

— Quem sabe?

As pessoas começaram a subir no ônibus e a fila andou. Cristiano teve ímpetos de ficar ali, conversando. Mas, as emoções do dia turvaram-lhe tanto a mente que ele se sentia dominado pela rotina, de maneira que foi acompanhando as outras pessoas, sem refletir nas próprias possibilidades.

Quase chegando à porta, a moça deu um beijo no rosto do rapaz e disse:

— Até segunda!

— Até segunda! – revidou Xavier, com a razão quase travada pelos acontecimentos.

E, antes que ele subisse o primeiro degrau, Agnes emendou:

— A propósito! Foi um belo golpe! Onde você o aprendeu?

— Não aprendi! Nunca briguei na minha vida!

— Não parece! Vai ver que foi em outra encarnação!

Agnes sorriu e se afastou. Cristiano fechou os olhos. Após atravessar a catraca, passou a mão pela face. O dia tinha sido atribulado. E a irônica frase final de Agnes não lhe soou apenas como uma brincadeira. Era fato. Onde havia aprendido a reagir assim?

Quando o ônibus começou o seu trajeto, notou que não tinha quaisquer respostas. Ele tinha somente agudas suspeitas.

Capítulo Quinto

LIÇÕES

Meses sobre meses fecharam a escala incessante dos dias, na pequena gleba de Caetano Coelho. O jovem Cristiano de Braga cresceu em força e em entendimento. Ao lado das lides do campo, o menino recebia de seu professor lições preciosas sobre o quadro complexo da existência humana.

Na região poucos sabiam, mas a verdade é que Caetano Coelho tinha sido um importante filósofo na corte portuguesa. Como tal, passara a debater sobre conceitos absolutamente esquecidos e revolucionários para a época. Fazendo uma releitura de velhos textos gregos e judaicos, passou a expor uma ideia perigosamente nova: a da reencarnação, chamada então de metempsicose. Essa questão dogmática lhe causou sérias desavenças com as altas autoridades eclesiásticas. Como cristão-novo, ele já era naturalmente vigiado pelos esbirros da Inquisição[12]. E isso não só por ele, alegadamente,

[12] Ou tribunal do Santo Ofício, tinha por missão vigiar e punir qualquer um que se desviasse das normas católicas.

manter práticas judaicas. Invejosos, alguns cortesãos acusaram-no de ensinar heresias e feitiços nefastos. Preso duas vezes junto com a família, foi salvo por Cristóvão, pai de D. Fernando. Abrigara-se então, naquela pequena eira, distante de tudo e de todos.

Ali, em um porão cavado e disfarçado sob o piso da casa, ele escondera dezenas de manuscritos e livros, muitos deles proscritos pelo índex[13].

Caetano, é verdade, não olvidara as raízes judaicas e procurava estudar a teologia de seus ancestrais, mesclando-a, todavia, aos conceitos dos gregos e de outros povos pagãos. Aprendera, há muito, com um mestre grego, além do conceito de pluralidade de existências, as leis de causa e efeito.

Com a alquimia, avaliara a mutabilidade da matéria por meio da química e dedicava-se a provar para si mesmo que a realidade física era regida por leis estáveis e não por rupturas sistemáticas, classificadas então, como milagres.

Durante os vários anos de estudo, Caetano Coelho anotara, cuidadoso, suas descobertas em um livro, que ele mantinha igualmente escondido.

De Cristóvão de Braga, a quem muito devia e a quem muito estimava, recebera a missão de educar D. Fernando. A ancestralidade de Fernando era bastarda, coisa tida por normal na época e aceita sem muito estardalhaço no mundo da nobreza lusitana.

D. Cristóvão, em sua juventude, se apaixonara por uma camponesa, embora já fosse casado. Dessa relação um menino nasceu e, sendo rejeitado pelo clã dos Braga, foi tratado pela mãe, que faleceu ao dar à luz uma segunda vez. A criança, desta vez uma menina, não vingou, morrendo poucos dias depois de nascer, como acontecia amiúde nos processos medievais de parto.

[13] Ou índice, era um catálogo com o nome de livros proibidos.

Órfão, o pequeno Fernando foi enviado ao sul e tutelado pelo cristão-novo. Contudo, o rapaz, ainda que não fosse imune às letras, era mais propenso às armas. Tão logo atingiu a idade propícia, abandonou os livros e agarrou-se à espada. Financiado por Cristóvão, que mobilizou amizades importantes para engajá-lo nos exércitos reais, Fernando ganhou o mundo e muitas cicatrizes.

Ao contrário de seu pai adotivo, Cristiano adorava estudar. Esquecendo-se e sendo esquecido por sua família no norte, ele foi ensinado por Caetano Coelho, que lhe revelou os mais importantes conhecimentos de então.

Por quase sete anos, empenhou-se em aprender latim, grego, árabe e hebraico. Desvendou as estrelas; conheceu os ciclos naturais, penetrou nos mistérios da alma.

Ele era quase um homem feito, e embora soubesse muito das teorias científicas e humanas, da realidade prática nada vivenciara além dos limites estreitos da pequena eira do Algarves. Durante todo aquele tempo, D. Fernando não dera qualquer sinal de vida. Não enviara cartas ou recados e ninguém sabia se estava vivo ou morto.

Cristiano, aos poucos, deixou de se importar. Gostava de Baruch. A rotina simples, de plantio e estudos, o enchia de tranquilidade e paz. Era uma vida idílica, marcada apenas pelas mudanças naturais das estações e por pequenos passeios, tais como algumas idas à vila da região, próxima a Faro[14].

Bimestralmente, Caetano se aventurava nessa aldeia para mercadejar e comprar produtos indispensáveis, como o sal, açúcar, temperos e tecidos grosseiros, próprios da plebe. Nessas jornadas, Cristiano acompanhava o mestre, ciente de que deveria manter silêncio sobre o seu passado e sobre o seu destino futuro.

[14] Cidade do Algarves.

Na pequena vila litorânea, Caetano Coelho travara, pela força das coisas, amizade com alguns burgueses locais, algo indispensável para a manutenção dos laços mercantis e de sobrevivência.

Dentre esses, havia um, conhecido seu de anos, chamado Leão Lopes, que tinha um pequeno empório de secos e molhados e que atendia a freguesia do interior e do litoral. Por modesta que fosse sua venda, Lopes era homem reputado de rico. Normal, então, que muitos o invejassem, nutrindo contra ele certa raiva, posto que, como negociante, Lopes jamais colocava a amizade acima do ouro. Apesar disso, usava a justiça, evitando se aproveitar da miséria dos camponeses que vinham lhe vender o necessário para superar a penúria.

Leão Lopes era tido por loquaz pelos amigos e vizinhos. Gostava de galhofas e quando bebia um pouco, tendia ao exagero. Viúvo, fora aquinhoado pela natureza com três filhos; dois homens formados e uma menina; esta em idade núbil.

Os dois jovens partiram para longe, sedentos de oportunidades novas e desejosos de conhecer um mundo que se abria para Portugal, então no auge de suas conquistas ultramarinas. Os apelos e ameaças do pai não foram suficientes para detê-los, de maneira que chegando ao outono da vida, Lopes temia por Inês.

Depois de vasculhar possíveis partidos para a filha entre a parentela distante e descartá-los todos por motivos vários, ele tentou com os aldeões e com pessoas de seu relacionamento comercial. Todavia, percebeu que poucos jovens dali tinham a estirpe necessária para cuidar de Inês e, principalmente, de seu empório. Os locais, em geral, eram beberrões iletrados, ambiciosos abrutalhados ou aventureiros que amavam a sorte, tal qual seus próprios filhos.

Foi então que Leão Lopes atentou para o ajudante de Baruch. Vendo-o silencioso e calmo, altivo e forte, supôs que poderia se tornar um bom genro. Com esse intento, esperou o retorno de Caetano, para ter com o cliente uma conversa apropriada. O retorno não demorou a acontecer.

Enquanto o cristão-novo reclamava das contas e dos preços que não paravam de subir, inflacionados pelo ouro abundante que chegava das feitorias longínquas, Lopes alegava que era a carestia e que não tinha culpa. Em certo momento da negociação, o comerciante mudou bruscamente de assunto e inquiriu:

— Este rapaz que te ajuda na gleba, é teu filho?

Baruch coçou a barba, olhando para a rua. Cristiano estava sobre a carroça, esperando o mestre com tranquila paciência.

— Não! – respondeu o cristão-novo, cauteloso. — Trata-se apenas de um afilhado. Na verdade, eu estou a lhe ensinar as letras. Cristiano é filho de D. Fernando de Braga. Creio que ouviste falar dele!

— De passagem! Faz anos que o vi pela última vez! – esclareceu o comerciante, alegre. Caetano não tinha interesse nenhum em se expor e deixando as moedas sobre o balcão, propunha-se a sair, quando Leão Lopes o chamou novamente:

— Então é um fidalgo?

Caetano Coelho virou-se. Teve certeza de que não seria fácil se livrar de Lopes. Mas, não desejando ofendê-lo, disse:

— Nem é, nem deixa de sê-lo!

— Ah, sim... Entendo...

Nas reticências de Leão Lopes havia a sutil insinuação de que Cristiano era um bastardo. Baruch compreendeu a percepção do burguês e asseverou:

— Só saberemos se é nobre quando fizer uso do que aprendeu!

Fingindo não perceber a lição que estava embutida na sentença, Lopes prosseguiu:

— Mas, então sabe ler e contar!

— Sim!

— E está comprometido?

— Apenas com o pai!

O comerciante exultou. Sem dar chance a qualquer ponderação, saiu detrás do balcão e, passando pelo cristão-novo, foi até a rua, gritando:

— Ó rapaz! Acompanha-nos em um vinho velho! Já és adulto e teu padrinho não se oporá a que refresques a garganta, pois está um calor infernal!

Cristiano ficou surpreso, mas como não viu censura alguma no rosto de Baruch, desceu da carroça. Ele não percebeu que se tratava, na verdade, de uma armadilha. Seu mestre nem o deteve e nem o protegeu, talvez para avaliar se o aluno já estava seguro o suficiente para se livrar sozinho de uma situação embaraçosa.

Feliz por participar, pela primeira vez, de uma conversa de homens em pé de igualdade, Cristiano apanhou o copo de vinho e tomou um gole, observando atento ao comerciante, que o olhava, quase extasiado.

— Então... – disse Leão, fitando-o com enlevo. — Disse-me cá o teu mestre, que és estudante! Segundo Caetano, és mui inteligente!

Cristiano observou Baruch, envaidecido. Sentiu-se orgulhoso por ser mencionado de forma tão airosa e, crendo não desobedecer a nenhum critério de modéstia, respondeu:

— O senhor me honra com tais palavras!

— E então? Pretendes ingressar em Coimbra? Ou quem sabe em Sagres?

— Não sei! As minhas pretensões são mais modestas!

— Ah, sim! Esperas o retorno do teu pai, não é verdade?

— Entre outras coisas!

— E quanto tempo faz que ele partiu?

— Sete anos!

— E tens notícias?

— Não! Há muito tempo estamos sem saber o que aconteceu!

O comerciante deixou cair uma pausa proposital, como se calculasse cuidadosamente as palavras, para não cometer uma indiscrição e pôr tudo a perder. Caetano Coelho ouvia a conversa mudo, como se estivesse se divertindo com a situação.

— O ilustre D. Fernando foi para a guerra, não?

— Ao que consta...

— Pois ora, meu rapaz! Já estás crescido e precisas ter em mente que não podes permitir que a situação te ponha um cabresto!

— Como assim? O que queres dizer, senhor Lopes?

— Que tens de considerar a possibilidade de seguir o teu próprio rumo! Porque, sejamos francos, é comum homens não voltarem das guerras! Eu sei que é teu pai e que tens por obrigação manter a esperança acesa, mas se o pior acontecer, prepara-te! O carvalho mais firme é aquele que fixa as raízes na terra dura!

Cristiano continuou a olhar o burguês com estranheza. Não estava entendendo bem aonde aquele desconhecido queria chegar, nem o que ele pretendia com todo aquele palavrório. Para maior desconforto, Caetano mostrava-se neutro, sem dar indícios de que iria interferir.

Leão Lopes notou que o rapaz estava dominado pela confusão. Aproveitando-se disso, apanhou um pano e, acenando efusivamente, completou:

— Quero que tu conheças a minha filha! Ela será de grande valia para ti! É moça casadoira e a julgar pela mãe; que Deus a tenha em bom descanso, te dará grande prole!

E gritando para dentro da casa, chamou a jovem:

— Inês! Inês! Vem cá! Quero te apresentar alguém!

Só então Cristiano compreendeu o objetivo de Lopes na sua totalidade.

Depois de alguns segundos, uma jovem apareceu. Ela estava com um lenço emoldurando-lhe a face, no estilo mourisco das mulheres ibéricas, mas se podia notar que era muito bela.

A menina se aproximou, cabeça baixa, cheia de vergonha. Inês tinha estatura média e corpo esbelto. Todavia, era dotada de grande formosura, que ficou ainda mais realçada quando, a pedido do pai, cumprimentou o visitante, fitando-o ligeiramente.

O coração da menina se agitou. Ela sabia o que uma apresentação daquelas significava. Seu pai já havia falado inúmeras vezes sobre o seu plano de casá-la tão logo fosse possível. Inês aceitara a fatalidade com o coração passivo. Naquela época, não era dado para a mulher o direito de opinar sobre assuntos de tal natureza. Para Inês, esse era o destino; não tinha como fugir dele. Apenas esperava que seu pai fizesse uma escolha que também lhe agradasse.

Para sua surpresa, Cristiano de Braga não lhe suscitou outro sentimento inicial que não o medo. Medo pelo desconhecido, medo pelo incerto. Mas o jovem tratou de desfazer seus receios ao enviar um sorriso calmo e encantador.

— Que tal? Que tal? Não é linda a minha princesa? Não é verdadeira flor de abril? – externou o comerciante, como se fizesse propaganda de um produto qualquer. — Vê essas mãos, tão lisas, tão suaves! Não posso entregar minha pequena a um desses marujos do porto! Não, não, prefiro deixá-la solteira ou consagrá-la, a permitir que alguém a maltrate! E como estou velho, filho, não tenho expectativa de viver muito! Infelizmente, os irmãos de Inês se encontram distantes, nas Índias, e só Deus sabe se voltarão! Por isso, faria gosto se pensasses na minha proposta, com muito carinho!

Surpreendido pelo inusitado do fato e atordoado com a beleza da jovem, que de fato o fascinara, Cristiano olhou para Caetano, implorando ajuda. O ancião resolveu socorrer o pupilo e disse:

— Senhor Lopes! Tal proposta nos honra deveras! Contudo, há obrigações outras que temos de pesar antes de emitirmos qualquer decisão! Peço, todavia, que não considere uma recusa como desabono ao senhor ou à sua graciosa filha! Mas D. Fernando prometeu voltar e nós esperaremos por ele, antes de tomar uma atitude que possa se revelar equivocada!

— Sim, sim! Mas pelo que disseste, já faz tempo que ele não se apresenta por estas bandas! Talvez demore muito, ou talvez nem volte. E me perdoe a franqueza rapaz, mas a verdade é a verdade! Não sou muito adestrado nos misteres da corte e das formalidades! Acho que um homem, nesta vida, deve ser prático!

Caetano Coelho sorriu, em resposta. Fez um gesto de despedida, balbuciou uma gentileza e, intimando Cristiano, forçou-o a subir na carroça. O rapaz, no entanto, procurou a face de Inês, que se mantinha presa ao chão, plena de vergonha. Por um breve instante ela ergueu o rosto e os olhos de ambos se chocaram, criando uma forte ligação entre aquelas almas que se reencontravam na longa jornada da eternidade.

Dificilmente Cristiano entenderia o que acabara de acontecer, mas no caminho de volta permaneceu distante e pensativo. Ele se sentia um homem; desejava ter uma companheira. De repente, a vida de monge não mais o satisfazia. A graciosidade de Inês, vislumbrada por um décimo de segundo, encheu de felicidade a sua existência. Tudo agora fazia sentido. Ele tinha motivos para pleitear um futuro alvissareiro. Sempre fora correto e obediente. Seria justo ficar atado a uma espera insensata? Leão Lopes tinha razão: D. Fernando poderia ter morrido.

Cristiano via os desfiles nebulosos que se formavam em sua mente, fundindo-se em uma síntese colorida de esperanças, a criar um alegre quadro de paz. Na vertigem de tais perspectivas, ele se via preso e livre ao mesmo tempo. Em um instante subia aos píncaros da alegria, para desabar no desfiladeiro profundo da obrigação castradora.

Lendo os sentimentos contraditórios que agitavam a alma de seu pupilo, Caetano Coelho indagou:

— Ficaste empolgado com a moçoila?

O rapaz fitou o mestre e, sem saber o que dizer, continuou quieto.

— É natural! Ela é bonita. Estivesse eu na tua posição, também pensaria no caso!

— O senhor sabe que eu não posso! Se D. Fernando voltar, tenho a obrigação de segui-lo mundo afora!

— Lopes é um tagarela, mas está certo numa coisa: D. Fernando pode ter morrido na África ou em outros lugares desse mundo de Deus! – ponderou Caetano, evidentemente a apoiar a opinião do jovem.

Tomando coragem, Cristiano revelou uma curiosidade ousada:

— Mestre, o senhor nunca casou? Nunca teve família?

O velho professor deixou transparecer uma expressão de tristeza e respondeu tranquilo:

— Tive, há muito tempo! Tive uma mulher e uma filhinha!

— E o que aconteceu com elas?

— Morreram! Elas foram trucidadas pela Inquisição, filho! Pelo mesmo tribunal que quase me matou também! Mas, como hei te ensinado, a única coisa que pode ser exterminada é o corpo! A alma sobrevive e vai para o lugar que lhe é próprio, para depois retornar à Terra! Então, continuo na minha romaria solitária, esperando ansiosamente pelo momento do reencontro! Mas não penses que fui infeliz! Os céus me compensaram enviando outros filhos, como D. Fernando e tu mesmo! São pequenas e caras alegrias para um coração destroçado! Por isso, eu te entendo e se é o teu desejo, concedo-te a minha permissão e a minha bênção para que desposes a filha do Lopes, se for do agrado de todos!

Cristiano sorriu e abraçou o velho instrutor, feliz com a autorização e penalizado pela situação. Meio relutante, ainda perguntou:

— E se D. Fernando voltar?

— Enfrentaremos a realidade! Tu estás a terminar os estudos! Ele deve saber disso e, de qualquer forma, precisará te adestrar mais adequadamente nas armas antes de te levar! Lembra-te, porém, que tens votos de obediência. A honra de tua palavra é maior que tudo! Deverás, pois, te submeteres às exigências de D. Fernando, mesmo que estejas casado e com filhos! Por isso, pensa bem antes de fincar as raízes em terra dura, como diz o Lopes! E deixa isso claro a Inês! De minha parte, te ajudarei no que for possível! Esperaremos por mais meio ano! Se até a primavera não tivermos quaisquer notícias, estarás livre dos teus votos! Compreendeste bem?

Cristiano concordou e então uma nova realidade desenhou-se para ele. Um mensageiro foi despachado para o norte, para saber se Cristóvão de Braga tinha alguma notícia. O mensageiro retornou com uma resposta negativa. D. Fernando não aparecia há anos. Na verdade, o velho Cristóvão morrera sem tornar a ver o filho e os parentes se eximiam de qualquer responsabilidade sobre a legalidade do assunto, autorizando Caetano Coelho a agir como quisesse sobre a questão em pauta.

Aborrecido com o falecimento do amigo, mas ciente de que a vida humana seguia suas leis, Baruch deu a permissão para que Cristiano noivasse com a filha de Leão Lopes. No fundo, o cristão-novo achava melhor que o pupilo se tornasse um modesto burguês de aldeia. Assim, poderia transmitir seu legado de sabedoria a alguém de mérito. Uma vida pacífica certamente ampliaria os conhecimentos do rapaz. Caetano o ensinara algumas artes militares, como o arco, a esgrima e a montaria, mas no conceito do cristão-novo, esses talentos eram supérfluos para um sábio.

Depois de cinco ou seis encontros supervisionados com a noiva, Cristiano decidiu que o seu futuro estava ao lado de Inês. A menina, compreensivelmente, tinha pouquíssima cultura, mas compensava isso com uma ativa inteligência. Perspicaz, a filha de Leão cultivava a curiosidade em relação às coisas e logo notou que Cristiano era um rapaz diferente. Modesto, amava a ciência e as obras de Deus. Também a cativara com gestos meigos e palavras mansas, de tal forma que ela cedeu aos encantos e apaixonou-se.

O casamento foi marcado sem muitas delongas e todos os detalhes entre Lopes e Caetano Coelho ficaram acertados. Cristiano passaria a morar na aldeia e trabalharia com o sogro, na venda. Leão Lopes só ficou preocupado com a advertência sobre um improvável retorno de D. Fernando e as exigências que tal fato comportava.

Todavia, no fundo, ninguém acreditava que o filho de Cristóvão voltaria.

Na primavera, o casamento foi consumado, para a alegria de todos. Uma nova vida começou para o casal que, feliz, tecia doces planos para o futuro.

Inês não demorou a engravidar e a primeira neta de Leão Lopes nasceu saudável e forte, recebendo o nome de Ísis.

Naquela altura, a relação entre os jovens estava cimentada e Cristiano sentia-se tranquilo; em paz consigo mesmo e com o mundo. Quando possível, ele visitava o velho professor, a quem amava como a um pai. Não pretendia abandoná-lo, porque sabia que a idade avançava inexorável e não restavam a Caetano muitos anos mais. Nessas ocasiões, aproveitava a oportunidade para debater com o padrinho sobre os problemas profundos da existência humana. Além de discutir conceitos filosóficos com o rapaz, o professor incentivava-o a continuar treinando as artes bélicas, como se tivesse alguma premonição futura.

Habituado à obediência extrema, Cristiano não cessava de praticar a esgrima sob os olhares curiosos da mulher e de Leão Lopes, para quem todo aquele exercício era virtualmente inútil.

Assim, numa tarde de domingo, enquanto o sogro dormia a sono largo e Inês amamentava a pequena Ísis, nas escadas externas da casa, Cristiano treinava com uma enferrujada espada, combatendo inimigos imaginários.

Vendo o marido dançar no espaço com elegância e cálculo, Inês indagou:

— Com quem aprendeste esses golpes?

Cristiano apenas sorriu para a mulher e ensarilhou a espada, pronto para responder.

Capítulo Sexto

RELAÇÕES

"Caetano Coelho" sussurrou ao despertar. Cristiano a nada recordava de seu sonho noturno, mas seus lábios tinham pronunciado, involuntariamente, esse nome. Ele se sentou, enquanto o despertador tocava. Acendeu a luz e anotou o nome na pequena agenda de cabeceira, que ali deixara para transcrever os seus sonhos. Cristiano criara o hábito de manter o bloco à mão, porque depois de algumas horas perdia importantes informações para o esquecimento. E ele estava interessado em montar o quebra-cabeça de seu inconsciente. A cada dia acreditava menos de que os sonhos eram ilusões ou metáforas reprimidas de sua alma. Ele sentia que aqueles fatos eram reais; tinham acontecido em algum lugar do passado.

O fim de semana terminara rápido e Cristiano experimentara uma sensação inusitada; a sensação de pensar em Agnes o tempo todo. Por isso, ansiava em retornar ao trabalho.

Nem mesmo a desagradável perspectiva de reencontrar José Carlos era capaz de abalá-lo. Não sabia o que aguardava, nem como estaria o ambiente no banco. Julgava que, fosse como fosse, o problema com o colega seria contornável.

Na realidade, Cristiano focava a sua atenção nas possibilidades futuras com Agnes. Sem perceber, ele construía um mundo de sonhos e fornecia a si mesmo argumentos bem fundamentados de que poderia, afinal, ter um destino risonho.

Ao encontrar a mãe na cozinha, preparando o café, como de costume, Cristiano lembrou-se do nome anotado na caderneta e indagou, após os cumprimentos iniciais:

— Mãe, a senhora conhece algum Caetano? Nós conhecemos?

Dona Emília estranhou a pergunta inesperada feita àquela hora e tentou puxar pela memória. Foi difícil, pois ela também estava atordoada pelo recente despertar. Ainda assim, depois de uns três segundos, respondeu:

— Bom, tem o seu Caetano do mercadinho! Faz tempo que eu não vou lá, porque ele é careiro. A que vem essa pergunta agora, filho?

— Nada não! A senhora lembra do sobrenome dele?

— De que jeito, se vejo o homem uma vez por ano?

E, intrigada pelo súbito interesse de Cristiano, ela retorquiu:

— Aconteceu alguma coisa que você não queira me contar?

Cristiano esboçou um sorriso e abraçando a mãe, tratou de tranquilizá-la:

— Imagina, mãe! Desde quando nós temos segredos?

A viúva balançou a cabeça e, servindo um café para o filho, comentou:

— Não sei não! Você anda esquisito ultimamente!

O rapaz ergueu os ombros:

— A senhora está preocupada à toa! E Ester?

— Está se trocando!

— Desse jeito vamos chegar atrasados ao ponto!

E, disfarçando como podia, Cristiano chamou a irmã. Não demorou para que eles saíssem para o trabalho, após pedirem a bênção da mãe.

O caminho até o ponto passava pelo mercado. Embora fosse madrugada, Caetano já abrira o seu pequeno armazém. Cristiano segurou a custo o ímpeto de ir até lá. Considerou que a averiguação poderia esperar.

O trajeto até o banco foi cheio de expectativas. O filho de Emília retomou seu assento normalmente, como se nada tivesse acontecido. José Carlos já tinha chegado e o clima de tensão permaneceu presente até que o subgerente do setor, posto a par do ocorrido no bar, por terceiros, mandou chamar a ambos.

Colocados frente a frente, como se fosse uma acareação policial, o subgerente deixou bem claro que a empresa não iria tolerar conflitos dentro do ambiente de trabalho. Após ouvir a versão de cada um, deu a eles a opção de reatarem a relação profissional ou serem demitidos.

Uma situação constrangedora era tudo o que Cristiano queria evitar. Nem podia pensar em perder o emprego, pois o ano vindouro seria o de conclusão da faculdade. Ainda que dividido, por pensar que estivera em seu direito, o filho de Emília estendeu a mão ao rival, em sincera intenção de paz. Dissimulado, José Carlos quase implorou perdão, chegando mesmo a abraçar o companheiro, como se aceitasse o armistício.

Para o subgerente era nítido que José Carlos tinha sido o culpado pela briga e que disfarçava o erro com uma atitude exagerada. Considerou, porém, que o problema era de pequena importância e que a situação se resolveria por si só. Por isso, ficou satisfeito com o desenlace e deu o caso por encerrado.

Infelizmente para Cristiano, o subgerente estava errado. Seu rival jamais pensara em deixar para lá e esquecer. A humilhação que sofrera diante dos colegas só o fazia pensar em desforra. Mas, tal como Cristiano, José Carlos não podia se dar ao luxo de perder o emprego. Agir com cálculo, portanto, era a melhor saída para ele. Assim, fez aquela cena teatral, deixando a revanche para um dia oportuno.

Fosse Cristiano um homem malicioso, teria desconfiado da atitude do colega. Contudo, criado em um ambiente cristão, no qual o perdão era visto e aceito com naturalidade, ele raciocinava ingenuamente, pensando que o mundo inteiro seguia os princípios morais do Mestre.

Cristiano jamais poderia imaginar o quanto a segunda-feira foi terrível para José Carlos. O desprezo que Agnes lhe votou e a humilhação recente acrescentaram mais ódio ao seu conturbado espírito. Imaginando que todos zombavam dele e rendiam loas ao jovem evangélico, o escriturário tinha dificuldade em se concentrar no trabalho.

O único que tentou acalmar as coisas foi Reinaldo. Ele conversou detidamente com o perturbado colega, sentindo-o vingativo e rancoroso. Reinaldo deu conselhos e apaziguou a José Carlos o quanto pôde. Todavia, vendo-o fora de controle, a reclamar no banheiro sobre a ofensa que sofrera, percebeu que apenas o tempo poderia mitigar a mágoa que transbordava daquele Espírito mentalmente acanhado.

A verdade é que Reinaldo se enganava. O tempo não diminuiu o ódio de José Carlos. Ao contrário, aumentou-o, porque ele adivinhou que uma ligação sólida estava surgindo entre Agnes e Cristiano.

Muitas vezes, antes de chegar em casa, o bancário passava em um bar, para tomar cerveja e jogar bilhar com antigos amigos de infância. Esses jovens não eram propriamente anjos do bem. Envolvidos com crimes e infrações graves, eles ouviram, atentos, a história de José Carlos e propuseram-se a ajudá-lo na vingança. Para aqueles rapazes a violência era um meio natural de vida; o ódio e a honra andavam de mãos dadas e eles estavam dispostos a ajudar um camarada pelo simples prazer de fazer o mal.

José Carlos explicou aos colegas que seria prudente aguardar um pouco, para que as suspeitas não caíssem sobre ele. Desgraçadamente, porém, uma notícia bombástica começou a circular no banco.

De fato, no fim de semana que se sucedeu à briga entre Cristiano e José Carlos, Agnes decidiu mudar radicalmente o seu panorama futuro.

Já não podendo mais suportar a relação com Celso, a jovem resolveu acabar com o namoro. Ela combinou um encontro em um centro comercial da capital paulista no sábado à noite. O local era bem movimentado e Agnes assim escolhera de forma proposital, para evitar escândalos. Ela reconhecia que o namorado era mimado e intransigente. Quando não atendido em qualquer mesquinharia, normalmente explodia em torrentes de impropérios. Agnes ansiava minimizar esse efeito colateral, rompendo em um local público.

Celso divisou a namorada na praça de alimentação. Ele esperava por uma noite de agradável tranquilidade. Já tinha elaborado seus programas e aceitara a ideia de um jantar romântico, embora aquilo fosse meio atípico por parte de Agnes.

Chegou cheio de si, mas mudou rápido de postura ao perceber o semblante pesado da moça. Na mesa havia um refrigerante aberto e pela metade. Agnes era precavida e se antecipara ao conflito, ao preparar uma recepção de viúva negra. Celso percebeu que havia um desconforto no ar. Tentou pesquisar na memória se fizera alguma bobagem. Concluiu que não. Ao menos recentemente.

Sentou-se após trocar um beijo frio. Agora ele tinha certeza de que alguma coisa estava errada. Mas, o quê? Teria Agnes descoberto um de seus casos antigos? Ele não gastou muito tempo especulando e, para fugir da própria angústia, indagou:

— O que foi?

— Precisamos conversar! – tornou ela, segura.

— O que aconteceu?

Agnes virou o rosto de lado e, meneando a cabeça, disse:

— Não te chamei aqui para jantar!

— Não?

— Não!

Celso se empertigou na cadeira. Os pensamentos corriam-lhe em um fluxo inestancável e, para manter um mínimo de coerência em seu raciocínio, chamou o garçom, pedindo uma bebida forte.

Agnes observou-o, comparando-o a Cristiano. Sentiu que Celso pretendia ganhar tempo e confiança. Ela o deixou acomodar-se com a situação.

O silêncio pertinaz da jovem forçou-o a falar:

— Então... O que aconteceu?.

Agnes olhou o namorado, avaliando o que estava pronta para fazer. Ela o viu pegar o copo de uísque e beber quase toda a dose de uma só vez. Aquele gesto simples a encheu de repulsa. Projetou o futuro e sentiu que os vícios só iriam se acentuar com os anos. Ele não mudaria nunca. Sempre seria uma criança egoísta, incapaz de pensar nos outros. Independentemente de qualquer coisa, Celso permaneceria materialista e fútil, pois era de sua índole ser assim. E um casamento nessas condições, para ela, seria uma prisão espiritual insuportável. Agnes conjecturou sobre a possibilidade de uma união definitiva com ele e quedou-se repugnada. Talvez por isso tenha sentenciado, resoluta:

— Celso, eu acho melhor nos separarmos!

O rapaz ficou lívido. Ele não conseguiu responder nada na hora. Seu cérebro fervilhava em uma ebulição de sentimentos antagônicos, que se mesclavam e produziam espasmos de destruição e ira. Teve ímpetos de pegar Agnes pelo pescoço e estrangulá-la ali mesmo. Separação? Era isso o que ela desejava? Anos de relacionamento jogados no lixo? Sem motivo?

Da sua maneira, Celso amava Agnes apaixonadamente. Ele dera os primeiros passos, ele a cortejara. Suportara-lhe o temperamento explosivo, suas estultices socialistas, seus discursos proletários de justiça social, suas manias. Ele se perguntou se o fizera a troco de nada. Suportara tudo apenas para ser desprezado como um estorvo, como um trambolho? Não, não! Havia algo errado. Ele precisava saber o que era. Afastou de si o desejo de agredi-la e, com o que lhe sobrara de bom senso retrucou, ríspido:

— Como assim? Você está louca?

— Pelo contrário! Nunca estive tão lúcida em minha vida!

Agora Celso tremia. Um impulso covarde de agressão agitava-lhe a mente febril e a custo ele controlava o desejo de bater em Agnes.

— Por que você está fazendo isso? – ousou dizer, em um último ato de serenidade. O raciocínio de Celso começou a travar enquanto as emoções dominavam o corpo, traduzindo fielmente o que se passava na alma do rapaz. As sobrancelhas caíram sobre os olhos, a face se contraiu, a mão crispada apertou o copo em uma tenaz esmagadora.

Agnes reconheceu os sintomas de descontrole. Sabia que Celso estava quase explodindo. Prontificou-se a ir embora, mas não sem antes esclarecer seus motivos.

— Nós somos muito diferentes, Celso! Não teríamos futuro!

— Como você pode saber?

— É inútil insistir!

Celso recostou-se no espaldar e disse, sério:

— Você acha que eu vou aceitar? Assim, sem motivo? Do nada?

Agnes recolheu a bolsa e ameaçou se levantar. Ele a segurou pelo braço, em uma atitude bruta. A moça voltou a se aquietar. Mas, não por muito tempo.

— Você quer saber o porquê? – tornou ela. — Muito bem, eu direi: você é imaturo, mimado e acha que a vida é brincadeira! Não quer saber de estudar, de trabalhar e vive às custas de sua família! Isso basta? – o tom de voz de Agnes era o da mulher que sabe ser dura e cruel quando é preciso. Vendo-se atingido pela verdade, Celso tratou de se defender:

— Eu vou cursar direito, no ano que vem! Já falei!

— Pelo amor de Deus, Celso! Há séculos que você está com essa ladainha... Para mim, chega! Eu não quero mais saber; faça o que quiser!

E Agnes ergueu-se, dessa vez impetuosamente:

— Você sempre se aproveitou de tudo e de todos! Mas, hoje vai pagar a conta.

E, saindo, a jovem se dirigiu ao garçom, dizendo:

— Ele paga!

A estratégia de Agnes foi para retardar Celso, impedindo-o de correr atrás dela e prolongar o assunto. Deu certo. O rapaz preferiu adiar a conversa, até porque se sentia descontrolado demais e podia pôr tudo a perder definitivamente. Ele ainda tinha esperanças de reatar a relação.

Chegando em casa, o rapaz ligou para a agora ex-namorada. A discussão longa manteve a ruptura. A jovem permaneceu irredutível.

A notícia da separação causou certo alvoroço e mal-estar entre as famílias, cuja amizade de décadas foi abalada. O pai de Agnes, Mário, ficou inconformado e em uma conversa com a filha, insistiu para que ela refletisse melhor. Todavia, não teve sucesso algum. Mesmo a intervenção materna e dos demais membros da família não lograram demover a jovem estagiária do seu intento.

O que ninguém imaginava é que os sentimentos de Agnes por Cristiano tinham adquirido tal envergadura que estavam lhe toldando o raciocínio, ordinariamente frio e pragmático. A jovem não sabia bem o porquê, mas sentia-se a cada dia mais fascinada pelo bondoso e enigmático evangélico.

Ela escondia esse sentimento estranho de todos, pois compreendia que o mundo de ambos corria em paralelos bem diferentes. Decerto, isso dificultaria a aceitação daquele rapaz pobre, filho de migrantes, moreno.

A família de Agnes, os Miraflores, eram advogados tradicionais e atuavam na área do direito civil e tributário, principalmente com contratos de exportação e importação. Os proventos advocatícios da firma garantiam um padrão de vida elevado e de certa forma suntuoso. Os Miraflores eram, portanto, ciosos de suas origens liberais e dificilmente iriam entender um relacionamento entre Agnes e um jovem de periferia.

Isso preocupava a moça, que pretendia guardar seu tesouro afetivo no coração de Cristiano. Contando com o ímpeto da mocidade e confiante em seus próprios atributos, Agnes não tinha dúvidas de que atingiria o seu objetivo.

Assim, a ex-namorada de Celso começou a pôr em prática o projeto de enredar Cristiano nas teias de um relacionamento sincero e promissor.

Tornou-se evidente, no banco, a aproximação e as atitudes insinuantes de Agnes. A princípio, Xavier ficou perturbado. Não queria acreditar que aquilo estava realmente acontecendo. Para ele, parecia um sonho. Agnes mostrava-se claramente interessada e jogava indiretas o tempo todo. Mesmo um rapaz tímido como Cristiano seria incapaz de ignorar tamanho ataque. Apesar do pavor de ser repelido, ele reagiu, convidando temerariamente, a moça para um suposto café, após o expediente.

Agnes aceitou sem vacilar.

Eles foram para um restaurante simples do centro de São Paulo, ainda que caro demais para os parcos recursos de Cristiano Xavier. O rapaz pretendia se abrir, caso percebesse que as intenções de Agnes eram iguais às suas. Para sondar isso, começou a entabular uma conversa franca. Até então, eles só tinham falado sobre amenidades: trabalho, família, estudos.

— Fico feliz que você tenha aceitado o meu convite... – avançou ele, tíbio.

— Fico feliz que você não tenha demorado tanto para me convidar! – rebateu ela, a gracejar. Cristiano entendeu a resposta como um incentivo e sentia o coração querendo pular pela boca. Decidiu seguir em frente:

— Não tem nenhum problema para você?

A pergunta dele era capciosa, feita para confirmar se ela tinha ou não um namorado.

— Problema?

— É, de estar comigo aqui...

Ela riu.

— Sou maior de idade Xavier, sei cuidar de mim mesma.

— Não foi isso que eu quis dizer.

— O que foi, então?

— Bem, o seu namorado pode brigar...

Ela sorriu, brejeira, e disse:

— Você sabe que se eu tivesse namorado não teria vindo!

— Algumas pessoas no banco, comentaram que você tinha namorado!

— Tinha! No passado! Já rompi com ele!

— Era sério?

A jovem fitou Xavier. Entendeu que ele, compreensivelmente, tinha o direito de investigar sobre a sua vida, antes de tomar uma atitude.

— Até certo ponto! Namoramos uns anos! – respondeu ela, com sinceridade.

— E o que deu errado?

— Tudo! Ele não era quem eu pensava que era!

Cristiano observou a jovem, meditando se também não haveria de decepcioná-la, um dia. Talvez por isso tenha filosofado, com certo amargor:

— Ninguém é exatamente como aparenta ser!

Agnes ficou encantada com a resposta, que demonstrava sagacidade e sabedoria.

— Existem pessoas que são exatamente o que aparentam! – tornou ela, lançando um olhar penetrante.

— Você diria que eu sou assim? – ele indagou, desinibido.

— Não sei. Você é?

— Procuro seguir minhas palavras e conceitos, dentro dos meus limites humanos!

Agnes Miraflores sorria, mas estava impaciente. Ela tinha pouca disposição para rodeios e almejava por uma decisão rápida.

— E quais os seus conceitos, Xavier? O que você quer da vida?

Ele refletiu por um segundo e disse:

— Nada demais! Trabalhar, honrar a Deus, casar, ter filhos!

— Você já atingiu a metade desses princípios. Agora só falta a parte de casar!

Cristiano enrubesceu e, apanhado pela vergonha, ficou sem saber o que falar. Agnes decidiu ajudar o rapaz. Apanhou a mão dele, estendida sobre a mesa e com os olhos brilhando, asseverou:

— Se você quiser, posso colaborar com esse último quesito!

O filho de Emília, apesar de desajeitado, viu Agnes se aproximar e beijá-lo com extrema ternura.

Esse beijo deu início a um compromisso que se consolidou pelo carinho e respeito recíproco. Logo se tornou de conhecimento público o namoro e, no banco, o fato foi bem explorado pelos vigilantes da vida alheia.

Muitos colegas não acreditaram na sorte do evangélico e nem puderam entender o envolvimento da sofisticada Agnes com um suburbano simplório. Porém, com o correr das semanas, os comentários diminuíram e, por fim, quase cessaram. Todos os funcionários passaram a ver o relacionamento com naturalidade. Ou quase todos.

Ao ter a confirmação de suas desconfianças, José Carlos foi sitiado pela ira. Sentiu um rancor tão intenso, uma raiva tão grande, que tinha absoluta vontade de faltar no serviço. Transtornado, percebendo que era carta fora do baralho na vida de Agnes, ele deixou crescer em si um plano macabro.

Se Agnes continuasse a trabalhar ali, possivelmente José Carlos se denunciaria de uma hora para outra. Todavia, para sua sorte, a jovem foi transferida de agência, já que seu currículo a indicava para cargos de maior responsabilidade.

Contudo, em certos dias, ela aparecia no fim do expediente para reencontrar o namorado e, nesses momentos, tal qual um vulcão prestes a explodir, José Carlos tremia de inveja. Magoado com a preterição, o rapaz envenenava-se com os sentimentos típicos de uma alma primitiva. Remoendo diariamente sua fúria; agitando-a com as garras do orgulho desmedido, o bancário chegou ao limite psicológico e concluiu que só lhe restava ir para a guerra. Mas, não seria um confronto aberto. Seria um confronto traiçoeiro, para destruir sem falhas um alvo que já estava identificado e tinha um nome certo: Cristiano.

Capítulo Sétimo

O NAVIO

Durante dois anos a vida transcorreu sem grandes novidades, tanto na herdade de Caetano Coelho quanto no empório de Leão Lopes.

O único acontecimento relevante foi que Inês deu um irmão a Ísis. O menino, batizado como Vicente Leão, teve de fazer jus ao sobrenome para sobreviver. Uma sequência inesperada de doenças, desde o nascimento, quase arrebatou o varão de Cristiano. O pequenino superou as funestas expectativas e resistiu, embora a sua saúde tenha se mantido em um nível crítico por muito tempo.

Caetano Coelho fez o que estava em seu alcance em termos terapêuticos, enquanto que o avô materno despendeu os recursos disponíveis para salvar o inocente da morte.

Inês teceu as mais ardentes preces, fazendo promessas para os santos e almas. Naturalmente, devido à precariedade da medicina da época, Inês não hesitou em procurar uma curandeira, recurso oriundo do desespero, pois era sabido de todos que a prática de bruxaria era crime passível de pena capital, o que podia ser estendido aos eventuais cúmplices. Coincidência ou não, ao cabo de seis semanas de tratamento com a feiticeira, a criança melhorou, fato que trouxe grande júbilo à família, já esgotada pelo sacrifício e quase balda de esperanças.

Ao pressentir que o filho sobreviveria, Cristiano ficou mais tranquilo e passou a se preocupar com seu preceptor e com o sogro. O declínio físico de ambos era evidente, embora Caetano parecesse mais apressado em se encontrar com a morte.

Exaurido, o cristão-novo já não tinha forças para arar os campos, de maneira que passou a depender da caridade de seu ex-aluno. Nesse momento, Caetano Coelho, certo de que se encontraria com a esposa em pouco tempo, aproveitou-se de uma aula para confidenciar a Cristiano:

— Meu filho, não sei que destino dar aos meus livros! São perigosas preciosidades, nesse período de trevas agudas em que a humanidade se encontra! Gostaria de dá-los a ti, mas tu serias um tolo se os aceitasse! A simples denúncia de um ignorante poderia sacrificar a tua vida e a da tua família, de maneira que acho melhor queimá-los!

Cristiano esboçou uma expressão de contrariedade e externou:

— Mestre, são obras importantes, que devem atravessar os tempos!

— Concordo! E elas atravessarão! A verdade sempre permanecerá, meu filho, queira o homem ou não! Tal qual uma brasa, basta um simples sopro divino para que a chama da sabedoria ressurja! Mas, os pobres de espírito tudo farão para que nada mude; é na incerteza que eles exercem o domínio! Eles trabalham apenas com concepções materiais e fazem das leis de

Deus, leis de tirania e medo! Para azar desses homens, sempre existirão gênios que gritarão pela verdade, até que ela se imponha! Aprende isso meu filho: o medíocre trabalha com a realidade. O gênio com a imaginação! E a imaginação é incontrolável! Proibição alguma poderá destruir a liberdade de sonhar e pensar! Isso é o que há de mais caro para o espírito humano, como hei te ensinado!

— Mas mestre, dói-me a alma saber que tais coisas terminarão com o senhor ou comigo! Eu mesmo pouco hauri do teu conhecimento!

— Não terminarão, filho! Se não conseguirmos espargir a semente da verdade, outros o farão, quando os tempos forem propícios! E nós voltaremos muitas vezes à Terra para arrematar o que não foi terminado!

Cristiano observou o preceptor, intrigado. Ele compreendia tais teorias pelo lado racional e por isso deixava transparecer certa incredulidade. Ainda que abominasse contrariar o mestre, era-lhe impossível arrancar pela raiz os abrolhos de sua videira.

— Mestre! Sei que tens me ensinado isso desde que aqui cheguei. Contudo, é difícil de aceitar a tese de transmigração das almas!

Baruch sorriu.

— Jamais te disse que seria fácil! Terás de lutar contra as ideias que há séculos repousam sobre os alicerces da obscuridade e da ignorância. E esses alicerces se infiltram insidiosamente em nossa própria cabeça! – explicou o cristão-novo, com a paciência de um sábio. — Muitos morrem ao tentar derrubar esses muros de trevas! Não serei eu exemplo vivo disso? Quantos filósofos não foram mortos, exilados ou perseguidos? Seria um mulo se achasse que tu estarias isento de dúvidas e que o mundo já está pronto para aceitar a realidade! Contudo, lembra-te sempre dessas ideias, porque elas te ajudarão a suportar as coisas que não poderás mudar!

— A Igreja, no entanto...

— Compactua com a mentira! – interrompeu Caetano, para esclarecer em seguida:

— São adversários perigosos e desleais, filho! Eles implantam na mente das pessoas a ideia de que só há uma vida e um destino irrevogável, como se o nosso Pai fosse incapaz de perdoar a nós, pobres mortais! Conseguiram fazer da doutrina de Jesus uma doutrina de fariseus! E ainda copiaram do meu povo a imagem de um Deus humanizado e cruel! Estão intelectualmente equivocados! Somente com o tempo é que reformarão os seus conceitos...

— E quanto à transmigração? Ela se tornará uma ideia universal?

— Sim, mas isso demandará séculos! Esteja a postos, porque em um futuro distante poderemos nos encontrar novamente para dar prosseguimento à construção de um novo mundo!

— E por que não aceito essa concepção em meus sentimentos?

— Tu aceitas, mas não percebes!

— Como assim?

— Inês... Por que desejaste casar com ela?

— Bem, ela me agrada! Sinto amor por ela!

— E de onde vem isso?

— Não sei... Como poderia saber de onde vem?

— Do passado, filho! As almas que já se amaram se reconhecem na multidão! Aí está a chave para que tu abras a teoria da transmigração ao sentimento!

Cristiano de Braga parou para pensar por um instante. Colocando a mão no queixo, redarguiu:

— Poderá ser? Como o senhor sabe? Eu tenho minhas dúvidas...

O mestre balançou a cabeça, satisfeito.

— Não é na certeza que o homem cresce! É na dúvida!

— Sim, o senhor me ensinou. Na dúvida, o homem estuda para achar as respostas!

— E quem estuda o que não compreende, deixa de temer o que ignora!

Cristiano sorriu e abraçou o velho amigo. Ele entendia que certas realidades só são acessíveis com o coração e por isso os verdadeiros sábios jamais desprezam o que sentem.

Comprometido com uma vida tranquila, de trabalho e estudo, Cristiano viu seus dias passarem, homogêneos. Corriam rumores de guerra pelo reino, mas isso era comum e em geral a raia miúda não se envolvia nos conflitos da nobreza. Portanto, o rapaz pouco se importava com os acontecimentos ao redor, pois embora tivesse treinamento militar, não se sentia atraído para a vida de aventuras, ainda mais agora que acalentava em si um amor dulcíssimo por Inês e por seus filhos.

Contudo, os boatos se agigantaram, um pouco além do exagero normal. Cavaleiros e arautos percorriam os lugarejos à cata de voluntários. Na realidade, muitos dos deserdados da sorte projetavam na guerra uma saída para suas misérias e se alistavam no exército da Santa Liga, que era um frágil aglomerado de nações cristãs contra a ameaça turca no oriente. Os otomanos[15] adotavam a prática da pilhagem sistemática no Mediterrâneo e seus atos de pirataria incomodavam o comércio internacional.

Capitaneados pelo Papa e decididos a porem fim no expansionismo turco, os cristãos arregimentaram uma enorme força naval e fizeram um esforço extraordinário para montar um exército que pudesse se equiparar ao mais poderoso dos reinos muçulmanos da

[15] Referência aos turcos; Otoman foi o fundador da dinastia que iniciou a expansão turca.

época. Os líderes católicos invocaram o sentimento de cruzada e os homens válidos foram instados a empenharem lanças e vidas contra o inimigo secular.

Cristiano, particularmente, nada tinha contra os muçulmanos. Na verdade, não conhecia nenhum, mas mesmo que conhecesse, Caetano o ensinara a avaliar um homem por seu caráter e pelo progresso de sua alma; nunca por um simples rótulo. Como não estava empolgado para participar de semelhante aventura, permaneceu nas sombras, cuidando de sua família e de seus negócios.

A neutralidade, porém, durou até o dia em que, na estrada, surgiu a carroça de Caetano Coelho. O cristão-novo estava acompanhado por um homem. Cristiano reconheceu o cavaleiro mais pelo instinto do que pela aparência. Tratava-se de D. Fernando de Braga.

Após dez anos de ausência completa, o nobre voltara. Estava bem mais envelhecido do que antes. As roupas, em frangalhos, dificilmente indicariam um fidalgo. A barba e os cabelos, encanecidos e mal-cuidados, denotavam um homem à beira da mendicância. A grande cicatriz atenuara-se um pouco, escondida pelas rugas. O tapa-olho sebento arrematava o quadro de mercenário falido. Apesar disso, naquela alma ainda pulsava o antigo brio guerreiro, a antiga força, o antigo orgulho.

Cristiano lançou um olhar de desalento para o professor. Era um libelo mudo, de quem se sente enganado, traído. O cristão-novo fingiu não notar. Trazia o semblante sereno, como se o inevitável, enfim, se apresentasse.

D. Fernando apeou com dificuldade. Os anos pesavam e a destreza declinava, incontestavelmente. O fidalgo se aproximou do rapaz e observou-o, em silêncio, por enervantes segundos. Para dissipar as últimas dúvidas, voltou-se para o filósofo, a indagar:

— É este?

Caetano Coelho assentiu. Tanto bastou para que D. Fernando apoiasse a mão sobre o ombro de seu filho adotivo e dissesse:

— Cresceste! És um belo mancebo! Forte... Serás um bom soldado!

Cristiano tremia. Não sabia o que pensar ou como agir. Esboçava na mente uma resposta negativa, de rejeição à ideia de ser soldado, mas a única coisa que conseguiu fazer foi apresentar Leão Lopes, que estava ao seu lado.

— D. Fernando, este é meu sogro!

Leão Lopes se acercou, subserviente, com o barrete entre os dedos. Era uma postura de lacaio, de inferioridade assumida.

— Muito gosto em conhecê-lo, senhor! Leão Lopes, ao seu serviço! – disse, cerimonioso.

D. Fernando, no entanto, foi simpático e estendeu-lhe a mão, a qual o velho burguês apertou, todo feliz, como se o gesto do fidalgo fosse uma deferência particular.

— Já o conheço de nome, senhor Leão! Caetano contou-me sobre o casamento de meu filho.

Muda revolta preencheu a alma de Cristiano. Com qual direito D. Fernando o chamava de filho? Em seus vinte anos só o vira por alguns dias. Ficara isolado naquele fim de mundo, apartado de sua família natural. Não que isso, agora, fizesse diferença. Mas, a ideia de que D. Fernando poderia separá-lo novamente de pessoas amadas o revoltava. Agastado, o jovem intrometeu-se na conversa:

— Então, o senhor deve saber também que tenho esposa e duas crianças!

D. Fernando identificou rancor na afirmação, mas permaneceu impassível. Com as mãos na cintura, retrucou:

— Também! E não haveria melhor hora do que essa para conhecer a minha nora e os meus netos!

— Decerto, a ocasião perfeita para um jantar! Hoje, D. Fernando, o senhor será nosso convidado para a ceia! E é claro que o amigo Caetano também será bem-vindo! – adiantou-se Lopes, pressuroso.

— Um convite apropriado! – disse o fidalgo. — Que seja!

— Quanto a mim... – escusou-se o preceptor — tenho meus próprios convidados e devo retornar! Em outra oportunidade, amigo Lopes, ficarei de bom grado!

— Como queira, como queira! – retrucou o pai de Inês, contente por economizar no vinho caro. E puxou D. Fernando para dentro da casa, enquanto Cristiano se aproximava da carroça, a sussurrar:

— O que ele faz aqui?

A resposta do cristão-novo, dada no mesmo tom, não antecipava nada de bom:

— Lembra do que te hei ensinado! Ser honrado é manter a palavra e agir contra o próprio interesse!

E, dito isso, Caetano afastou-se, levando consigo as esperanças de que dias pacíficos preencheriam o futuro.

O jantar transcorreu em um clima ameno. Leão Lopes se esforçou ao máximo para extrair do convidado algumas histórias de suas viagens pelo mundo. D. Fernando não era de muita conversa, mas achou interessante narrar os combates de além-mar que presenciara. O objetivo era estimular o filho a se entusiasmar pela vida de aventuras. Decepcionado, notou que Cristiano não tinha a menor intenção de trocar a família pela guerra.

Disfarçando o desgosto, aguardou o recolhimento de todos e chamou o filho para um entendimento. Cristiano sentara-se em um banco, no quintal, aflito. O velho guerreiro se aproximou, tomando um lugar bem à frente do rapaz.

Eles ficaram em silêncio, como se posicionassem os próprios argumentos antes da batalha decisiva.

— Pai! – começou Cristiano, após a longa pausa. — Por que vieste?

— Sabes o porquê! Para fazer-te digno do meu nome! – respondeu o outro. Cristiano não conseguia entender muito bem esse ponto de honra, de maneira que retrucou:

— Mas, eu já o sou! Tenho uma esposa formosa, filhos, sou honesto, temente a Deus... O que se pode exigir de um homem, além disso?

D. Fernando coçou a barba.

— Eu não quero que te tornes um reles dono de comércio! Não foi isso que eu combinei com o nosso professor! Minha ideia era fazer de ti um guerreiro! E também não deverias casar-te! Eu avisei que voltaria! E vejo que volto para tirar-te da ilusão!

— Ilusão? Como assim?

— Pensas que tens muito? Pensas que tua família, aqui, distante, está segura?

— Não vejo por que não estaria!

— Ouviste o que eu contei sobre os turcos para o teu sogro?

— Sim, claro!

— Pois sabes o que eles farão se um dia pisarem nestas terras? Exatamente o que eu disse! Eles te matarão! Arrancarão a tua pele, escravizarão a tua mulher, levarão teu filho; o castrarão e o obrigarão a servir no exército deles! Temos lutado por anos a fio para impedir isso! Em Rodes, em Chipre, em Malta, na Grécia! E agora eles ameaçam engolir a cristandade! Se passarem por

Veneza, nada poderá detê-los, agora que os cristãos estão divididos e fragilizados.

Nessa altura, Dom Fernando socou a própria mão, para dar ênfase aos seus argumentos. A pausa não foi longa, porque o filho de Cristóvão estava ansioso para explicar o seu ponto de vista.

— O Papa está tecendo uma aliança entre os cristãos, para que nós possamos destruir a frota turca! Haverá a remissão dos pecados para aqueles que morrerem em combate!

— Eu não acredito em remissão dos pecados! Caetano diz que isso não existe!

Deixando um esgar de alegria transparecer na face dilacerada, D. Fernando rebateu, admirado do raciocínio do rapaz:

— Caetano faz bons discípulos! Eu também não acredito em remissão! Todavia, a ameaça turca é real!

— Nada que justifique uma cruzada de minha parte!

— Aprende uma coisa, rapaz! Aqui na península, nós estamos sempre em cruzada! Quando não são os mouros, são os judeus, são os hereges, são os selvagens do outro lado do mar, são os turcos! Tanto faz! E enquanto eu empunhar a minha espada, defenderei a palavra de Roma, mesmo com suas tantas falhas e injustiças!

Cristiano balançou a cabeça negativamente e ousou perguntar:

— O que o senhor quer? Que eu o siga?

D. Fernando fitou o escuro e disse:

— Sim! É a tua obrigação!

— E se eu me negar?

Se fosse picado por uma víbora D. Fernando não teria saltado tão rápido do banco.

— Maldito seja! Trairás o meu nome e a cristandade por uma saia? Por uma mulher?

Cristiano entendeu que não tinha opção. As consequências de uma recusa seriam gravíssimas. Arrasado, ele abaixou a cabeça, concordando:

— Não. Eu te seguirei, meu pai! Honrarei o teu nome.

D. Fernando se acalmou. Sentou-se novamente.

— Melhor assim! Baruch me garantiu que tu eras um homem de palavra! Fico contente que tenhas honra! E, ademais, quando a campanha terminar, poderás voltar para casa... Partiremos amanhã, logo cedo!

— Amanhã?

— Sim! Ou tu achas que os turcos esperarão tuas acaloradas despedidas? Vai e aproveita a noite para teres uma boa recordação! Quando o Sol se erguer, já não pertencerás a esta vida!

Transtornado, com as pernas bambeando e a cabeça a girar, o jovem foi para o quarto, que estava mergulhado na penumbra. Uma vela solitária ardia sobre uma cabeceira. Inês ressonava. Ao lado dela, o berço de Vicente.

Cristiano parou por um momento, para observar o mundo que teria de abandonar em nome de uma promessa. Teve uma vertigem e se deitou na cama, ao lado da esposa. Ele permaneceu por vários segundos contemplando o telhado, tentando concatenar as ideias contraditórias que assaltavam seu espírito dilacerado.

Inês, como se fosse avisada intuitivamente, acordou. Sentando-se na cama, deixou no ar uma pergunta aflita:

— O que foi? Está tudo bem?

— Não! – respondeu o rapaz, sem se mexer. A moça esperou um instante, para despertar completamente do torpor.

— Teu pai?

— Sim! – e crendo que faria melhor se fosse direto, o rapaz aduziu:

— Inês, vou partir para o oriente! Vou para a guerra! Tenho de honrar minha palavra!

Ela saiu da cama, perturbada:

— Como assim? E quanto a nós?

— Vós esperareis! Devo voltar em breve!

Insurgindo-se com cólera, Inês esbravejou:

— Não, isso não está certo! Conversarei com teu pai! Eu o demoverei dessa intenção!

Cristiano temia magoar a esposa. Seu rosto continuava virado para o teto. Não ousava olhar para ela.

— De nada adiantaria! Ele jamais mudaria de opinião! Tu achas que ele veio de longe para receber uma negativa? D. Fernando pode até nos machucar, se minha promessa for quebrada!

Inês se sentou no leito, petrificada. Não podia definir o que estava se passando em sua alma, mas por certo, era algo ruim e doloroso. Sem que pudesse se conter, começou a chorar baixinho. Cristiano finalmente se mexeu. Enlaçou a mulher com carinho e sussurrou-lhe ao ouvido:

— Eu voltarei, Inês! Prometo! Não vou morrer nessa guerra!

— Esse é o epitáfio de todos os soldados!

— Não o meu! Prometo que voltarei! Espera por mim!

A jovem mãe foi incapaz de estancar as lágrimas e a noite encheu-se da tristeza sombria das realidades mortas.

Madrugada alta, exausto pelas emoções, Cristiano capitulou diante do sono.

Aproveitando-se disso, Inês levantou-se devagarinho e demandou o aposento do sogro, que fora improvisado em um galpão rudimentar no fundo do quintal.

Avançando com uma vela na mão, Inês abriu a porta do depósito. Sempre alerta, D. Fernando levantou, com uma adaga em punho. Apesar do adiantado da noite, ele não ficou surpreso com aquela presença. Na verdade, chegava mesmo a esperá-la.

— Filha, o que queres?

D. Fernando contemplou o desespero estampado na face da nora.

— Meu pai, venho implorar a tua clemência!

O velho fidalgo compreendeu de pronto o que aquilo significava e respondeu:

— Se vens pedir a liberação de Cristiano do juramento, já te adianto de que não o farei!

Inês então fez um gesto que D. Fernando julgou execrável: ela se ajoelhou e humilhando-se no limite máximo da indignidade, ousou suplicar:

— D. Fernando, nós temos duas crianças! Não podemos viver sem Cristiano! Se ele morrer... – o fidalgo não esperou que a jovem concluísse a frase e atalhou, rude:

— Todo mundo morre! E morrer por uma causa é melhor do que definhar em uma vida egoísta! O homem, sem um objetivo maior, não é nada!

— Meu pai! Por favor! Nós o indenizaremos! O senhor poderá comprar outros soldados! Temos moedas, temos prata!

O fidalgo estava sumamente enojado com aquela patética tentativa de suborno, mas compreendia que isso se devia à fraqueza de um coração feminino. Ele não supunha, por um segundo sequer, que seu filho tivesse apoiado a proposta degradante.

— Vós, argentários, acreditais que a tudo se pode comprar! Fica sabendo, filha, que a decisão está tomada! Fiz um longo desvio para aqui estar! Acreditas que vou desistir por causa de tuas moedas ou de tuas lágrimas? Faço o que faço para evitar que tu chores, no futuro, por realidades bem mais cruéis... Volta para tua cama e acalma teu espírito! Confia em Deus, porque se assim aprouver a Ele, teu marido retornará são e salvo!

Entendendo que o sogro estava irredutível, Inês rojou-se ao solo e deu passagem ao desespero. D. Fernando era um homem de gelo. Não se comoveu e nem deu um passo à frente. Observou quando Cristiano surgiu da escuridão, apanhando a mulher pelos ombros, a admoestá-la:

— A que vem agora, semelhante coisa, Inês? Estás a me humilhar!?

A moça, sufocada pelos soluços, silenciou. Certo de que o filho não tinha tido nenhuma participação na cena deprimente, o fidalgo recomendou:

— Leva ela para dentro! Não precisamos acordar o mercado!

Cristiano concordou e, acabrunhado, arrastou a mulher para o leito.

No dia seguinte, Leão Lopes recebeu a notícia, boquiaberto. Contudo, não podia reclamar, pois o genro asseverou que era uma necessidade e que só cabia a eles concordarem com o fato consumado.

Os preparativos foram demorados e só pelo começo da tarde tudo ficou pronto para a viagem. Inês recusou-se a sair da casa, para não ter de se entender com D. Fernando.

Cabisbaixo, Cristiano foi até o quarto e abraçou Ísis. Beijou a testa do pequeno Vicente e quis falar algo para a esposa, mas não tinha as palavras certas. Ferida, ela disse, dura:

— Avia-te! Teu pai está lá fora, a te esperar!

— Tu dirás adeus a ele?

— Aquele que traz desgraças à minha casa não merece saudação!

O rapaz fez um sinal, resignado, e respondeu:

— Eu compreendo. Ele entenderá também!

— Ótimo! Dispenso a cortesia de D. Fernando!

Cristiano puxou um tamborete e ficou face a face com a esposa.

— Inês, dói-me o coração ver-te assim, tão rancorosa, justamente na hora de minha partida. Quisera ter como derradeira lembrança um sorriso teu, um símbolo do teu carinho; talvez a motivação maior para um reencontro! Acredita em mim. Eu voltarei para casa! Juro por Nosso Senhor! Jamais vos deixarei ao desamparo! Abraça-me, para que sejam doces as derradeiras recordações e para que eu tenha esperança na alma!

Naquele instante, toda a resistência moral de Inês sucumbiu. Ela desmoronou e foi-lhe impossível sopitar as lágrimas que brotaram, seguidas de um soluço incessante. Depois de alguma hesitação, ela se agarrou ao marido. Vencida, anunciou um pedido desesperado:

— Sabes que te amo do fundo de minha alma! Sabes que estarás comigo, em minhas orações, o tempo todo! E é por isso que lastimo a tua partida! Sabes também que te esperarei até o dia do juízo, pois não apraz à minha alma, apartar-me de ti! Vai; leva contigo lágrimas e a certeza de que terás de cumprir o teu juramento para comigo!

Cristiano sorriu e eles trocaram singelos carinhos de despedida. Por fim, ouvindo o seu nome sendo gritado na rua por D. Fernando, concluiu que os tempos eram chegados. Ergueu-se, dizendo:

— Inês, sustenta a firmeza de ânimo! Quando o próximo verão chegar, estarei de volta, no primeiro navio que singrar por estes mares!

A moça, emocionada, viu o marido partir. Ela tomava assim a taça de fel que todo ser humano experimenta como tributo a pagar pela evolução na renúncia e no desprendimento.

Capítulo Oitavo

REFÉM

Cristiano acordou mal na sexta-feira. Uma sensação aguda de perda agitou-lhe a mente. Pensou em Agnes. Tivera um pesadelo em relação a ela, mas a lembrança apagara-se totalmente. Na certa, tinha sido algo desagradável. Considerou que talvez fosse medo inconsciente de uma separação. Era um receio ilógico, pois o namoro, por aqueles tempos, entrara em uma fase estável, de plena harmonia.

Depois de dois meses de relacionamento, Agnes quis conhecer a família do namorado. Xavier ficou com vergonha de mostrar a pobreza de sua realidade. A moça, porém, não ligou para a feiúra do bairro ou para a simplicidade da casa de dona Emília. Para desanuviar a perturbação de Cristiano, ressaltou o quanto era importante para ela a hombridade da família do companheiro.

A atitude de Agnes nenhuma reciprocidade despertou em Cristiano. Ele protelava o quanto podia a sua apresentação aos Miraflores. Seus motivos eram óbvios. Em especial, esperava que a confusão provocada pelo rompimento entre Agnes e Celso se dissipasse.

Isso seria bem difícil, pois, ao contrário do que Agnes alardeava, Celso não desistira e continuava a persegui-la.

No começo, eram apenas telefonemas. Depois vieram as brigas por espionagens indiscretas e, finalmente, sutis ameaças. Agnes, que tentara ser diplomática, passou a adotar uma postura firme e incisiva, chegando a insinuar que envolveria a polícia no caso. Diante disso, Celso desapareceu. Agnes supunha que o assustara e posava de vitoriosa para si mesma. Contudo, o sumiço do rapaz se dera por motivos bem diferentes.

Na verdade, Celso não queria abalar a confiança nele depositada pelos Miraflores com escândalos, pois via nos antigos sogros aliados influentes e capazes de mudar o curso dos fatos. Calculando nessa base, o ex-namorado alterou a tática, trabalhando nas sombras para eliminar o rival odiado. A própria Agnes contara sobre a existência de um novo amor, no intuito de desestimular Celso. O efeito foi o oposto, pois tal como um dínamo, o ciúme gerou a energia de um ódio profundo e destruidor.

Sem saber, Cristiano angariara um segundo inimigo e agora seu horizonte estava rodeado de nuvens negras. Afetado por irradiações destrutivas, o bancário começou a se sentir péssimo, receoso e depressivo. Tinha a premonição irracional de que Agnes seria arrancada de sua vida de uma hora para outra.

Obviamente, acordar com a impressão de perda em nada lhe melhorava um humor que ordinariamente já andava péssimo. Até o serviço no banco se complicara. Ele perdera a dedicação de outrora. Sentia repulsa por aquele lugar e em especial não suportava a presença de José Carlos, que continuava com o tratamento de fingida amizade. O namorado de Agnes acreditava no perdão e no olvido, mas por maior que fosse o seu esforço, não conseguia gostar de José Carlos. A intuição o alertava para um perigo oculto, encoberto por atitudes maneirosas e falsas. Todavia, o evangélico, preso a concepções ingênuas, permanecia impossibilitado de traduzir as advertências da alma.

Para agravar ainda mais o peso que caíra sobre seus ombros, Cristiano ganhara uma modesta promoção. Tal acontecimento, que deveria ser motivo de júbilo, já que era resultado de mérito, suscitou muda inveja entre os funcionários da agência. E, dessa vez, José Carlos foi secundado por um grupo relativamente grande de descontentes. Várias pessoas cobiçavam o cargo tão arduamente conquistado pelo escriturário.

A primeira coisa que Cristiano fez, naquele dia, ao chegar no banco e sentir a pesada atmosfera, foi ligar para a namorada. Agnes recebeu o telefonema entre alegre e surpresa, porque Xavier não tinha esse hábito. A moça notou a voz fragilizada do namorado.

Sabendo que ele excepcionalmente não teria aula, Agnes resolveu convidá-lo para passear um pouco, faltando ela própria na faculdade.

A sugestão aliviou a tensão emocional do rapaz e ele passou o dia menos aflito. Ao cair da tarde, os jovens se encontraram e após um acalorado e carinhoso debate, decidiram ir a um restaurante.

— Que bom que você veio! – comentou o rapaz, feliz, esquecido do amargor matutino. — Mas a senhora não deve ficar cabulando!

Agnes riu. Era excelente aluna e uma única falta não iria prejudicá-la.

— Olha só quem está me dando bronca! Como se você tirasse notas melhores do que as minhas! – argumentou a moça, a gracejar.

— Posso não tirar! Mas não falto de bobeira!

Ela sorriu e apertando-lhe a mão, explicou:

— Não estou faltando de bobeira! Estou faltando para ficar com o meu namorado! E que, aliás, estava bem esquisito hoje de manhã... Aconteceu algo?

Apanhado de surpresa, Cristiano retraiu-se. Como explicaria seus sentimentos sem parecer maluco? Para suavizar a expectativa da namorada, desconversou:

— Estou cansado, só isso...

Ela o olhou por baixo dos olhos. Aspirou o suco de laranja com o canudinho.

— Só isso? Não parecia... Vamos lá, o que está acontecendo?

Diante da insistência, Cristiano resolveu desabafar:

— Quero sair do banco! Ou pelo menos, daquela agência!

A moça ficou perplexa, pois o namorado não tinha o hábito de reclamar.

— Agora que você recebeu uma promoção? Por quê?

— Não me sinto bem lá...

— O José Carlos continua provocando?

— Não, não! Ao contrário! Ele é educado e me trata bem! É difícil dizer o que se passa. O ambiente está... sei lá... carregado! Ainda mais depois que me tornei coordenador! Sinto-me hostilizado o tempo todo, embora ninguém me falte com o respeito!

— Bem, se for o caso, posso falar com o meu supervisor e ver se ele consegue te transferir para a central ou para alguma agência que te interesse!

— Eu não sei se é isso... – tornou o rapaz, desconcertado.

— Como assim?

— Agnes, eu sinto um peso de origem espiritual! Não consigo explicar!

Embora respeitasse o lado religioso do namorado, Agnes era cética demais para se influenciar por semelhante argumento. Mesmo assim, sugeriu:

— Por que você não fala com o pastor Eduardo?

Cristiano articulou uma pausa e a seguir concordou:

— Acho que é o melhor a fazer.

— Façamos o seguinte: amanhã à noite eu te acompanharei no culto.

— Você? A socialista? Aquela que acha que a religião é o ópio do povo?

Agnes meneou a cabeça, corrigindo:

— Quem acha isso é o Marx[16], não eu! Mas, detesto me envolver com o que não posso controlar.

— Ora, quem diria... – brincou Cristiano. Ela percebeu o leve sarcasmo e beliscou o braço do rapaz, que deu pequeno grito.

— E então? Posso ir?

— Depois desse beliscão, pode pedir qualquer coisa...

A senhorita Miraflores sorriu, aproveitando com alegria, aqueles instantes de relativa serenidade.

Mas, por dentro, Xavier longe estava de se sentir sereno. Ele acatou a ideia de Agnes por absoluta falta de alternativas. O pressentimento sinistro era recalcitrante; não o abandonava. Por instantes, desaparecia no esquecimento, para ressurgir inesperadamente. E a terrível perspectiva de perder a namorada o enchia de pavor. É claro que jamais revelaria sua insegurança para ela. A verdade é que estava apavorado, imaginando um ataque em qualquer lugar da escuridão

Cristiano jamais poderia saber, mas essas ondas negativas eram criadas longe, no extremo oposto da cidade.

---

[16] Referência a Karl Marx, criador do socialismo científico.

Duas semanas antes desse encontro entre Agnes e Cristiano, em um dos incontáveis e infectos bares da zona sul de São Paulo, quatro rapazes jogavam sinuca. As cervejas abundantes e os pratos salgados indicavam que eles eram frequentadores assíduos do local.

A luz, embaçada pela fumaça viscosa dos cigarros, iluminava fracamente a face contrariada de José Carlos. O rapaz mostrava-se mais nervoso do que de costume. Apesar de rir e brincar com os amigos, sentia-se incrivelmente mal, obcecado pela ideia de vingança. Para ele, o momento propício chegara.

Depois do expediente, foi ao boteco imundo e lá, conforme as expectativas, encontrou os amigos se divertindo. Integrou-se ao bando; pagou uma rodada de bebidas e algumas fichas de sinuca. Era um suborno velado, com o intuito de tornar mais fácil o apoio ao seu plano nefasto. Para precipitar o assunto, foi ficando cada vez mais fechado, com cara de bravo, na tentativa de forçar interpelações. Isso não demorou a acontecer. Vendo que o colega mantinha a expressão perturbada, um dos jovens inquiriu:

— O que foi, Zé? Está tudo bem?

Era a deixa que José Carlos precisava para expor sua situação.

— Não, não é nada! É o cara do banco! Continua me aborrecendo!

O líder da trinca, apelidado de Magrão, parou de jogar. Era a vez dele, mas interessando-se pelo problema, bateu com o taco no chão e observou:

— E por que você não o arrebenta?

José Carlos ocultou o medo provocado pela derrota inesperada na reunião de fim de ano e mentiu para os amigos:

— Não posso! Se arrumar qualquer bronca no banco, sou mandado embora! E eu preciso do emprego! Mas, faria tudo para dar uma lição naquele sujeito! Ele é muito folgado! Agora ainda mais, porque ganhou uma promoção!

E arrematou a sua descrição com um xingamento. O bancário armara a tramoia de maneira a induzir os colegas a fazer um serviço que ele não tinha coragem de executar. O seu plano deu certo. Magrão olhou para Joinha e Dany Bigode, os outros parceiros do jogo, a afirmar:

— Se você quiser, nós resolvemos o problema! É só nos dar as dicas! Você é nosso camarada desde moleque! A gente "quebra ele", com a maior discrição possível! Na boa!

Uma esperança sinistra encheu a alma de José Carlos. Disfarçando a felicidade com falsa subordinação, respondeu:

— Sério? Seria legal dar uma lição naquele cara!

— Pode deixar conosco! Depois você nos paga umas cervejas e está tudo certo!

José Carlos, apesar de tudo, não queria causar uma tragédia. Apenas executar uma pequena vingança e se deliciar com o resultado de seu projeto funesto. Achou por bem advertir aos amigos, a partir de sua experiência pessoal:

— Olha, o cara é crente! Só que ele deve fazer algum curso de defesa pessoal! Acho que ele luta caratê!

Magrão ergueu os ombros.

— Não se preocupe! Estaremos em vantagem! Teremos a surpresa e algo mais a nosso favor!

— Veja lá! Não precisa matar ninguém! Só uma boa surra já basta! Isso o tornará mais humilde!

— Aí depende dele, não é? – interrompeu Joinha. — Se ele ficar de boa, só vai tomar uns esculachos!

Os rapazes riram e passaram o resto da noite articulando o plano de ataque. Nenhum deles tinha emprego, de maneira que disponibilidade de tempo não era problema. José Carlos deu dinheiro a Dany Bigode, o encarregado de rastrear a vida de Cristiano.

Na segunda-feira seguinte, José Carlos, acompanhado de Dany, chegou mais cedo e esperou Xavier na porta da agência. Cumprimentou-o como um Judas, apertando-lhe a mão, com o pretexto de discutir um problema insignificante do banco. Cristiano estranhou o fato, mas não podia adivinhar a traição que fora armada naquele instante. Dany ficara à espreita, próximo, para visualizar a vítima, repassando a descrição fisionômica aos amigos.

Ao fim do expediente, José Carlos informou onde era a faculdade de Xavier e o mais importante, onde ele morava.

Dany sugeriu aos comparsas a simulação de um assalto. Ficou decidido que praticariam o atentado no bairro. No centro da cidade sempre havia mais transeuntes e policiamento. Ou seja, o risco era maior. A periferia, por sua vez, carecia de tudo, em especial de segurança. Acresce que, após uma visita pela área, eles perceberam que as ruas do bairro de Xavier eram mal iluminadas e estreitas. Descobriram também que o culto geralmente terminava perto das dez horas da noite. E, como já era outono, pouca gente se aventurava a enfrentar as baixas temperaturas dos morros paulistanos nesse horário.

Para maior desgraça, o sábado estipulado para o atentado era justamente aquele no qual Agnes acompanharia o namorado.

Os asseclas de José Carlos armaram a tocaia, mas não puderam atacar antes do fim do ofício religioso, porque às sete horas a rua ainda estava cheia de gente. Isso já estava mais ou menos previsto e assim eles se retiraram para um bar próximo, esperando pelo fim da reunião evangélica. Discretos, beberam e riram, mas não cometeram nenhuma inconfidência. Dessa forma, os vizinhos não desconfiaram dos estranhos.

O que os amigos de José Carlos não sabiam é que Cristiano levaria Agnes ao ponto de ônibus para que ela voltasse para casa. Ao vê-la, reavaliaram a situação, mas decidiram continuar com o plano.

A jovem prestara atenção ao culto, mas sentia, no íntimo, que aquele não era o seu mundo. Para ela, intelectual permeada pelo materialismo acadêmico, as observações de Eduardo eram apenas elucubrações morais há muito desvendadas pelos filósofos e que nenhuma novidade portavam.

Cristiano Xavier não conseguiu conversar em particular com o pastor, após o fim da reunião, mas agendou uma entrevista para o domingo, como fizera da outra vez. Muito feliz com a presença da companheira na assembleia amiga, o jovem esqueceu um pouco aquelas sensações tristes de ameaça e perda.

Dona Emília ofereceu um café para a moça, mas esta, alegando o adiantado das horas e temendo a escuridão das ruas, despediu-se da família Xavier e de Bernardo.

Gentilmente, Cristiano acompanhou Agnes até o ponto, que distava umas quatro quadras de sua residência e umas seis da igreja. Enquanto os Xavier foram para casa, o casal rumou para a rua do ônibus.

Como era normal no outono paulistano daquela época, o frio e a garoa forçaram as pessoas a se recolherem, de maneira que em instantes eles se viram sozinhos nas vielas sujas e acidentadas.

Cristiano não temia assaltos; ele conhecia todas as pessoas de seu bairro; bandidos e trabalhadores. Normalmente ninguém mexia com ele; o respeito ali era a tônica, pois aqueles que se afastavam da lei local, eram frequentemente punidos com a pena capital, como o próprio Amós o fora, em tempos idos.

A menos de cem metros do destino, Cristiano percebeu uma movimentação estranha. Três sombras se articulavam, sendo que duas se destacaram e uma permaneceu mais para trás, dando cobertura. O evangélico não teve dúvidas de que seria roubado.

Ele tentava tranquilizar Agnes, que também se dera conta do problema, quando foi cercado. Qualquer reação se tornara impossível, de maneira que ele se dispôs a colaborar.

— Assalto! – anunciou Magrão, confiante. Ele apontava uma arma. Cristiano não respondeu nada, mas contemplou incisivamente o rosto do agressor, no intuito de gravar-lhe a aparência. Tirou a carteira do bolso, entregando-a ao bandido.

— A bolsa! – gritou o falso ladrão para Agnes. A jovem congelara, travada pela surpresa e pelo medo.

— A bolsa! – insistiu Magrão. Cristiano ajudou a soltar a bolsa de Agnes. Com a calma possível, entregou-a, na suposição de que os criminosos estariam satisfeitos com a pilhagem e iriam embora. Mas eles não foram. Ao invés disso, Magrão ordenou:

— Isso! Agora, gracinha, você vem com a gente!

A referência a Agnes era algo além do que Cristiano poderia suportar. Ciente dos inúmeros terrenos baldios da região e receoso de um estupro, ele reagiu, primeiramente com palavras:

— Não, ela não vai com vocês!

Magrão não tinha intenção de abusar da moça, que era do interesse de José Carlos. Ele queria forçar a resistência de Cristiano, somente para lhe dar uma surra, com a ajuda dos colegas. Todavia, teve a imprudência de falar:

— É claro que vai! Você é folgado mesmo! Nós vamos te matar!

Imaginando que seria alvejado, Cristiano avançou, tentando se atracar com o assaltante. Este se afastou, disparando a queima-roupa. Agnes gritou.

Cristiano sentiu um ardor terrível na altura da virilha. Era como se tivessem enfiado um ferro em brasa na sua perna.

Instintivamente, ele dobrou o corpo e, cambaleando, estatelou-se no asfalto molhado. Viu os assaltantes correndo, enquanto Agnes, histérica, clamava por socorro.

Em segundos, janelas se abriram. Uma multidão rodeou as vítimas. Ninguém pensou em ir atrás dos bandidos.

Cristiano foi virado e todos viram o sangue esparramando-se pelo chão molhado.

Alguns vizinhos o conheciam e foram avisar a família. Agnes mostrava-se desesperada, pedindo para que se desse socorro a Cristiano. Ela implorava para que alguém o levasse a um hospital, com urgência, pois a hemorragia era intensa.

Naquela época, telefones eram raros na periferia, mas não tão raros quanto o serviço de resgate. Os pobres, em geral, eram recolhidos por carros particulares e conduzidos para o pronto atendimento. Foi o que ocorreu. O dono do mercado, Caetano, tinha um veículo de transporte e se prontificou a ajudar, ciente de que a demora poderia ser fatal para o rapaz.

Cristiano foi colocado no carro, que tomou a direção do hospital mais próximo, distante uns três quilômetros. O filho de Emília estava lúcido, embora percebesse o apavorante sangramento. Agnes o estimulava com palavras de carinho, enquanto o carro, em alta velocidade, deslizava perigosamente pelas ruas molhadas e íngremes.

O trajeto até o pronto-socorro durou uns dez minutos. Lá o encaminharam, após rápidos exames, para um centro cirúrgico.

Foi na maca que Cristiano começou a apresentar lapsos de consciência. Tinha uma sede terrível, mas o frio descomunal sobrepujava qualquer outra sensação.

Todavia, algo inesperado ocorreu. Subitamente ele se sentiu desvinculado do corpo. O frio e a sede desapareceram, em um vórtice de alívio. Uma sequência de luzes multicores desfilou em sua retina. Já não contemplava Agnes; somente enfermeiros e médicos apressados, que diziam coisas fragmentadas, desconexas. As bolotas coloridas atraíram-lhe a atenção. A agonia do corpo não o preocupava; tornara-se um fator secundário. O espetáculo das luzes era bem mais interessante.

Surpreendeu-se quando repentinamente algo o sugou para cima. Ele não podia compreender o fenômeno insólito de flutuar em direção ao teto.

Apenas estremeceu e uma paz doce, indescritível, desconhecida dos encarnados, encheu sua alma. Notou que saíra do corpo. Por instinto, olhou para baixo e viu uma cena bizarra: os médicos faziam esforços desesperados para salvar aquilo que, para ele, era já um cadáver. Isso pouco o incomodava; o resultado daquela reanimação lhe era indiferente.

Ao pensar nisso, Cristiano observou uma claridade suave que se desdobrava e ele se sentiu tragado, como se caísse em um abismo de luz. Nesse instante, um filme de sua vida projetou-se em seus olhos e ele assistiu-o, curioso, detalhe a detalhe.

Ao fim dessa visão retrospectiva, um lugar paradisíaco surgiu no horizonte. Porém, um homem de alta estatura, compacta barba e vestido com uma cota de malha medieval, barrava-lhe a passagem.

Cristiano olhou-o com estranheza. Já vira aquele homem antes. Mas, onde? Quem era ele? O que fazia ali?

O guerreiro se aproximou e colocando a mão sobre o ombro do jovem, disse:

— Não é tua hora! Deves viver!

Xavier vislumbrou o mundo maravilhoso que o aguardava e fez uma comparação instantânea com a vida dura que levava no Brasil. Não quis voltar de jeito nenhum, mas o homem insistiu:

— Viva! Agnes espera por ti!

— Quem é o senhor?

O homem olhou o rapaz com triste serenidade e respondeu:

— Aquele que foi o responsável pela tua destruição em outras épocas!

Ao ouvir isso, Cristiano recuou freneticamente, a bradar:

— D. Fernando!

Um urro gutural, quase uma palavra, saiu da garganta de Cristiano. Os médicos tinham conseguido reanimá-lo e a hemorragia fora estancada. O jovem evangélico foi levado, sem demora, para a mesa de operação.

Meia hora depois, dona Emília chegava ao hospital, acompanhada de Ester e Bernardo. A matriarca estava arrasada. O pensamento de perder outro filho para a violência e dessa feita injustamente, a torturava. Agnes não arredara o pé da sala de espera em busca de informações sobre o namorado.

Quando o médico chegou, com expressão séria, Agnes tremeu. Ela sabia que, independentemente da sobrevivência ou não de Cristiano, agora ela seria refém do medo para sempre.

Capítulo Nono

TEMPOS DE GUERRA

D. Fernando e Cristiano se aproximaram, lentamente, da casa de Baruch. Deitado em um catre tosco, à sombra, estava um homem desconhecido. Aparentava uns cinquenta anos e mastigava, displicente, um talo de capim. Tinha uma longa barba, encanecida e mal cuidada. Seu aspecto geral era de desleixo e, tal como D. Fernando, carregava uma espada presa à cinta.

Ao ver o amigo sobre a montaria, o homem se pôs em pé.

— É ele? – inquiriu o estranho. Nessa hora, Baruch apareceu.

— É! – esclareceu o pai adotivo de Cristiano.

— Mui guapo e forte! – observou o outro.

D. Fernando apresentou-os:

— Filho, este é o conde Juan de Extremadura! Um honrado e valente cavaleiro! Tive a honra de pelejar ao seu lado em muitas campanhas!

Cristiano apeou, fazendo um ligeiro cumprimento com a cabeça.

— Obedeça-o e respeite sempre! – continuou Fernando de Braga.

— Sim, meu pai! – assentiu o rapaz, demonstrando amargor.

Juan de Extremadura ignorou tal contrariedade e disse:

— Teu filho, meu filho! Conosco será um grande guerreiro de Cristo!

Baruch fitou o antigo pupilo e percebeu-lhe a raiva sufocada. Contudo, nada podia fazer. Reconhecia que na vida, um homem tem de se pautar pela necessidade e às vezes o sacrifício de interesses é a única possibilidade para a sobrevivência.

Juan, após a janta, descreveu os pormenores da viagem que fariam até Lisboa. De lá, embarcariam em um galeão que demandava à Espanha e por fim, já no Mediterrâneo, encontrariam a frota aliada, agrupada em Messina.

Cristiano despediu-se friamente de Caetano Coelho. De certa forma, culpava-o por sua desdita. Esperara dele um gesto, uma palavra de favorecimento, um simples argumento. Mas nada acontecera. Magoado com o ex-professor, o marido de Inês viu os dias passarem, preso a uma viagem desgastante e indesejada.

Em maio de 1571, os três homens chegaram à Sicília, ponto de reunião cristã. Na cidade de Reggio, ficaram sabendo que Felipe II da Espanha atenderia ao apelo do Papa[17], desde que o comando da frota ficasse sob a tutela de sua casa real, já que ele arcaria com boa parte dos custos da empreitada.

Sem outras opções e cientes de que o apoio espanhol era vital para escaparem do rolo compressor turco, os italianos aceitaram a liderança ibérica como um mal menor.

Felipe II, então, deu o comando a um parente de vinte e poucos anos, um meio-irmão por parte de pai. Apesar de jovem, D.

[17] O Papa da época era Pio V.

João da Áustria era inteligente e estava assessorado pelos melhores almirantes da época: espanhóis, genoveses e venezianos.

A Santa Liga introduzira algumas inovações em suas embarcações para compensar a inferioridade numérica que tinha em relação aos turcos.

As batalhas navais no Mediterrâneo tinham evoluído pouco desde a época dos romanos. As galeras a remo ainda eram usadas e as táticas de abalroamento e abordagem continuavam sendo as principais armas de ataque.

Contudo, as navegações em oceanos bravios, nos quais a galera era pouco adequada, ensinaram muito aos espanhóis. De costado raso e necessitando de grande quantidade de víveres para suprir os remadores, a galera simplesmente não se prestava a viagens de longo percurso.

Assim, os espanhóis substituíram as galeras por naus de variadas configurações. Entre as novidades estava a galeaça. Movida principalmente a vela, a galeaça era dotada de canhões laterais, mortalmente eficazes contra os outros tipos de barco, munidos de artilharia apenas na proa e na popa.

D. João levou sua armada para o oriente e dispersou as galeaças entre a esquadra, colocando-as à frente, para abrir o confronto.

Nessa altura, sabendo da aliança dos estados cristãos, mas ignorante de suas inovações, o sultão Selim ordenara ao seu almirante, Ali Paxá, que recuasse os navios para o golfo de Corinto, na Grécia, para dar apoio terrestre às forças navais otomanas, forçando os cristãos a lutarem na terra e no mar.

Na região costeira havia uma pequena aldeia, chamada Lepanto. A ela coube a duvidosa honra de nomear a batalha que marcaria o início do declínio otomano.

Cristiano recebeu, de maio a setembro, um treinamento de infantaria embarcada, o que implicava na prática não só de armas brancas, mas também de outra invenção, o arcabuz. A repetição incessante dos exercícios o tornou um bom atirador, de maneira que quando a frota zarpou para a Grécia, ele já estava preparado.

A esquadra de D. João da Áustria era uma verdadeira torre de babel. Espanhóis, napolitanos, alemães, malteses, portugueses e venezianos, cada qual falando seu idioma pátrio, dividiam o mesmo espaço, o que dificultava sobremaneira o entendimento mútuo. Sem confiar nos italianos, o irmão de Felipe misturara as nacionalidades para evitar defecções traiçoeiras.

O pelotão de abordagem de Fernando de Braga ficaria sob o comando de um almirante genovês, chamado Andrea Dória[18] e que defendia a ala direita da esquadra aliada. Eles estavam em uma galera tradicional e ouviam com impaciência o baque ressonante dos remos nas águas turbulentas.

A frota turca, avistada, começou a se desdobrar, da mesma forma que a cristã, ou seja, em três segmentos distintos, preparando-se para o combate.

O coração de Cristiano pulava no peito. Seu pai e Juan de Extremadura, no entanto, pareciam calmos. Juan, às vezes, até soltava alguns chistes para estimular os soldados. Muitos eram jovens que faziam da guerra lucrativa profissão. Outros buscavam a glória. Uma terceira categoria, ainda comum em pleno século XVI era a dos cruzados, para os quais qualquer luta contra os infiéis era válida. Juan de Extremadura pertencia a esse grupo. Fanático, odiava os muçulmanos, pois via neles a antítese da civilização cristã.

Na verdade, o conde participara da campanha de aniquilação dos árabes andaluzes na Espanha, poucos meses antes. Massacrara

[18] Giovanni Andrea Dória, almirante genovês.

os rebeldes com uma crueldade que lhe rendeu fama entre os seus comandados. Foi necessária a intervenção de padres católicos para que ele suspendesse a matança e poupasse alguns prisioneiros. Apesar disso, Juan era um homem leal à palavra dada. A amizade entre ele e Fernando de Braga rompera a barreira de uma década e eles se tratavam como verdadeiros irmãos de armas.

Os dois amigos notaram quando a fração esquerda da frota turca se destacou das demais e procurou infiltrar-se entre os terços da esquadra cristã, com a finalidade específica de flanqueá-la e assim executar o abalroamento lateral no núcleo da armada aliada. Andrea Dória recebeu a ordem da nau capitânia "Real" de seguir e aniquilar esse grupo desgarrado enquanto a batalha ardia fragorosamente, no centro e na ala esquerda cristã.

Contudo, a esquadra de Dória, por ser em menor número e mais lenta, permitiu que os turcos introduzissem uma perigosa cunha entre o centro e a ala direita cristã. Sem travar contato, Dória ordenou uma meia-volta e correu atrás dos turcos que, a essa altura, já estavam atacando a flotilha do príncipe. Batendo-se em duas frentes, os cristãos corriam um sério risco de envolvimento.

Vendo-se em perigo, D. João ordenou ao seu almirante mais confiável, o marquês de Santa Cruz, que se dirigisse com as reservas ao ponto de choque, para evitar o aniquilamento. Quando Dória finalmente conseguiu se aproximar, os turcos já estavam sofrendo descargas dos canhões espanhóis e boa parte de suas galeras soçobrava.

Mas os turcos não desistiam. Os conveses estavam recheados de arqueiros exímios e eles lançaram saraivadas de flechas sobre os atacantes. Imediatamente, os infantes fixaram os seus arcabuzes e despejaram salvas sobre salvas. Fechados em um círculo de morte, os otomanos viram seus barcos serem despedaçados pela força da pólvora.

Ao longe já se percebia que a frota turca procurava uma rota de fuga desesperada no mar aberto, porque o pretenso apoio terrestre fracassara.

Os otomanos eram disciplinados demais para se renderem com facilidade; séculos de tradição deram aos turcos a fama de guerreiros temíveis e eles não abandonariam tal prestígio gratuitamente. Além disso, os súditos do sultão sabiam do destino que os aguardava em caso de derrota. Assim, a maioria optou por morrer de armas nas mãos. Unidades de elite, como os janízaros[19], os arqueiros e os próprios marinheiros, foram simplesmente destroçadas e pereceram aos milhares.

Para aqueles poucos que almejavam a salvação, a única escapatória estava na terra. Centenas de fugitivos começaram a abandonar os navios, na tentativa de atingir áreas amigas, longe do trovejar dos canhões da Santa Liga.

Em alguns locais, as tropas de D. João passaram a dar caça aos otomanos. Descansados, sedentos de glória e de vitória fácil, os soldados embarcados na galera de Juan de Extremadura receberam a ordem de arribar em pequenos portos naturais e aniquilar as hostes debandadas.

Saltando em pontos estratégicos, os homens passaram a caçar os turcos, exaustos pelo impacto da derrota e pela fuga na água.

Descendo dos escaleres, o pelotão do conde de Extremadura ganhou a terra. Alguns turcos, afortunados, venceram o cansaço e passaram a galgar os barrancos que circundavam a área. Todavia, a grande maioria estava machucada demais para reagir ou escapar.

---

[19] Janízaros eram tropas de elite. Crianças cristãs eram retiradas do seio da família e treinadas como soldados. Em muitos casos, sofriam castração, na ideia de que se tornariam mais agressivos.

D. Fernando esboçou um sorriso torto, de completo triunfo e gritou:

— Prendam esses patifes!

Cinquenta otomanos foram retidos dentro de um círculo de morte. Eles estavam desarmados e ergueram os braços, a implorar por suas vidas.

O conde veio caminhando sem pressa e fixou o olhar sobre os prisioneiros. Era notório que muitos daqueles que estavam feridos não sobreviveriam, de maneira que Juan proclamou-se senhor da vida e da morte. Em um relance, concluiu que apenas alguns poderiam ser negociados, resgatados ou enviados para as galés.

Aproximando-se dos capturados, o amigo de Fernando simplesmente apontava o dedo e sentenciava:

— Este! – e seus homens retiravam o escolhido do círculo da morte, manietando o prisioneiro. Depois o conde dava mais alguns passos e tornava a dizer:

— Este aqui!

A operação se repetiu metodicamente por algumas vezes e não demorou mais do que dez minutos. Ao fim dela, dezoito jovens ganharam a possibilidade da sobrevivência, ainda que ao preço da escravidão.

Vendo que o serviço estava concluído e que a prudência recomendava a volta aos navios, Juan de Extremadura deu a ordem de reembarque. Foi quando um dos tenentes do pelotão inquiriu:

— E quanto a estes outros? – ele se referia, evidentemente, aos desprezados.

— À espada com eles!

Foi nesse momento que D. Fernando interveio e sugeriu:

— É hora de darmos experiência aos nossos recrutas! – e, virando-se para os jovens, declarou solene:

— Vós sabereis agora, como é matar um infiel! E peço a honra, meu comandante, de atribuir ao meu filho o primeiro abate nessa nobre tarefa de eliminar os inimigos da cristandade!

— Concedo o feito de coragem aos que quiserem! Mas, que sejam breves!

Juan de Extremadura pareceu satisfeito com a observação e nem notou o quanto Cristiano empalidecera. O rapaz experimentava angustiosa tormenta dentro de si. Estava preparado para matar no calor do combate, mas não assim, a sangue-frio, justamente em uma atitude que lhe parecia cruel e desumana. O rapaz quis contestar o pai ou se afastar dali, mas estava magnetizado demais pela força da obediência cega. Ao sacar a espada, avançou, olvidando a filosofia humanista que aprendera com Baruch.

Dois outros jovens soldados ergueram o prisioneiro mais próximo, de maneira que ele ficou de joelhos, nos seixos duros da praia. O homem estava ferido e adivinhou o destino que o aguardava. Com esforço, balbuciou alguma coisa em grego, o que fez Juan de Extremadura parar a execução:

— Não, Cristiano!

Confuso, sem identificar de pronto o idioma, o rapaz perguntou:

— Por quê? O que diz este homem?

— É escravo cristão! De Famagusta! Servia como remador nas galés!

O tenente, que parecia estar sedento de sangue, não quis acreditar.

— Ele mente! É um maldito islamita covarde!

— Não! – retrucou Juan. — Esses muçulmanos preferem morrer a renegar a crença! Ele é grego mesmo! Tirem-no daí e levem-no para o navio! Nós o trataremos! Com sorte, será curado!

Antes de ir, porém, o cipriota ainda indicou três outros companheiros que, segundo ele, também eram cristãos. Juan permitiu que todos embarcassem ou seguissem o seu caminho, desde que jurassem jamais lutar novamente contra qualquer reino cristão.

Feita a triagem, sobraram ainda muitos otomanos. Os guardas pegaram outro inválido e colocando-o de joelhos, ofereceram seu peito a Cristiano. Sem pensar muito no que fazia, considerando que tal era a lei da guerra, o filho de D. Fernando cravou sua arma no peito do prisioneiro, que sequer gemeu. Cristiano enterrou a espada bem fundo, na área do coração e quis se convencer que praticara um ato de caridade, ao abreviar o sofrimento do infiel. Mas o argumento de eutanásia não o convenceu. Sua consciência aceitava aquilo apenas como assassinato.

Apesar dos cumprimentos do pai e dos colegas, Cristiano retornou para o barco bastante abalado. A vitória cristã tinha sido completa, mas o marido de Inês transformara-se em um réu da consciência.

Naquela noite, em meio às festivas comemorações de D. João da Áustria, o rapaz se retirou para uma câmara da galera e, vendo um crucifixo de tantas devoções, perguntou a si mesmo se a guerra, mesmo sendo uma cruzada, era, de fato, algo que estava em acordo com as ideias de Jesus. Ele achou que não. E então chorou, desconsolado com a insensatez humana, desconsolado também, com a própria insensatez.

Capítulo Décimo

BUSCANDO RESPOSTAS

Cristiano recobrou os sentidos horas depois, na enfermaria do hospital. Segurando a sua mão estava Agnes, sentada e adormecida. Ele acariciou os cabelos escuros da namorada, sentindo um amor tão intenso que parecia transcendental. A jovem acordou e deu um sorriso doce, jogando-se sobre o peito do namorado.

Ao lado, um paciente pouco esclarecido matava o tempo ouvindo no rádio a narração de uma partida de futebol, com o volume bem baixo. Cristiano escutou o ruído indistinto do locutor e comentou, brincando:

— Espero que o Brasil esteja ganhando!

Agnes, com lágrimas nos olhos, deu uma risada ligeira e confidenciou em tom de alegria:

— Nem é o Brasil que está jogando, seu bobo!

Os dois sorriram e trocaram um abraço caloroso. Cristiano se sentiu seguro; certo de que sua hora ainda não soara. Tal constatação foi um instante de júbilo em meio à tormenta psicológica que atravessara.

Os médicos garantiram à família Xavier que o rapaz se recuperaria. Dona Emília e Ester agradeceram a Deus e foram imediatamente ao templo, para rezar e também para dar ciência do fato aos amigos.

Apesar da vultosa hemorragia, o caso de Cristiano não foi considerado grave o suficiente para que ele permanecesse em uma unidade de terapia intensiva. Todavia, a alta só seria dada alguns dias depois, quando os perigos de uma infecção estivessem descartados e o quadro de saúde estabilizado.

O escabroso atentado abalou a comunidade evangélica da periferia e muitos companheiros de fé enviaram flores, cartões e pequenas lembranças para Cristiano. O pastor Eduardo o presenteou com uma Bíblia, para que suportasse com destemor o transe difícil.

Os moradores do bairro não foram os únicos que ficaram pasmos com o incidente. Na segunda-feira, os colegas do banco souberam do assalto e manifestaram frio pesar, porque, se é verdade que na desgraça o homem deixa de ter desafetos, não o é menos que nesse momento poucos amigos se apresentam.

No serviço, o único que realmente se perturbou, além de Reinaldo, foi José Carlos. Mas, o motivo da perturbação do escriturário era bem diverso. Embora a hipótese fosse remota, ele temia que uma investigação acurada levasse a polícia até os autores do crime.

José Carlos conversara com Magrão ainda no domingo. Este garantira que tudo saíra conforme o planejado, que ninguém jamais descobriria. Até então, ignorava-se o estado de saúde de Cristiano e, para não levantar suspeitas, o bancário achou melhor se omitir na busca de quaisquer notícias. Joinha dissera que Cristiano fora "queimado" por reagir, mas que o tiro não tinha sido fatal. José Carlos era perspicaz o suficiente para desconfiar da perícia médica de Joinha, de maneira que ficou assustado com a possibilidade de ser coautor em um homicídio. Ao abandonar a roda de amigos, ele comprou um jornal sensacionalista com a intenção de achar algumas linhas sobre o fato na imprensa. Não encontrou nada.

Nervoso, passou o final de semana em angustiosa expectativa, mas confiante na negligência da polícia e, portanto, certo da impunidade, esperou até que esclarecimentos seguros circulassem pelo banco. A notícia se espalhou antes mesmo do começo do expediente e, mobilizando sua astúcia, José Carlos, agora aliviado, representou a consternação pungente de colega entristecido. A atuação teatral foi tida como sincera, de maneira que ninguém o relacionou à suposta tentativa de latrocínio.

Agnes também pensava que o ato fora praticado por malfeitores comuns, em busca de dinheiro fácil. Ao ver o namorado a salvo, chorou agradecida, porquanto, segundo pensava, o ato de heroísmo a preservara, talvez, de danos irreparáveis.

Cristiano, porém, voltara diferente. Seus olhos não se fixavam mais no mundo que tinha à sua volta, mas em tudo aquilo que experimentara quando estava à beira da morte. Sentindo que o ocorrido não fora filho da ilusão ou tampouco reflexo de uma hipóxia cerebral[20], ele viu seus conceitos religiosos desabarem definitivamente.

Aquele homem que o detivera, a quem identificara como D. Fernando, referira-se claramente a outra vida, a outra existência, a outra encarnação.

Durante o processo de convalescença, o rapaz pôde meditar bastante sobre as possibilidades de uma alucinação. Verificando

[20] Baixo nível de oxigênio nos tecidos ou órgãos.

com a equipe médica que realmente passara por uma situação de quase morte e que os fatos tinham se sucedido da maneira como lembrava, concluiu que os antigos pesadelos indicavam, indubitavelmente, uma outra existência.

Todavia, ele nada comentou com a namorada ou com a família, preferindo calar-se para não forjar pressões negativas nos relacionamentos sociais.

Recebendo alta do hospital depois de alguns dias, ganhou uma licença para que se restabelecesse em casa. A primeira pessoa a quem visitou foi o dono do mercadinho, que tão gentilmente o socorrera.

Sozinho, pois a família retornara ao trabalho cotidiano; apoiado apenas em uma bengala, Cristiano passou pelo local do atentado. Fixou seu olhar na calçada onde caíra. A seguir, entrou no comércio. Lá, pediu a uma funcionária para conversar com Caetano. Este chegou alegre e saudou o rapaz a quem ajudara.

Cristiano externamente comportou-se como um cristão grato, mas internamente fazia comparações mentais com o velho sábio de quem tinha vagas lembranças nos seus sonhos do passado. Não conseguiu fazer qualquer conexão. O comerciante de hoje em nada recordava o cristão-novo de outrora.

Descartando a possibilidade de que as duas personalidades tivessem alguma relação, Cristiano refugiou-se no templo de suas antigas orações, cujas paredes, agora, oscilavam nas bases.

O pastor Eduardo veio dar boas-vindas ao rapaz, mas notou-lhe o aspecto sombrio, de quem tivesse despertado de terrível pesadelo. Julgando que tal amargor era fruto do ataque traumático, o religioso saudou o rapaz com sincera afeição. Todavia, recebeu uma retribuição bastante fria, o que o levou a questionar:

— Você já está bem?

— Diria que sim. – a resposta de Cristiano revelava a ironia de quem se sente traído.

— Diria? Você passou por uma prova terrível e Jesus lhe protegeu! Você escapou ileso! Que falta de fé é essa, meu irmão?

Cristiano ficara aborrecido por ser assaltado e por ter tomado um tiro, mas de fato, não eram essas coisas que o martirizavam. O que o deixara furioso era a possibilidade de o terem enganado por tantos anos. Olhando nos olhos do pastor, decidiu ser franco:

— Pastor, o que ocorre quando um homem morre?

Eduardo pareceu um pouco embaraçado com a pergunta fulminante, mas recorreu às velhas premissas escatológicas[21]:

— Ele é julgado pela sua fé e por seus atos!

— Certo, mas o que acontece depois?

— Como assim?

— Eu quero saber se ele desaparece, some, sei lá...

O pastor ficou abalado, porque não tinha a resposta para tal pergunta. Seus dogmas eram pobres, baseados apenas em princípios de fé, que não se coadunavam com a ciência ou com qualquer tipo de pesquisa teológica. Circunspecto, ele respondeu conforme o próprio entendimento:

— Não, o homem não some, nem desaparece! Apenas espera o dia do juízo em repouso! Sua alma dormirá até que Deus decida julgar toda a humanidade.

Cristiano fitou o pastor, incrédulo. Não aceitara tal resposta. Ele vira as coisas distintamente, o deslocamento no ar, a paisagem paradisíaca, a presença de D. Fernando. Com todos esses dados, não podia aceitar que a morte era um mero processo de adormecimento.

[21] Ideias referentes ao destino do homem na Terra e no pós-morte.

— Cristiano, você perdeu a fé, por causa do assalto? Você acha que Deus não foi justo? – argumentou o pastor, ao notar a expressão de contrariedade do rapaz.

— Não! – retrucou o filho de Emília. — Nunca tive tanta fé como agora! Só que acho que as coisas não são como me ensinaram!

— O que o irmão quer dizer?

— Eu vi o céu, pastor! Ou seja lá o que for! Mas fui impedido de passar! Um homem se postou na entrada e me disse que ainda não era a hora! Ele se identificou e deixou claro que nós nos conhecíamos de outra vida! Daquela vida que eu contei para o senhor, nos pesadelos! E eu sinto, no fundo da minha alma, que isso é verdade, que aconteceu mesmo! Não importa o que o senhor diga, não importa se está na Bíblia ou não; eu sei que é verdade: há uma vida além desta nos esperando!

O pastor ficou estarrecido. Entendeu de imediato que estava perdendo o seu fiel para hipóteses estranhas e perigosas.

— Você está insinuando que...

— Não estou insinuando, pastor! Estou afirmando! O que eu vi, quando tomei o tiro, foi real! Eu saí do corpo! Não sei como, nem o porquê, mas foi o que ocorreu! Eu me vi flutuando, vi os médicos tentando me salvar, vi a luz![22]

Eduardo tentou desesperadamente rebater aquelas ideias, apelando para o terror:

— Muitas vezes o inimigo de Deus se faz presente nos momentos mais cruciais da existência humana com a finalidade de arrebatar a nossa alma...

— Não acredito que satanás tenha algo a ver com isso! Foi uma experiência vívida demais para que eu aceite explicações tão... primitivas!

[22] Esse fenômeno é rotulado pelos cientistas de experiências de quase morte (EQM).

O pastor ficou em silêncio. Não soube como expressar a preocupação com o destino do jovem. Ele viu Cristiano levantar-se e, ao apoiar a mão no banco da igreja, dizer:

— Obrigado! Mas daqui para frente eu vou procurar as respostas por mim mesmo! Não posso mais debitar tudo na conta do diabo!

Quando Cristiano se foi, o pastor notou que no banco da igreja ficara a Bíblia que ofertara a ele no hospital. Não demorou a compreender o que aquele gesto significava.

Aquele gesto se traduziu, em última análise, numa consulta direta a Reinaldo. Telefonando ao banco, Cristiano perguntou se eles poderiam se encontrar para uma conversa, no sábado. O jovem espírita declarou que teria aula, mas que depois do período da manhã, estaria livre. Reinaldo pediu que ele adiantasse o assunto, mas Cristiano desconversou.

Combinaram de se encontrar em uma lanchonete, de ambos conhecida, depois da uma hora da tarde.

Cristiano chegou cedo. Estava só. Não comentara nada com Agnes e nem mencionara a divergência com o pastor para sua mãe. Ele ainda estava confuso demais e sua mente vagava no labirinto de muitas emoções. Esperava que uma conversa com Reinaldo o ajudasse a elucidar a verdade.

Depois de quinze minutos de espera, o estudante de psicologia apareceu. Vinha apinhado de livros, comprados em um sebo e com resmas de papéis usados na aula.

Reinaldo usava trajes informais, bem menos sóbrios dos que era obrigado a usar na agência. Uma jaqueta desbotada cobria a camiseta estampada. Tênis e calças jeans ditavam a moda universitária jovem. O recém-chegado sentou-se em uma cadeira, próxima ao balcão. Vendo que Cristiano tomava um suco de laranja, comentou:

— E aí? Enchendo a cara?

O evangélico retribuiu a brincadeira com um aperto de mão, enquanto Reinaldo pedia um refrigerante ao atendente.

— Aula aos sábados? – indagou Cristiano, tentando amenizar o próprio nervosismo.

— É, de vez em quando temos umas palestras sobre comportamento humano! Nada que seja novidade! Mas, enfim...

As reticências de Reinaldo indicavam que ele desejava entrar no assunto rapidamente. Ele cogitava que o tema em pauta seria religião e por isso viera preparado. Cristiano começou com certo tato:

— Então... Você quer saber por que eu te chamei aqui, não?

— Bom, de preferência, não é? Espero que não seja saudade...

Reinaldo estampou no rosto um sorriso amplo. Cristiano balançou a cabeça, divertido.

— Não, foi por outra coisa... Não precisa se preocupar...

O clima descontraído incentivou Cristiano a prosseguir:

— Na verdade, queria te contar sobre o que aconteceu comigo, na hora do tiro. Você sabe que eu quase morri, não sabe?

— É, nós soubemos... Muito triste essa violência gratuita! Mas, pelo menos você escapou de uma boa. Sem sequelas.

— Não sei se escapei tão ileso quanto você diz!

O jovem espírita retraiu-se um pouco, estranhando.

— Como assim?

Cristiano deixou passar um segundo antes de responder. Suspirou para tomar coragem.

— Eu vi coisas quando estava morrendo! Diria mesmo que saí do corpo e me aproximei do paraíso, mas fui barrado por um homem que sinto ser presente em meus sonhos! E daí tive de voltar!

Reinaldo não ficou espantado. Como espírita e como universitário, já ouvira relatos sobre experiências extracorpóreas. Chegou a abrir discreto sorriso de triunfo intelectual.

— Você acha isso anormal? – inquiriu Reinaldo.

— Claro que acho! Foi muito estranho, mas ao mesmo tempo, muito real! Era uma paz incrível, tão grande que dá vontade de chorar agora, enquanto lembro!

— Eu sei!

— Você sabe?

Reinaldo mirou o amigo com ares de professor.

— Além da literatura acadêmica, a literatura espírita consagra a veracidade desses fenômenos! Você acha que é o único que passou por isso? Muita gente esteve na fronteira e voltou para contar, desde a antiguidade! Desde antes do cristianismo! Há muitos livros que falam a respeito disso! Você nunca se inteirou sobre o assunto?

— Não! Também nunca li nada a respeito!

— Bem, nós temos de pesquisar! Sem isso, ficamos apenas na crença cega, na fé irracional! A propósito, quero lhe dar algo! Se você aceitar, claro! Comprei lá no sebo!

E sacando da mochila de couro surrada, entregou para o colega um exemplar de *O Livro dos Espíritos*, acrescentando a seguir:

— Leia! Aqui está o princípio racional da vida! São perguntas, comentários e respostas! Na verdade, é apenas o primeiro degrau de uma realidade muito mais complexa, que nós, por enquanto, só podemos vislumbrar! Mas, no fim, vai te ajudar bastante!

Cristiano folheou o livro com curiosidade. Agradeceu e eles passaram ainda duas horas debatendo sobre espiritualidade. O filho de Emília ficou perplexo com a lógica e com a coerência das explicações de Reinaldo.

Então, tudo tinha uma resposta. Os homens não eram vítimas da vontade aleatória de um Deus vingador. De um Deus que matava, que destruía, que punia a seu bel-prazer.

Existiam leis estáveis, corretivas, justas, que indicavam o caminho evolutivo a seguir. Era a estrada do homem para o céu.

As vidas sucessivas, seriadas, seriam a escada da alma. Sim, com isso, tudo fazia mais sentido. E para Cristiano havia ainda uma estranha certeza de que escutara aqueles ensinamentos antes. Já conhecia aquelas ideias. Ele não estava aprendendo. Ele estava relembrando. Surpreso, entendeu que precisava descobrir o sentido não só de sua vida, mas de toda a existência humana.

Cristiano entrou manquitolando pelo quintal, quase na hora do culto. Pito denunciou alegremente a sua chegada. O jovem afagou o cão para que parasse de latir. Dona Emília abriu a porta, com ares de preocupação. Desde o atentado, ela não sossegava e queria ter o filho por perto. Quase implorou para que ele fosse ao culto, já que estava melhor. O rapaz, porém, fingindo cansaço, disse que ficaria em casa naquela noite.

Embora entristecida pela ausência do filho em um hábito de tantos anos, dona Emília entendeu, imaginando que Cristiano deprimira-se pelos acontecimentos recentes. Depois de insistir maternalmente e observar que o rapaz estava irredutível, ela seguiu para a igreja, algo aborrecida.

O jovem bancário aproveitou a ausência de todos e, desembrulhando o pacote plástico no qual escondera o presente para não melindrar a família, retirou-se para o quarto. Trancou a porta e iniciou os estudos.

A cada página compreendia mais e a verdade se descortinou gradualmente para ele. Mas, a verdade não o libertou de imediato.

Ao contrário, o jovem evangélico teve de enfrentar tremendos desafios para encontrá-la.

Pois, aconteceu que a partir daí, Cristiano voltou a sonhar repetidamente com a cena do poço, no momento em que seria golpeado. Os pesadelos passaram a se tornar diários. Era como se forjassem uma erupção iminente, que só a custo a consciência bloqueava. Todavia, a pressão do trauma começou a molestá-lo com grande intensidade e ele sentiu que precisava descobrir o que ocorrera com o soldado português. Precisava ultrapassar o momento do golpe.

Quando teve de voltar ao trabalho, a primeira coisa que fez foi conversar com Reinaldo. Recordava-se de ele ter dito que havia uma maneira de se acessar as lembranças remotas do inconsciente.

Reinaldo indicou um amigo psiquiatra que atendia casos assim e que, informalmente, aplicava nos pacientes aquilo que começava a ser conhecida como terapia de vida passada ou regressão. Felizmente, o convênio do banco cobria o tratamento e assim o rapaz superou a crítica questão financeira.

Tendo de passar por uma triagem rápida, feita em uma clínica, Cristiano alegou que a tentativa de homicídio o traumatizara, o que foi suficiente para que o médico o encaminhasse para um tratamento adequado.

Everaldo, o psiquiatra, não atingira ainda os trinta e cinco anos. Espírita, frequentador do mesmo Centro de Reinaldo, estudara a fundo as teorias de Jung, concordando com o discípulo de Freud de que a sexualidade reprimida não podia ser a causa preponderante dos distúrbios mentais. Everaldo centrou a base de seu trabalho psicanalítico na hipnose. Reconhecia os benefícios do processo de catarse em casos de trauma e fobia. Evidentemente, ele era contrário à regressão por mera curiosidade pueril, pois sabia dos riscos provenientes das lembranças do outrora.

O médico, após rápida apreciação do paciente, concluiu que esse não era o caso de Cristiano. Ele tinha uma razão séria para descobrir o passado. Após explicar rapidamente como funcionava o processo, Everaldo perguntou a Cristiano se essa busca era de fato aquilo que ele queria. Cristiano disse que sim e se preparou. Sua longa jornada em busca do que fora soterrado pelo tempo iria começar.

Segunda Parte

Capítulo Primeiro

RELEMBRANDO

Ajeitado em um divã confortável, Cristiano sentiu um rápido torpor, tranquilo e escuro, quase como se estivesse mergulhando em um sono leve. Zumbidos se embaralhavam entre aquilo que repercutia dentro da mente e o que estava ao redor. Sua cabeça pendia para o lado e ele se sentia impelido para um mundo que não pertencia nem ao reino dos sonhos nem ao mundo ordinário da vigília.

Imagens se sucediam por moto próprio, sem que ele as pudesse controlar. Lá fora, ouvia-se o barulho abafado dos ônibus e dos veículos de passeio.

As sombras da mente desfilavam desconexas, de um extremo ao outro, enquanto Everaldo parecia recitar um mantra sagrado e indistinguível. Subitamente, as ideias ganharam coerência. Campos surgiram, terras áridas, terras inundadas. Navios, homens, árvores... Um panorama completo. E por fim, novamente a figura de um andrajoso cavaleiro. Era D. Fernando. E aquele homem, de face destruída, mostrava-lhe um caminho que rasgava a paisagem e a cortina do tempo. Então ele vislumbrou a realidade de uma época perdida nos refolhos da memória.

Em um décimo de segundo, Cristiano viu canais semelhantes a rios, espremidos entre casas e cortados por pontes arqueadas. Ele não sabia onde estava, mas não demoraria a descobrir...

Depois da batalha de Lepanto, os cristãos regressaram para a Espanha, carregados de honra, glória e despojos. No entanto, uma parte seguiu para Veneza, esperando novas missões de combate. Cogitava-se que a guerra contra o sultão, em Chipre, ainda estava longe de terminar.

Cristiano aguardava, ansioso, a volta para casa. Não queria pelejar por um Cristo que os homens tinham desfigurado. Pelo menos não com uma espada.

Todavia, Juan de Extremadura e D. Fernando de Braga decidiram seguir para a Sereníssima República[23], com a finalidade de se engajarem no exército que reconquistaria Chipre. Apesar de suas objeções, Cristiano foi obrigado a seguir com o pai adotivo, que lhe negara qualquer tipo de escolha.

Consciente de que a guerra nada de bom traz ao Espírito humano, Cristiano queria largar tudo para apertar-se nos braços doces da esposa. Mas, a realidade incoercível o impedia de retornar.

Incorporada em escaramuças singulares contra piratas e renegados ao longo da costa, a companhia espanhola do conde engajara-se como mais um grupo mercenário a serviço de Veneza e dos Doges[24]. O objetivo principal era o de evitar que patrulhas turcas, oriundas dos Bálcãs, atacassem as feitorias e os entrepostos comerciais que serviam como base para a frota de Veneza no lado eslavo do Adriático.

---

[23] Nome dado à república de Veneza.

[24] Corruptela de Duces, plural de Dux. Em latim, condutores, dirigentes.

Durante quase dois anos eles permaneceram ali, entre florestas e montanhas abandonadas, nas fímbrias de uma Dalmácia[25] devastada pelos exércitos otomanos.

Nessa fase, agindo mais como policial do que como soldado, Cristiano presenciou inúmeras atrocidades, praticadas especialmente pelo conde e por seu pai. Ele também não escapou incólume, pois recebeu algumas vezes, a incumbência de eliminar espiões e traidores eslavos. Por uma questão de honra e disciplina militar, se sentia impossibilitado de rejeitar tais determinações.

Com o tempo, a sua cota de homicídios aumentou bastante, de maneira que ele começou a se embriagar, na vã tentativa de apagar aqueles assassinatos da mente. Na verdade, ninguém o condenava. Era a guerra, diziam. Mas, mesmo assim sua consciência revoltava-se, pois ele sentia nojo daquilo que julgava como sendo uma covardia. Os antigos ensinos de Caetano vibravam em sua mente e ele sentia que estava se tornando apenas um bárbaro sanguinário.

Finalmente, após um longo período, os mercenários foram convidados a partir, pois a República enfrentava dificuldades financeiras para quitar seus compromissos com as tropas pagas. Pior ainda, firmara um acordo de paz com os otomanos, cuja frota destruída em Lepanto estava sendo reconstruída. Veneza não queria se arriscar em um novo confronto com os turcos, que, tal como uma Hidra[26], pareciam indestrutíveis.

Demitindo seus soldados, o conde decidiu voltar para a Espanha e de lá para a América, local atraente para aventureiros arrojados em busca de fortuna. Antes, contudo, estacionou por quase um ano em Malta, onde a ordem dos Hospitalários[27] mantinha-se vigilante para manter o controle cristão no Mediterrâneo ocidental.

---

[25] Litoral da atual Croácia.

[26] Animal da mitologia, cuja cabeça, quando arrancada tornava a crescer, duplamente.

[27] Antiga ordem religiosa de cavalaria cruzada.

Como a paz, embora precária, fosse estável, D. Fernando e Juan de Extremadura deixaram Malta e voltaram ao plano original de cruzar o Atlântico em direção ao México ou às Antilhas. Desta feita, concordaram em dispensar Cristiano, sob a condição de que, se necessário, ele voltaria a prestar a vassalagem que lhe era exigida por meio do serviço das armas, como constava do costume medieval.

Feliz com o que imaginava ser uma alforria, o rapaz desembarcou em Cádiz e de lá rumou para casa, pela rota litorânea. Cristiano estava mudado. A guerra o tornara um homem duro, sério e indiferente. O contato com a violência o havia contaminado, de maneira que ele nem se lembrava dos homens que matara após Lepanto.

Com a sensibilidade embotada pelas realidades atrozes, ele tentava resgatar a velha humanidade construída pelos estudos de Caetano Coelho. Ardia de saudades de Inês e das crianças. Até mesmo das galhofas tolas do velho Leão Lopes ele sentia falta.

Remunerado por seu pai com substanciais ducados de ouro pelo tempo de serviço, o jovem esperava adquirir algumas posses e garantir o sustento de sua família como um pacato taverneiro.

Com sorte, não reencontraria mais D. Fernando e o conde Juan. A hipótese de morte na América era bem plausível. Já estavam velhos e cansados. O Novo Mundo era uma terra ignorada, cheia de mistérios e riscos. Milhares de aventureiros tinham perecido nas colônias, um sorvedouro de ambiciosos. Se isso acontecesse ao seu pai, seria a liberdade definitiva.

Os dias de luta desapareceriam em um torvelinho tristonho, cheio de sangue e carnificina. Cristiano achava que nem sequer poderia contar histórias heroicas para os familiares.

Estimulado com esse pensamento de liberdade, Cristiano chegou à sua vila. Não notou grandes modificações. O casario empilhado em ruas tortuosas, a igrejinha caiada de branco e a casa formosa do alcaide, continuavam iguais.

Evidentemente, o hábito da sesta, na hora mais quente do dia, também não se modificara. Era por isso que o empório estava fechado. Cristiano sabia que numa terra sem ladrões, fechado não significava trancado.

Abrindo a porta devagar, o jovem guerreiro observou seu sogro dormindo um sono profundo sobre sacos de grãos. Parecia mais gordo e mais letárgico. Cristiano sorriu e passou adiante, sem incomodar o pai de sua esposa. Avançou para o quarto e encontrou Inês dormindo com Ísis. O leve estalar da porta despertou Inês, que pulou da cama, transtornada pela alegria.

Cristiano estava irreconhecível, barbudo e pele tostada pelo Sol. Mesmo assim, Inês não hesitou em identificá-lo e o fazia aos brados, agarrando-o e beijando-o longamente. Ísis já não teve tanta facilidade e contemplou o pai inicialmente com certa desconfiança. Alertado pelo barulho, Leão Lopes também se acercou, saudando o genro com palavras de sincera felicidade.

Após os cumprimentos iniciais, Cristiano sentiu a falta do filho e indagou:

— Onde está Vicente?

A pergunta transformou o ambiente alegre. Inês desenhou uma expressão desconsolada e inclinou a cabeça para o chão, tentando esconder a tristeza.

Foi Leão Lopes quem se incumbiu de transmitir a infausta notícia:

— Morreu, dois meses após a sua partida! Pegou uma febre forte e nada pôde salvá-lo; nem mesmo a intercessão de Maria das Graças.

A Maria das Graças aludida era a feiticeira local que cuidara de Vicente, logo após o seu nascimento. Dessa feita, porém, ela fracassara. Furioso, Leão Lopes pensara em denunciá-la como bruxa, mas foi dissuadido por Caetano Coelho e por sua própria filha. Ainda que angustiado com a perda, Lopes entregou o caso a Deus, pois considerou que se essa era a vontade divina, nada poderia subtrair seu neto das garras da morte.

Cristiano ficou abalado com a notícia, mas recolheu a informação com o destemor e com a frieza da época. Abraçando a esposa, carinhoso, questionou:

— Há mais alguma perda que eu deva lamentar?

Leão Lopes mal ergueu os olhos quando tornou a falar:

— Sim! Caetano nos deixou há meio ano!

Desta vez os olhos de Cristiano se encheram de lágrimas que ele mal pôde sopitar. Certo remorso preenchia-lhe a alma por haver acusado seu mestre na hora da partida. Desejava pedir desculpas e eis que era impedido pela morte. Sentia-se como o ingrato que reconhece a dívida tardiamente.

Concluiu que a volta não estava sendo tão alvissareira como imaginara. Perdera muitas coisas; entre elas a inocência.

Sem saber exatamente o porquê, mas desconfiado de uma injustiça, Cristiano indagou:

— Eles foram enterrados no cemitério da igreja?

Leão Lopes olhou para a filha, no intuito de se esquivar da verdade. Recebeu um sinal de condenação. Dessa forma, virou-se para o genro e esclareceu:

— Vicente sim!

— E quanto a Caetano?

Cristiano percebeu que algo ocorrera. Como cristão-novo, acusado de práticas judaizantes, Caetano poderia ser considerado proscrito pela ortodoxia da época e não receber as devidas honras funerárias, o que naquele período se constituía em grave acusação de infâmia.

— Ele foi enterrado no lugar que mais gostava, filho. Na sua própria gleba!

— Como um indigente? Sem as devidas honrarias para um homem da grandeza da alma dele?

Ciente das relações afetivas entre o genro e o mestre judeu, Leão Lopes tentou minimizar o incidente.

— O lugar onde repousam os restos mortais não torna ninguém melhor ou pior!

— É verdade! Mas quem pode determinar o que é melhor ou o que é pior? Quem determinou enterrar Caetano como um indigente?

— Foi o padre Júlio! – denunciou Inês.

Cristiano lembrou-se do padre que celebrara seu casamento. Um fanático. Não tinha com ele maiores relações, mas sempre guardara a impressão de que se tratava de um homem rigoroso no aspecto religioso. Sentia que o padre também o olhava de forma diferente, sem que pudesse atinar o motivo.

Guardando consigo as opiniões adversas, Cristiano decidiu averiguar o fato com mais cautela no dia seguinte. Disse alguma coisa sem grande importância para a mulher e completou:

— Amanhã, meu pai, nós iremos até a fazenda do mestre Caetano! Quero orar sobre a sua sepultura; seja ela em terra consagrada ou não!

A noite se passou em conversas amenas. Apesar de aborrecido com a morte do filho, Cristiano não fez dela motivo de tristeza. Por mais cruel que isso possa parecer ao homem moderno, naquela época a morte era aceita como algo mais normal do que o é hoje. As pessoas não lastimavam os mortos. Todavia, se desesperavam com os perdidos de alma, que não atingiriam o reino dos céus. Os pecadores eram considerados como objetos de repúdio e o falecimento de inocentes entrava na triste conta das fatalidades irremediáveis.

Assim, em um mundo cuja expectativa de vida raramente ultrapassava os cinquenta anos e no qual a mortalidade infantil era dez vezes maior do que a dos países desenvolvidos atuais, a morte tinha outra conotação e o conformismo era baseado na fé indubitável de uma existência posterior.

Era por isso que nem Cristiano nem Inês lamentaram a perda do filho na conversa que tiveram naquela noite. Comentaram sobre novas perspectivas, novos sonhos e novas conquistas.

Na manhã seguinte, Leão Lopes e Cristiano foram até a gleba do velho mestre judeu. A área dava sinais claros de abandono. Nos campos, o mato crescera. As oliveiras estavam sitiadas por touceiras selvagens e os abrigos destruídos pelas intempéries. A própria casa de Caetano lembrava as ruínas de um castelo derrubado por mãos inimigas.

Ao questionar sobre a cova do antigo mestre, Cristiano recebeu a informação de que Caetano fora sepultado perto de um antigo monturo, um depósito de lixo da chácara. Evidentemente, a escolha do túmulo em um lugar daqueles tinha o objetivo claro de demonstrar ao povo o que estava reservado aos párias.

Cristiano encheu sua alma de cólera ao confirmar que fora o padre quem fixara o local da sepultura anônima. Uma lágrima de raiva desceu pela face do jovem guerreiro. De repente, ele se lembrou dos papéis de Caetano, escondidos sob o alçapão da casa.

Correndo até lá, verificou que os livros tinham sumido. Isso para ele era deveras perigoso, pois muitas lições tinham não só a sua caligrafia como também a sua assinatura.

— Onde estão os livros? – indagou Cristiano ao sogro.

— O padre Júlio confiscou-os todos! Queimou muitos na praça da Igreja, exortando as pessoas da vila a entregarem as cartas de Caetano sob pena de excomunhão ou o que é pior, de terem de suportar uma visita do Santo Ofício.

— Mas, que desgraçado! – vociferou Cristiano. — Quero os livros de volta! Ao menos os que sobraram! Vou cobrar dele!

Leão Lopes reagiu de maneira negativa e disse:

— Meu filho! Esquece! Não podes comprar briga com um homem poderoso qual o padre Júlio. Pois saiba que após a morte de Caetano, ele esteve em casa, fazendo perguntas sobre ti. Ele não ignora que o nosso amigo foi o teu preceptor e decerto leu alguns dos teus comentários filosóficos. O padre Júlio insinuou que tu és um herege e somente o nome do teu pai foi capaz de aplacar o desejo do padre de te acusar perante a Inquisição.

— Eu não o temo! Se for o caso, o lembrarei de que defendi o pálio de Cristo não com palavras, mas com a espada, enquanto ele ficava aqui, condenando os outros!

— Compreendo a tua ira, filho! Entretanto, se agires afoitamente, nós todos seremos arrolados como teus cúmplices! Quero crer que não desejas o pior para Inês e para Ísis, bem como para mim, que te amo como a um pai!

Cristiano compreendeu que o sogro tinha razão. Ele era um homem experiente, que sobrevivera a diferentes provações. Portanto, era recomendável acatar-lhe as opiniões. Embora contrariado, o jovem guerreiro calou-se.

À tarde, quando o Sol mergulhava no poente, ele se desvencilhou do sogro e da esposa e foi até o cemitério da igreja, orar sobre a sepultura de seu filho. Ajoelhando-se sobre a cova simples, tentou rezar, mas não conseguiu. As palavras morriam-lhe na garganta, na mesma medida em que uma revolta insopitável controlava a sua alma. Sem poder se segurar, entrou na igreja sombria. Passou pelos bancos e divisou ao longe um homem genuflexo, a rezar. Era o padre Júlio.

Homem ainda jovem, membro de uma das famílias mais influentes de Lisboa, o padre Júlio Orestes era obcecado pela ideia de uma unidade mundial sob o cetro do cristianismo romano. Teria sido um cruzado, se uma deficiência congênita na perna esquerda não o incapacitasse para as artes da guerra. Decidiu então, lutar em uma nova frente, muito mais ampla e difícil: a frente das ideias.

No século XVI, a Reforma Protestante ganhava terreno na Europa, ameaçando a unidade cristã ocidental. A Igreja Católica se defendia dessas revoluções como podia. Nos países latinos a Inquisição e a Contrarreforma exerciam o papel preponderante de dique para conter a enxurrada da dissensão.

Júlio Orestes se engajara na porfia ideológica com tenacidade e fanatismo. Acontece que a corte portuguesa estava repleta de cristãos-novos, gente poderosa e de influência. Os ataques de Júlio a esse segmento foram mal recebidos pelo governo e até mesmo pela cúpula da Igreja lusa, que ainda não tinha a intenção de banir ex-judeus endinheirados e cultos, como sucedera na Espanha.

Assim, considerado como radical até por seus superiores, Júlio foi designado para aquela aldeia remota do Algarves. A perda de poder e prestígio afetou bastante o padre, mas ele considerou que aqueles eram os desígnios de Deus para evitar que as heresias ganhassem força no interior do país.

E o primeiro adversário digno de nota, naquelas ermas paragens, acabava de chegar.

Cristiano rompeu pela nave da igreja. Deixou sua espada arrastar pelo chão, produzindo um som estridente, que logo foi notado pelo padre.

Júlio Orestes se ergueu, fitando o recém-chegado sem reconhecê-lo de pronto. Obervou que o rapaz carregava no semblante uma expressão arrogante e ameaçadora.

O marido de Inês parou a distância de cinco passos do sacerdote. Olhou-o com desdém e disse:

— Quero os meus livros!

Júlio Orestes não esperava semelhante cumprimento e retribuiu, secamente:

— A quais livros te referes?

— Àqueles que o senhor pegou de meu professor! Os que pertenciam ao mestre Caetano!

O padre olhou o rapaz por alguns segundos e então disse:

— Ah, sim! Tu és o genro de Leão Lopes, não?

— Sou! E aluno de Caetano, homem de bem, que por sua ordem foi enterrado ao lado de um monturo, como se lixo fosse!

O padre esboçou um sorriso maneiroso e retrucou:

— Era um herege! Um judeu disfarçado de cristão! Não poderia ser enterrado aqui sem conspurcar o solo sagrado! O cemitério da igreja é reservado para os cristãos legítimos! Deverias ficar satisfeito por eu não ordenar que queimassem os despojos, por ser ele um falso remisso! Mas, quanto aos livros, queimei-os todos, sem exceção de um só!

— Era o meu mestre! Melhor do que muitos padres!

Júlio Orestes enrubesceu. Sentiu-se pessoalmente ofendido e revidou:

— Eu sei que era o teu mestre! Tenho comigo vários escritos assinados por ti! Totalmente em desacordo com os ensinos da nossa Igreja! Vi um particularmente interessante, no qual tu afirmas que não é a fé que salva o homem, mas sim o conhecimento! Tanto já bastaria para te condenar perpetuamente! Teus conceitos são heréticos, relembram a cultura pagã! Não é à toa que tua filha se chama Ísis!

— Deixa minha família fora disso!

— De forma alguma! A família de um herege normalmente compactua com uma heresia!

— Se tocares em um deles, te arrependerás!

O padre sorriu, valente.

— Achas que eu tenho medo? Se necessário sacrificar-me-ei pela glória de Cristo!

— Eu acho que tu não conheces Cristo, padre! Muito menos conheces o significado das palavras dele.

— Talvez, mas não sou eu quem anda com uma espada na mão! A minha arma está na minha fé, que pode ser posta à prova em qualquer hora. Com ela defendo Cristo e a sua Igreja.

Cristiano observou o padre e ciente de que a discussão só pioraria as coisas, retirou-se exclamando:

— Tuas palavras estão cheias de Deus, mas teu coração está vazio de amor! Esse teu Cristo não é o meu! Essa tua Igreja não é a minha!

E antes de atravessar o umbral, Cristiano ainda ouviu:

— Não poderás te abrigar para sempre no escudo de tua família. Um dia tu prestarás contas à nossa autoridade.

Cristiano bateu a porta, ciente de que angariara um inimigo no curso de uma tumultuada existência. Mas, desta feita, ele próprio alimentara o monstro com a sua imprudência e excessiva intolerância.

Capítulo Segundo

VIVENDO ENTRE COBRAS

Júlio Orestes jamais esqueceria uma afronta daquelas. Em sua alma vingativa ardia a chama do ódio inextinguível. A ideia que lhe animava o Espírito era a de esperar pacientemente o momento azado para abrir as portas do inferno e alastrar a vingança.

Cristiano, por sua vez, retribuiu a aversão desaparecendo dos ofícios religiosos, embora permitisse que sua família continuasse a frequentar as missas e os cultos católicos ordinários. Inês, preocupada, fez o possível para atenuar a crise ameaçadora, pois temia os perigos inerentes a uma ruptura declarada com a Igreja Católica.

Aparentemente ela o conseguiu, adulando o sacerdote com pequenos mimos do seu comércio e subornando-o com generosas contribuições pecuniárias.

Orestes, calculando que o melhor golpe é o inesperado, silenciou sobre a querela e não decretou nenhum tipo de retaliação contra os Lopes. Assim, os poucos que tinham ciência do fato imaginaram que tudo ficara esquecido no remoto mundo do passado.

Contrariando, porém, o preceito de perdão que defendia no púlpito, Orestes imaginava uma maneira de castigar o descomedido filho de D. Fernando sem pôr em risco a própria integridade física. O padre tinha certeza de que Cristiano seria capaz de matá-lo se sofresse qualquer tipo de punição. Então, enganando a todos, Orestes esperou em um fingido armistício, o dia certo para pagar a ofensa recebida, com juros.

Ignorando tal sentimento, Cristiano retomou a vida, transformando as lutas de cada instante em lições preciosas de compreensão e aprendizado. Nesse ritmo, três verões transcorreram dentro de uma rotina absolutamente silenciosa e pacata.

Às vezes, Cristiano se arrependia da briga que tivera com o padre, mas era orgulhoso demais para voltar atrás e pedir desculpas. E o fato de não comparecer a qualquer cerimônia religiosa criava um mundo de problemas.

Quando Inês teve outro filho, Cristiano decidiu chamá-lo de Caetano, em homenagem ao antigo mestre. Houve confusão, pois o padre Júlio se sentiu ofendido e deu a desculpa de que não batizaria a criança com o nome de um infame. Secretamente, Leão Lopes, que levara a criança à igreja no lugar do pai, admitiu mudar o nome para Jerônimo, apenas para que o batismo fosse feito.

A situação se tornou peculiar, pois em casa o menino era chamado de Caetano, mas em público de Jerônimo. Após alguns meses, o nome de batismo prevaleceu, de forma que apenas Cristiano chamava o menino de Caetano. Com muito custo, os parentes convenceram Cristiano a não criar caso e aceitar o fato consumado.

As coisas seguiam nesse pé, quando, em dezembro de 1577, dois fatos significativos ocorreram.

O primeiro foi uma doença repentina que afetou Leão Lopes severamente. Acometido por uma hemorragia cerebral, o velho comerciante ficou entre a vida e a morte por vários dias. Sobreviveu, mas o lado direito do corpo foi afetado por uma paralisia crônica.

O segundo fato, que não se mostrou importante para os Braga em seu início, foi o advento de um rapaz, natural da aldeia, que retornava após um exílio voluntário de mais de quinze anos.

O nome desse sujeito era José Nuno Gonçalves e seu pai era o moleiro[28] da vila. A origem familiar humilde ensejara novos rumos a José Gonçalves e ele ganhara o mundo e uma vida cheia de aventuras. Sem ter feito a fortuna esperada, regressara mutilado de um confronto nas feitorias orientais. Além disso, granjeara inúmeros inimigos ao longo de sua tumultuada carreira militar. As ameaças acabaram por determinar o seu retorno apressado para portos mais seguros.

Na aldeia, apesar da falta de alguns dedos, ajudava o pai nos serviços de moagem e levava uma vida paupérrima, plena de inquietude e revolta.

Desde menino, Gonçalves conhecia a família de Leão Lopes. De Inês ele tinha as pálidas lembranças de uma garotinha. Agora ela crescera e se tornara uma bela mulher, o que, inevitavelmente, lhe atraiu a atenção.

Pelo fato de morarem numa aldeia, foi fácil para o rapaz desvendar a vida dos Lopes. Soube que Cristiano e o padre não se davam bem e que o marido de Inês era um fidalgo, que lutara em Lepanto, na Dalmácia e em Malta. Era, portanto, um homem cuja ira convinha não atiçar.

---

[28] Que cuida de moinhos. Normalmente o moleiro cobrava uma taxa para moer os grãos e por isso a profissão não era bem vista entre os camponeses.

Contudo, a proximidade natural entre as pessoas de uma localidade tão pequena, despertou em José Gonçalves uma cobiça crescente, tanto pelo negócio de Leão Lopes quanto por Inês, que apesar dos filhos, ainda ostentava os belos atributos da juventude. Na verdade, José Gonçalves começou a cogitar que se Cristiano fosse retirado do caminho, seria fácil para ele conquistar a posição social que julgava merecer, considerando-se que Leão Lopes estava praticamente morto.

E acontecimentos externos àquele mundo de silenciosa insignificância iriam auxiliar o moleiro em suas desonestas intenções.

Já antes de 1578, a situação política no reino alterara-se substancialmente, com a crescente influência portuguesa nos negócios africanos. O soberano da época, o famoso D. Sebastião, nutria um forte ideal cavalheiresco e ansiava por glórias militares. Desde cedo, o jovem príncipe recebera uma educação que preconizava a guerra santa como a mais excelsa das guerras. Seus tutores jesuítas o fanatizaram a tal ponto que ele se sentia um verdadeiro soldado de Cristo.

Receoso do lento, mas pertinaz avanço otomano ao longo do norte da África, D. Sebastião decidiu intervir no problema de sucessão marroquino, também para salvaguardar interesses mercantis lusitanos. Estimulado por uma burguesia desejosa de se apoderar de novas praças comerciais na costa africana, D. Sebastião passou a apoiar um pretendente ao trono do Marrocos que era hostil ao sultão de Constantinopla. O apoio materializou-se com a promessa de ajuda militar e ação armada, culminando com o envio de uma expedição ao norte da África, em 1578.

Assim, tambores marciais passaram a ecoar por todo o país, o que encheu Cristiano de angústia, porque ele não tinha a menor vontade de se engajar em uma nova campanha. Ainda mais agora, que graves problemas domésticos reclamavam a sua atenção.

De fato, as arremetidas de José Nuno Gonçalves contra Inês passaram a ser objeto de comentários em toda a aldeia.

Gonçalves tinha por característica o atrevimento. Nada o impedia de agir conforme seus intentos, exceto, talvez, a força. Não tinha medo ou escrúpulos, pois julgava a sua inútil vida como algo absolutamente sem importância. Aceitava o seu fado de canalha e sabia que só não morreria cedo se tivesse muita sorte.

Os flertes em relação à Inês começaram discretos, crescendo gradativamente em ousadia.

De início, Inês ficou lisonjeada e mesmo feliz por se sentir ainda atraente, apesar de ter atingido a maturidade física. Todavia, o entusiasmo dela não ia além da vaidade e esse entusiasmo declinou rapidamente ao perceber as reais intenções de José Gonçalves.

Da tolerância, ela logo passou à exasperação, pois algumas vizinhas, maldosas e cheias de inveja, lançaram calúnias sobre a sua honra.

Ao tomar ciência do caso, Cristiano proibiu Inês de atender Gonçalves. Ordenou que, em sua ausência, Ísis o fizesse.

A recomendação do fidalgo foi feita com uma agressividade que assustou a família. Naquela voz, outrora pacata, timbrava agora uma frieza mórbida e um inexplicável acento de desânimo.

Na verdade, Cristiano nem de longe lembrava o rapaz feliz que se casara com Inês. A participação na guerra o modificara substancialmente, pois ele analisava, no íntimo, que os escritos e os estudos de Caetano eram quimeras perdidas.

Ele concluíra que neste mundo um homem honesto é quase sempre uma presa ferida, caçada por inimigos implacáveis. Em tese, a vida nada mais seria do que uma arena de intermináveis lutas. Nessas, os mais fracos acabariam inevitavelmente devorados por aqueles que julgam a violência e a força como o poder das feras.

As ideias cristãs, de amor universal, eram portanto, impossíveis. Nunca tinham passado de um sonho. A realidade era cruel. Não haveria paz nunca, pois o homem só entendia o idioma da espada e a mais nada. Então, a resposta certa era a reciprocidade. O olho por olho, o dente por dente.

E se antes ele tinha a convicção de que todos na vila o respeitavam, agora as investidas de José Nuno Gonçalves o colocavam em uma posição de conflito bastante incômoda.

Por um pedido de Inês, Cristiano não tirou satisfações com Gonçalves. Mas, ponderou que se o moleiro continuasse com as gracinhas, a solução seria matá-lo.

Erroneamente, Gonçalves traduziu a falta de reação do esposo de Inês como fraqueza ou indiferença. Fiado nesse pensamento rasteiro e sem temer as consequências, decidiu insistir.

Mal sabia ele que Cristiano havia lhe preparado uma armadilha. Tornando pública uma suposta viagem até Faro, pretendia favorecer a ocasião para o ladrão. Na verdade, apenas vagueou por duas horas, retornando em silêncio. Escondeu-se em uma cabana arruinada, adrede escolhida e que oferecia um excelente ponto de observação.

Não demorou muito para Gonçalves aparecer. Pelo meio da manhã, entrou no armazém e encontrou Inês no balcão. Pediu uma garrafa de vinho e gomos de chouriço, tentando forjar uma conversa.

Apesar da proibição, Inês, que ignorava o plano do marido, não teve como escapar e atendeu friamente ao cliente. Ela ia chamar Ísis para ficar no seu lugar, quando ouviu:

— Soube que teu marido foi viajar. Que tolo! Ele não deveria deixar semelhante prenda à mercê dos aventureiros da região!

Inês fechou a expressão. Sentia-se insultada.

— Senhor Gonçalves, eu nasci aqui! Do mais alto ao mais baixo, todos têm ou tiveram negócios com meu pai! Eles conhecem a minha família e me respeitam! Não há aventureiros nesta região! Ou há?

A indireta era evidente, mas Gonçalves não se abalou.

— Nunca se sabe, senhora! A vida cá é muito triste e solitária! Nestes sertões as mulheres só lidam com homens brutos e sem amor!

— Não é este o meu caso! Tenho um bom marido!

— Um homem um tanto frio e distante, como se diz por aí! Sempre carrancudo, avesso às relações da comunidade! Nem à igreja ele vai! Sinceramente, e se me permites a ousadia, a senhora merece uma vida melhor! Uma flor tão linda não pode murchar atrás de um balcão! Tu deverias conhecer o país e o mundo!

Nesse instante, Inês hesitou. Gonçalves tinha tocado em um ponto sensível. Cristiano se tornara de fato um homem frio e distante. E ela queria mais. Queria conhecer outros lugares, outros países. Nunca fora além de Faro. Tinha necessidade dessas coisas; tinha necessidade de viver. Ansiava ser tratada com carinho.

Captando o efeito perturbador de suas palavras, Gonçalves arriscou:

— Se a senhora fosse minha esposa, eu a transformaria em uma rainha! Eu a levaria para longe daqui! Para Lisboa, Madri ou qualquer grande cidade, na qual a tua beleza pudesse ser apreciada! Não ficaria neste fim de mundo! Nesta aldeia de pescadores ignorantes!

Agora Inês estava atordoada. Sem raciocinar com muita clareza, ela indagou:

— E quanto aos meus filhos?

Essa pergunta estimulou José Gonçalves. Ele sentiu que uma fenda se abria na fortaleza outrora impenetrável. E era por essa fenda que poderia tomar o castelo. Hábil na retórica, ele argumentou:

— Serão meus! Eu darei a eles a educação que nunca tiveram. Eu tenho amigos, contatos; cá no reino e mesmo em Madri!

Inês ficou embriagada com a perspectiva. Na sua singeleza de raciocínio, não podia supor que as pessoas mentiam. Ela não sabia identificar nem as mentiras nem os calhordas que as proferiam.

A jovem tentava articular uma resposta que não a deixasse pejada, quando o astuto moleiro colocou a mão sobre seu braço. Ela recuou, afastando-se instintivamente. Mal teve tempo para respirar quando alguém adentrou no comércio, portando um bastão de madeira maciça. Com a arma, o homem golpeou vigorosamente as costas de Gonçalves.

Cristiano, de longe, não ouvira a conversa, mas percebera que Gonçalves estava se insinuando. Decidiu então acabar com a brincadeira e ficou transtornado quando notou que ele tocava no braço de sua esposa. Isso, na época, era considerado uma ofensa grave. Nenhum homem podia encostar na mulher alheia sem esperar por um confronto aberto.

Todavia, Cristiano se julgava um fidalgo e, portanto, não lhe era lícito matar um vilão; um inferior aleijado, sem uma justa causa. O paradoxal código da cavalaria se fazia presente e ele guardara a espada, trocando-a por uma trave grossa, achada ao acaso nas ruínas.

Com o impacto do golpe, o galanteador rolou pelo chão. Sentia como se lhe tivessem triturado as costelas.

— Eu quero que tu saias desta aldeia ainda hoje! Se eu te pegar por estas bandas, serás agraciado com o fio de minha lâmina! Ouviste? – gritou Cristiano, ríspido.

O infeliz, agarrado pela gola, tentou responder algo, mas faltava-lhe o ar. Com custo, balançou a cabeça positivamente e se retirou, cambaleando, sob o olhar ameaçador de Cristiano.

Irritado, o filho de D. Fernando se afastou de Inês e, jogando o porrete sobre o balcão, passou a mão pelo cabelo, dando a entender que ela também tinha culpa no incidente. Inês tentou se aproximar, mas ele a repeliu, gritando:

— Deixa-me! Vai para dentro, conversaremos mais tarde!

Inês sumiu, ganhando a parte interna da casa. Cristiano aproveitou o vinho sobre o balcão e começou a beber, para aliviar a ira.

Menos de dois minutos depois, Ísis apareceu, na certa a mando da mãe para averiguar como estavam as coisas. Cristiano ordenou que a filha fosse apanhar o cavalo e a mula, escondidos fora da aldeia.

A menina voltou logo e percebeu que o pai já estava calmo, pois sorriu para ela e falou:

— Ísis, meu bem! Guarda os animais na cocheira! E depois vai ajudar tua mãe com o Jerônimo.

— O senhor está bravo, papai? – indagou a menina, graciosamente.

Cristiano meneou a cabeça, encantado com a doçura da filha e respondeu:

— Não; já passou! O papai está calmo agora!

Ísis, feliz, deu um pulinho e afastou-se, cantarolando. Logo Inês reapareceu com Jerônimo no colo. Ela explicou o que sucedera, a seu modo, ocultando, óbvio, que ficara momentaneamente entusiasmada com a possibilidade de conhecer o mundo.

Cristiano era um homem bom. Abraçou a esposa, afirmando que a observara afastar-se do intruso. Portanto, ela merecia um voto de confiança.

A partir daí o rapaz acreditava que as coisas se acertariam e que tudo voltaria ao normal.

Mas, não seria bem assim.

Cambaleando até a casa dos pais, José Nuno Gonçalves avaliou que algo se quebrara em suas costas. Chegou fazendo tremendo escândalo e contou que fora agredido e ameaçado por Cristiano.

O pai de José, Antônio, ciente de que naquelas paragens uma ameaça devia ser sempre levada a sério, procurou o padre para que este desse santuário a seu filho, pobre rapaz indefeso, espancado por um fidalgo sem coração.

Júlio Orestes ouviu a desvirtuada narrativa e decidiu tomar a causa para si. Sem perda de tempo, dirigiu-se para o armazém, com o intuito não tanto de defender o mais fraco, quanto o de atacar o mais forte.

Cristiano se surpreendeu ao ver o padre. Eles não se falavam nem ao menos trocavam cumprimentos, há anos. O sacerdote parou à porta e disse, sem a menor cerimônia:

— Soube que tu bateste em José Nuno! Deste um golpe bem dado! Pelo jeito, algumas costelas foram partidas!

— Não tantas quantas ele merecia!

O padre mirou o rapaz, oferecendo o seu desprezo:

— Decerto há muita honra em vencer um aleijado, atacando-o por trás!

Cristiano ficou rubro de cólera. Jamais toleraria o rótulo de covarde. Sua mão correu até a espada. Conteve-se porém, e argumentou:

— Um homem que corteja a mulher de outro homem, em sua ausência, só é indicado para receber um tipo de honraria! Ele tem é sorte de estar vivo! Não terá tanta sorte da próxima vez!

O padre se surpreendeu, pois ignorava o flerte de José Nuno. Se assim fosse, Cristiano estava no direito de defender sua família. Júlio Orestes ficou desconcertado com a revelação, pois demorou a responder:

— Quero que saibas que eu dei santuário a ele! Venho pedir que permitas o restabelecimento do rapaz em segurança e na paz de Deus. Ele não conseguiria viajar nas atuais condições!

Cristiano conhecia as regras de santuário. Um homem perseguido, que fosse protegido pela Igreja, não podia ser atacado. Era um costume ancestral, nem sempre respeitado. Mas, como Cristiano pautava suas ações pelas normas da cavalaria, tendia a aceitar. Entretanto, ele impôs uma condição:

—Tu tens a minha palavra de que nada farei contra aquele homem. Mas, assim que ele esteja curado, quero que volte de onde veio, para nunca mais pôr os pés nesta terra!

Após pegar essa fiança verbal, Júlio Orestes fez um gesto de concordância e se retirou, com seus lentos passos de manco.

As atitudes de Cristiano geraram certa controvérsia na aldeia. Para a maioria, o fidalgo agira corretamente ao repelir um ousado galanteador, embora a surra fosse vista com reserva. Muitos achavam que ele não precisava chegar a tanto, porque bater em um deficiente, de surpresa, por trás, soava como algo indigno.

Cristiano não fez caso dos comentários e seguiu com a vida, esperando que José Gonçalves partisse tão logo fosse possível. O esposo de Inês respeitava as normas de santuário, mas começou a ficar impaciente com a notícia propalada de que a recuperação de Gonçalves estava sendo mais lenta do que o esperado.

Quando duas semanas passaram, Cristiano resolveu tomar providências e lançar um ultimato ao protegido do padre.

Contudo, não teve de tomar sozinho essa atitude, porque nesse dia, seu pai e o conde Juan de Extremadura apareceram. Traziam novas debilidades e feridas. A América não os havia poupado, mas também não conseguira matá-los.

Já próximos ao armazém, os cavaleiros viram Ísis sustentando o avô. Leão Lopes balbuciou algumas palavras, quase incompreensíveis, mas a menina, tendo prática na tradução, conduziu o avô para dentro. Leão Lopes estava agitado e, com natural dificuldade, avisou aos parentes sobre os recém-chegados.

Inês foi até a porta e se certificando da realidade da situação, voltou a entrar, muito irritada. Ela tinha ideia do que aqueles homens significavam. E, presa ainda às velhas mágoas, sentiu que lhe faltavam forças para encarar o sogro novamente.

Cristiano também ficou extremamente desgostoso, pois aliou esse retorno às notícias de guerra na África.

No entanto, lembrou-se de suas promessas e conformou-se. Na verdade, não tinha saída. Esperou estoicamente o pai na porta do seu comércio.

Os cavaleiros pararam e, sem desmontarem, circunvagaram o olhar, como se estivessem conferindo a estagnação do lugarejo.

Ao ver o filho bem disposto, no auge da forma física, Dom Fernando lançou seu sorriso mutilado e indagou, sem fazer qualquer discurso preparatório:

— Tu estás pronto para uma nova campanha?

Cristiano sabia que era uma pergunta retórica. Não havia outra resposta além da afirmativa. Mesmo assim, tergiversou:

— Pronto, meu pai! Contudo, há ainda algumas situações pendentes que preciso resolver!

— Tu falas de teu sogro? Nós o vimos! Pobre homem! Uma lástima! Está em ruínas! Um homem jamais deveria se tornar um inútil! Que razão, que glória há em se morrer desse jeito?

— Talvez não haja glória, meu pai! Mas para um homem honesto, há maior riqueza do que morrer rodeado pelos que o amam? – retrucou Cristiano. — Acho que isso é um tipo de glória!

Juan de Extremadura, que ouvia a conversa, calado, interveio:

— Ainda bem que levarás teu filho embora desta vila, Fernando! Mais um pouco e ele se tornaria um usurário!

Os dois homens riram com o insulto grosseiro, mas não deram tempo para que Cristiano se sentisse mal.

— Arruma tuas coisas ainda hoje! Partiremos amanhã rumo a Cádiz. Uma parte da frota vai aportar lá antes de seguir para a África! – esclareceu Fernando.

— Sim, meu pai! Mas como disse, há um assunto de importância fundamental que preciso resolver antes de partir, para deixar minha família tranquila!

— Se for isso... – replicou D. Fernando, remexendo em seu alforje e tirando um saco repleto de moedas de ouro. Jogou-as para o filho, explicando:

— Toma! É para a Inês e meus netos! Eu sei que ela nos detesta e entendo! Mas não desejo que eles passem privações durante a guerra! Leva! Cortesia de Felipe de Espanha!

Cristiano remexeu a bolsa e constatou, surpreso, que se tratava de uma enorme quantia em dinheiro. Muito além do que ele ganharia a vida inteira como comerciante.

— Meu pai! É uma soma exorbitante! Mas o problema não...

O cavaleiro, todavia, o interrompeu:

— É um dinheiro de sangue, filho! Muitos morreram na América por causa dele! Que agora sirva para a vida!

Cristiano mirou o pai, com certa compunção e disse:

— Teus netos agradecem!

O filho de Cristóvão de Braga ajeitou o tapa-olho, mostrando a pálpebra costurada, o que causou grande aversão a Cristiano. Com curiosidade, o nobre perguntou:

— Quantos são agora?

— Dois ainda!

— Não tiveste mais nenhum desde que voltaste? – e olhando para o conde, D. Fernando ironizou:

— Bem se vê que não puxou a mim, que devo ter filhos espalhados por cada porto deste mundo!

Cristiano esperou que o conde parasse de rir e disse:

— Na verdade, Vicente morreu. E eu tive mais um, o Jerônimo!

Os homens ficaram sérios imediatamente. Empertigados na montaria, mantiveram uma expressão fria de conformismo. O conde filosofou:

— Deus tem suas determinações!

— Mas o homem deve fazer o que pode! – rebateu Cristiano, de imediato.

Juan de Extremadura deu um meio sorriso e comentou:

— Teu filho foi bem ensinado pelo judeu, hein? Sempre tem uma resposta na ponta da língua!

D. Fernando concordou. Cristiano achou por bem avisar:

— Aliás, Caetano morreu também!

Fernando de Braga não pareceu ficar afetado com a notícia. Impassível, disse apenas:

— Estava previsto.

Caiu um segundo de silêncio. Cristiano aproveitou-se da pausa para continuar:

— Meu pai, não posso deixar como legado para minha família uma situação difícil!

D. Fernando estranhou:

— A que situação tu te referes?

Cristiano, então, contou para o pai, o problema com José Nuno Gonçalves. Os velhos soldados ouviram toda a história e decidiram ajudar. Sem perda de tempo foram até a igreja.

Cerimoniosos e com respeito, procuram o padre. Júlio Orestes recebeu-os um tanto esquivo, principalmente depois que se apresentaram como representantes de Cristiano.

— Em que posso ajudar-vos, meus filhos? – inquiriu o padre, após as saudações.

— Nós soubemos que o senhor dá guarida a um certo José Nuno Gonçalves! Filho do moleiro! – externou o conde, severo.

— É verdade! – respondeu o padre, secamente.

— Pois, exigimos a imediata saída dele desta aldeia, padre! – anunciou o conde.

— Sob qual autoridade expressa essa exigência, tão distante das leis de Deus e dos homens?

D. Fernando, que conhecera o padre em dias menos turbulentos, intrometeu-se, advertindo:

— Sob a autoridade da honra! Meu filho partirá conosco para a África e não pode deixar a família desprotegida, a mercê de um revide ou coisa pior!

O padre pareceu compreender o ponto de vista daqueles homens, porque fez um gesto significativo de aquiescência e disse:

— Os gentis cavalheiros podem ficar despreocupados. Eu empenhei a minha palavra a respeito desse assunto! Todavia, o coitado ainda não pode andar direito! Mas tão logo esteja restabelecido, ele irá embora! Já me garantiu que tem em vista o trabalho de grumete em navios que demandam à América!

Os dois soldados, desconfiados como eram, entreolharam-se. Não sabiam se podiam confiar na palavra do padre e ainda menos na de um canalha. Todavia, analisaram a situação e concluíram que não havia outra solução, exceto se apelassem para a desonra. Então, após algumas explicações supérfluas de Orestes, se deram por satisfeitos.

Agradecendo ao padre, pediram uma última bênção para a empreitada expedicionária e voltaram para sossegar Cristiano. Se eles tivessem noção de quem era Júlio Orestes, não teriam pedido a sua bênção. E ainda menos teriam acreditado na palavra dele.

Capítulo Terceiro

ALCÁCER QUIBIR

Para os padrões da época, a expedição de D. Sebastião era grandiosa. Embora não conseguisse a ajuda esperada de Felipe II, o rei de Portugal obteve de seu tio a permissão de recrutar tropas nos territórios sob suserania dos Habsburgos espanhóis.

Cético quanto ao proveito das guerras africanas, Felipe II se ocupava mais em consolidar suas posições dentro da própria Europa do que se lançar em aventuras de além-mar. Mesmo assim, para Felipe II o arrojo de seu sobrinho poderia trazer lá suas compensações. Se D. Sebastião vencesse, o perigo turco seria afastado. Se perdesse, o reino de Portugal poderia cair em suas mãos, pois D. Sebastião não tinha herdeiros diretos.

D. Sebastião, todavia, não pensava em derrota. Além da nata da nobreza lusitana, ele contava com o apoio de mercenários italianos, cruzados castelhanos, oportunistas alemães e aventureiros de todas as nacionalidades. Portanto, as tropas portuguesas e do pretendente marroquino ao trono, Mulei Mohamed, eram uma verdadeira multinacional da guerra.

Enquanto as forças lusitanas concentravam-se na cidade de Lagos, no sul do Algarves, os súditos de Felipe II partiam de Cádiz. Foi ali que D. Juan de Extremadura reencontrou velhos companheiros, dispostos a lutar pela coroa portuguesa contra os árabes e seus aliados turcos.

A junção de forças se deu na África. Apesar do fervor religioso, D. Sebastião era inexperiente em comando e pouco afeito a conselhos. Desprezou as ofertas de paz, bem como as orientações de seus generais.

Abandonando as áreas costeiras, que podiam ser abastecidas pela frota, internou o exército pelo interior, esperando lá encontrar o debilitado sultão do Marrocos.

Abdel Malik, que era tio de Mulei Mohamed, estava então muito doente e propenso a negociar. Quando percebeu que D. Sebastião não pensava em paz e vinha promover uma guerra santa, acendeu em seus homens a chama da Jihad[29]. Notavelmente, conseguiu a adesão dos degredados andaluzes[30], que, perseguidos na Espanha, sabiam o que esperar em caso de uma derrota de Malik. Não haveria perdão para renegados como eles.

Com isso, Malik arregimentou um exército ainda maior do que o lusitano e esperou o invasor em uma região chamada Alcácer Quibir, um sítio cortado por dois pequenos rios, que naqueles dias encontravam-se em pleno transbordamento.

Após certa dificuldade, os lusitanos atravessaram os caudais, levantando acampamento com a confluência dos rios às suas

[29] Jihad: Guerra Santa.

[30] Degredados andaluzes: na época, existiam no sul da Espanha, comunidades árabes, que ao se rebelarem contra as ordens religiosas de Madri, foram perseguidas, massacradas e expulsas do país.

costas, o que taticamente demonstrava ou a excessiva confiança do rei português na vitória ou o seu despreparo, já que a presença dos cursos d'água impediria uma retirada, se isso fosse necessário.

Pela manhã de 4 de agosto, começaram as hostilidades. Enquanto o exército lusitano formava em quadrados, o árabe organizava-se em meia lua, com os flancos debruçados sobre as alas cristãs. Era uma concepção tática antiga, conhecida desde as guerras púnicas.

D. Sebastião desprezou esse evidente talento dos adversários. Ele acreditava mais no sobrenatural do que em manuais militares. Permitiu que a cavalaria ficasse inerte nos flancos, enquanto que as suas melhores tropas, os aventuros[31], se posicionaram no centro, pouco atrás da primitiva artilharia de campo.

Cristiano manejava um arcabuz no esquadrão dos aventuros. Soldados profissionais, veteranos de várias batalhas, esses homens eram corajosos e deveras respeitados. Como elite guerreira, não se afetaram quando os artilheiros turcos, a serviço de Malik, passaram a alvejá-los, produzindo mais fumaça do que baixas.

Estimulados ao revide, os aventuros se lançaram à carga, disparando os arcabuzes e pondo em fuga a infantaria leve de Malik.

Tratava-se no entanto, de um engodo, porque centenas de metros à frente os mouros pararam, voltando a cerrar fileiras. Os aventuros se viram isolados, sendo que as outras partes do exército português ficaram para trás, imóveis. A cavalaria moura, maior e mais eficiente, ameaçava um ataque de flanco, de modo que o centro português não se mexeu, deixando a vanguarda entregue à própria sorte.

Juan de Extremadura percebeu que algo estava errado quando o comandante dos aventuros, Cristóvão de Távora, ordenou que parassem de avançar, porquanto a força corria o risco de envolvimento.

[31] Corruptela de "aventureiros".

— Com todos os diabos! – blasfemou o conde. — Por que el rei não ataca?

— Os mouros malditos vão nos contornar! – comentou D. Fernando. — Eles já perceberam! Olha! Esquadrões de cavalaria!

De fato, no horizonte, surgiam, a galope, lanceiros árabes, investindo sobre os aventuros. Esse ataque levou pânico aos da retaguarda, que se sentiram perdidos.

Fustigados por todos os lados, os aventuros começaram a perder a coesão. As últimas fileiras fugiram desordenadamente, abandonando os companheiros mais avançados.

Os árabes se aproveitaram disso para lacrar as rotas de fuga. Cunhas de cavalaria cortaram a retirada, enquanto os infantes espremiam ainda mais a tenaz que lentamente se fechava.

D. Fernando sentiu que era o fim. Decidiu morrer com glória. Gritando para o filho adotivo que estava ao seu lado, externou esse sentimento:

— Quem cai por Cristo entra de cabeça erguida no paraíso! Coragem, meu filho!

O marido de Inês notou que a situação crítica só tendia a piorar, pois os árabes revezavam as hordas de ataque, fazendo rarear as fileiras dos que se defendiam. Não havia possibilidade de socorro.

D. Sebastião continuava paralisado, vislumbrando a derrota iminente dos seus melhores soldados.

A fumaça da pólvora cegava portugueses e árabes, o que dava um pouco de fôlego aos defensores, que já tinham visto sucumbirem os comandantes. Vários cavalos, despojados de seus donos, andavam a esmo pelo campo, o que deu a ideia a alguns infantes de se apossarem deles e tentarem um rompimento.

Juan de Extremadura era valente demais para fugir, mas começava a desanimar das possibilidades de sobrevivência. No momento em que articulava esse pensamento, notou que D. Fernando caíra da montaria, atingido por um tiro. Só aí então, o conde entendeu que a destruição estava próxima.

Cristiano largou o arcabuz e correu até o pai, que no chão, ainda estimulava os últimos combatentes.

— É o fim, filho! Estou perdido! Mas salva-te e volta para casa! Eu vivi como quis e morro segundo a vontade de Deus!

Cristiano, naquele instante de aflição, ouvindo o zunido das setas e projéteis que cortavam o ar, argumentou:

— Não, meu pai! Nós vamos te tirar daqui!

— Não, não! Seria inútil! Estou perdido! Corre! Pega o meu cavalo e tenta escapar! Tu és um bom filho! Tenho orgulho de ti! Mas, quero pedir-te um último favor! Não me negues agora!

E, arfante, D. Fernando de Braga sacou um punhal da cinta, mostrando-o ao rapaz:

— Enfia-me no coração, porque dessa laia maldita não quero nem sequer a mercê de uma boa morte!

— Pai... Não!

E trincando os dentes, atormentado pelo desespero, D. Fernando ainda perguntou:

— Por que demoras? Queres me ver prisioneiro dos turcos?

Juan de Extremadura, que acompanhava o diálogo como podia, entendeu o que o amigo pedia, apesar do barulho ensurdecedor da refrega.

E dando um último grito, um grito que lhe escapou como um suspiro do fundo da alma, D. Fernando disse:

— Juan, salva-o!

O conde fez um gesto de concordância e ao mesmo tempo repetiu a ordem para que se realizasse o último desejo de D. Fernando:

— Acaba logo com isso!

Retirando a couraça do pai, Cristiano abraçou-o e puxando-o para si, cravou a adaga no meio do peito, até o cabo.

D. Fernando esticou-se como um animal abatido. Do olho sadio pulou uma lágrima e embora não pudesse falar, intimamente agradeceu ao filho por livrá-lo dos tormentos turcos. Lembrou-se na hora de quando retirara aquele menino tímido do feudo de seu pai e levara-o até o Algarves, para ser educado por Caetano Coelho. Foi uma lembrança suave e derradeira. Então, tudo se turvou e a consciência do guerreiro apagou-se em um sono de agonia e dor.

Independentemente disso, a batalha prosseguia. Juan de Extremadura segurou pelas rédeas o cavalo que pertencia a D. Fernando.

— Monta, Cristiano, monta! – disse ele. E, virando-se para o que sobrara dos aventuros, falou:

— Quem puder, que pegue um cavalo! A peleja está perdida!

Imediatamente, os homens começaram a buscar os cavalos dispersos pelo campo de batalha. A maior parte pertencia aos árabes, que se preparavam para uma investida final. Uns poucos aventuros formaram uma pequena esquadra de cavalaria. Quando viu que reunira um grupo suficientemente forte para romper as linhas mouras, o conde explicou o plano para os rapazes que tinham se adensado, instintivamente, em torno de si:

— Há uma brecha, ali, a nordeste! Se galoparmos rápido, talvez consigamos escapar! A poeira nos acobertará! É a nossa única chance!

Todos concordaram. Era uma ação irracional, mas com um pouco de sorte, podia dar certo. Seguindo o conde, os cristãos avançaram em disparada.

Os restos destroçados da infantaria dos aventuros debandaram em seguida para o corpo principal, em um diminuto espaço no qual a totalidade do exército português agora se comprimia, sem a menor possibilidade de escapatória.

D. Sebastião não quis se entregar. Embora inepto como comandante, tinha grande valor pessoal. Liderando uma carga de cavalaria, foi abatido com a maioria dos seus. Pisoteado pelos animais, ficou-lhe irreconhecível a face, o que deu margem à especulação de que sobrevivera. Muitos fidalgos cristãos viram a morte do rei, mas se recusaram a admiti-la por medo da desonra de não terem sacrificado a vida pelo seu senhor, conforme preconizava o código da nobreza.

A derrota portuguesa foi absoluta. No espaço de cinco horas, um exército inteiro foi aniquilado. Milhares de nobres terminaram prisioneiros e se pagou um alto preço pelo resgate de cada um deles. Os menos afortunados tornaram-se escravos nas galés ou nas fortificações africanas.

Mulei Mohamed, o aliado de D. Sebastião, também não sobreviveu, pois se afogou ao tentar fugir pelo rio.

Abdel Malik igualmente não pôde usufruir a vitória. Morreu em pleno combate, esgotado pela doença que há tempos lhe castigava o corpo.

A batalha dos três reis, como ficou conhecida entre os marroquinos, terminou com a morte de todos eles.

Ironicamente, quem mais lucrou com a guerra foi quem dela não participou: Felipe II, que, se perdeu um sobrinho, em compensação ganhou um reino, pois Portugal caiu sob seu domínio, dois anos depois.

Capítulo *Quarto*

PRISIONEIRO

Dos vinte homens que se arremessaram loucamente sobre o campo árabe, apenas treze conseguiram fugir, sendo que um destes morreu um dia depois, em virtude dos ferimentos recebidos.

Apesar da derrota e do massacre que se sucedera, Juan de Extremadura estava satisfeito. Afinal, ele sobrevivera para lutar outro dia.

Contudo, um problema mais imediato chamava-lhe a atenção. Adentrando por território hostil e ignorado, sua tropa estava privada de suprimentos e em especial de água. Para piorar, um destacamento árabe seguia no encalço deles, sem medo e sem pressa. Os mouros sabiam que, ao avançar para as montanhas, os cristãos ficariam, inevitavelmente, cada vez mais próximos do deserto e, por consequência, mais longe da salvação.

De fato, após três dias, as últimas bicas desapareceram e os indícios de civilização foram rareando, de maneira que a fome e a sede se tornaram uma ameaça constante.

O cavalo mais debilitado dentre todos foi sacrificado para que a fome fosse saciada. Como paliativo para a sede, os homens beberam o sangue do animal, mas as altas temperaturas e a desidratação constante renovavam a secura na boca e na garganta.

Nessas condições, seria natural que Juan oferecesse termos de capitulação. Mas, o conde era teimoso e fanático. Não permitiria a rendição, mesmo que o seu orgulho levasse os companheiros à destruição.

Por sorte, os lusos encontraram um poço, próximo a uma aldeia de pastores. Após saciar a sede e roubar o que pôde dos pobres habitantes, o conde cometeu um crime inominável aos olhos dos árabes: ele matou uma cabra e esquartejou-a, lançando suas vísceras na cisterna, com o objetivo de envenenar a água e retardar os perseguidores.

O chefe mouro, cujo nome era Karim, chegou horas depois à aldeia. Avisado pelos pastores de que a água fora contaminada, amaldiçoou o líder cristão e se dispôs a não aceitar qualquer trégua. Conhecendo o terreno, Karim percebeu que os fugitivos tomavam uma rota inóspita, sem suprimento de água aparente. Apenas os montanheses e os batedores conheciam as nascentes que o semiárido ocultava.

O conde Juan via o perigo da situação. Esgotado o estoque dos cantis, o grupo em fuga se viu preso ao mais grave dos tormentos. Lentamente, os portugueses foram se livrando do equipamento pesado e inútil, deixando para trás uma trilha de escombros que até um cego poderia rastrear.

Karim, um homem sagaz, era dotado de grande dose de paciência. Ele ordenara à sua cavalaria que se aproximasse o bastante para ser avistada, mas não o suficiente para atacar ou ser atacada. Evitando as trilhas estéreis, o líder árabe buscava as cacimbas escondidas em ravinas e abastecia seus homens e animais, enquanto que os lusitanos ficavam, evidentemente, cada vez mais enfraquecidos pela marcha sob o Sol escaldante.

A tática de Karim pretendia evitar baixas desnecessárias entre os seus e minar o moral adversário. Então, no sexto dia, já certo de que os cristãos estavam desesperados, ele se adiantou, ultrapassando o inimigo, indo ocupar um tímido oásis que os portugueses acabariam, certamente, por avistar.

O conde percebeu, vislumbrando a poeira no horizonte, que uma parte da cavalaria árabe o contornara, colocando-se à frente, enquanto que o corpo principal permanecia à sua retaguarda, forçando-o a continuar. Juan sabia que os árabes manobravam para forjar um cerco vantajoso. Possivelmente haveria alguma água à frente. Mas àquela altura ele não tinha como reagir. Seus homens e cavalos estavam enfraquecidos demais para apostar uma corrida.

Instintivamente, Juan de Extremadura sentia que a hora decisiva soara. Empolgou sua cavalgadura resfolegante o mais que pôde e ganhou o alto de um cômoro; só para notar, ao longe, um rebanho apascentado na relva rala, enquanto que os árabes se posicionavam em frente ao poço salvador.

Acompanhado por onze exaustos seguidores, o conde debateu por rápidos instantes sobre o que fazer. Não que ele tivesse dúvidas. Seu destino estava selado. Não iria se entregar. E, por sua vontade, ninguém o faria.

Esmagados pela inferioridade numérica, exaustos por uma fuga sem fim, debilitados pela sede e pela fome; os portugueses não tinham chance alguma.

Mas, as recordações das atrocidades que os prisioneiros de todas as nacionalidades sofriam, nas inúmeras guerras que testemunhara, impediam o conde de implorar por misericórdia. Preferia acabar com tudo de uma vez, logo.

Em um gesto suicida, ordenou à esquadra que mantivesse o ímpeto, avançando contra os árabes. Flechas começaram a cortar o ar como o vento, penetrando em frágeis couraças, rasgando carnes. O conde sentiu algo lhe dilacerando o peito, uma, duas, três vezes. Ainda assim, pôde assistir quando um obstinado Cristiano passou por ele, em direção ao poço. Foi a última coisa que viu com clareza, pois a seguir, tombou para o lado, caindo na areia quente.

Todavia, a luta não terminara.

Dardos e lanças se emparelharam com o horizonte e foram derrubando os últimos cristãos, que atacavam com galhardia pueril.

O filho de D. Fernando sequer conseguiu se aproximar da água. Acutilado por lâminas de ferro, foi derrubado da sela e rolou pelo chão, abatido. Um jovem guerreiro árabe, o mesmo que enfiara a lança na sua virilha, se aproximou, decidido a dar cabo do inimigo.

Karim, avançando até o local, gritou:

— Não!

Um Cristiano entontecido mal percebeu quando o mouro, com o coto da lança, desferiu-lhe violenta pancada no rosto. O mundo exterior se apagou e ele não tinha mais certeza se estava vivo ou morto.

Rápida e pequena como foi, a refrega nem por isso deixou de ser sangrenta.

No campo, todos os cristãos jaziam mortos, feridos ou agonizantes. Nem um único conseguira escapar. Mas, Karim impediu que os feridos fossem exterminados. Movia-o não só a humanidade intrínseca, mas também o desejo de ganho. Afinal, prisioneiros sempre davam lucro.

Além de Cristiano, dois outros portugueses foram capturados e colocados em macas puxadas por cavalos.

Andando pelo campo de batalha, Karim ficou desolado com a estupidez do líder cristão. Apesar de não ter perdido nenhum homem, o chefe árabe lamentou a morte de tantos jovens indômitos.

Instintivamente, se aproximou do corpo de Juan de Extremadura. Este, apesar de muito ferido por flechas e golpes de lâmina, não estava morto.

Respirando com dificuldade, mergulhado em uma poça de sangue, Juan pareceu recobrar um segundo de lucidez. Ergueu-se o quanto pôde. Tirou o elmo e procurou em vão pela espada, sumida no calor da peleja. Olhou para o árabe com arrogância e disse:

— Não te peço nada! Nem clemência! Mata-me!

Karim não entendeu a linguagem bárbara do espanhol e pediu a um muçulmano andaluz, que estava por perto, para traduzir. O mouro assim o fez e, sem demora, Karim empurrou com a sola do pé o peito de Juan, cujo corpo estatelou-se no solo árido.

— Tu morrerás! – respondeu o marroquino. — Mas, não pela minha espada! Morrerás à míngua, velho insensato! Pois sacrificaste inutilmente estes jovens! E serás denunciado diante de Alá, pelas mortes que causaste!

O mouro andaluz voltou a efetuar a tradução. Desta feita, Juan não retrucou. Moribundo, já perdendo a lucidez, só pronunciou uma contraditória palavra:

— Água!

Ciente do que o cristão pedia, Karim autorizou a que se desse água para o conde. Em seguida, o batalhão árabe se retirou, deixando para as feras nove cadáveres, dentre os quais o do próprio Juan de Extremadura. Como todo aquele que vive pela espada, ele acabara morrendo por ela.

Depois de um tempo indeterminado, Cristiano acordou. O ambiente estava mergulhado em sombras. A penumbra era quase total; apenas uma réstia de luz passava por baixo da porta e por uma janela fechada, no alto do cômodo. O local era, evidentemente, uma cela.

Com a face dolorida, inchada, o esposo de Inês constatou que sobrevivera. Mas sentia-se fraco e mal conseguia se mexer. Quando tentou dobrar a perna, sentiu aguda dor.

Ouviu então uma voz familiar:

— Não te movas! Estás ferido!

— Álvaro?

O jovem aludido era um daqueles que tinham participado da batalha. Cristiano travara certa amizade com ele nos dias de fuga. Conhecia-lhe a voz, o nome e que era natural do Alentejo. Nada mais sabia sobre ele. Naquela obscuridade, mal podia ver-lhe o rosto, de maneira que Álvaro teve de confirmar:

— Sou eu!

— E os outros? – indagou Cristiano, em um tom débil. Só aí percebeu que estava quente, febril. Uma sensação desagradável, no quadril, perturbava-lhe o raciocínio. Levou a mão ao local e notou que havia lá uma faixa. A ferida fora tratada. Constatava isso, quando ouviu a resposta do companheiro:

— Aires está conosco! Muito mal. Creio que não escapa! Os outros morreram. Acho que só sobramos nós!

— Tu estás machucado também?

— De leve! Tive sorte. Só recebi uma pancada no peito e um corte no braço! Vou viver! Ou pelo menos espero!

Cristiano procurou se ajeitar o mais que pode. Gemendo de dor, recostou-se em uma parede. Sentou-se após algum esforço, no que foi ajudado pelo amigo de infortúnio.

— Onde estamos? Quanto tempo eu fiquei desmaiado?

Cristiano procurava concatenar os fatos em sua mente, para elaborar alguma conduta futura. Álvaro, na verdade, já esperava por tais perguntas. Esclareceu:

— Tu ficaste delirando por horas, meu amigo! Eu não sei direito onde estamos, mas suponho que seja na casa de um nobre, chamado Karim! Foi o que pude entender, pois não falo árabe! O mouro, porém, é pessoa de humanidade e de cultura, pois trouxe um médico para cuidar de nós!

Cristiano estranhou a conduta atípica de seu captor. Normalmente, prisioneiros feridos eram sacrificados sem mais delongas. Isso lhe dava esperanças de sobrevivência e de volta para casa. Ele ainda estava digerindo aquelas informações, quando Álvaro continuou:

— Esse médico é de Castela! Um judeu! Ele me disse que tu sobreviverás, pois a lança não chegou a te furar as tripas! Rasgou as carnes apenas! E quebraste o nariz! Já o Aires teve ferimentos internos! Está resistindo, mas piorou muito de ontem para hoje! Creio que não se salva! O bendito é corajoso, mas não se salva! Juro por Deus que não!

Remexendo-se sob gemidos e feliz com as boas novas de sua própria sobrevivência, Cristiano quis estudar mais acuradamente a situação.

— Esse Karim... O que ele quer conosco? Resgate?

— É o que penso! Só que não entendi nada das palavras dele. E o judeu não estava aqui! Tu falas árabe? Porque assim poderás perguntar diretamente!

— Falo um pouco! Meu professor me ensinou, mas já faz muito tempo! Esqueci quase tudo!

Uma pausa se fez e então Cristiano percebeu que estava sedento. Pediu água e o amigo a trouxe. Sentia-se fraco demais, de maneira que após beber, invencível sonolência tomou-lhe conta do ser e ele acabou dormindo outra vez.

Algumas horas depois, a porta se abriu, inundando de luz a cela umbrosa. Dois homens e uma mulher apareceram, embora mais pessoas guardassem a saída.

O homem de azul era Karim; Cristiano o reconheceu. Também deduziu que o velho era o médico, mas quanto à mulher de véu, não soube precisar de quem se tratava.

Sem dizer palavra, o médico se aproximou da esteira de Aires e ajoelhando-se, lhe tomou o pulso, que a esta altura estava bem fraco. Constatando que a morte se aproximava, meneou a cabeça para Karim, que, com um gesto sério, chamou dois servos. Estes retiraram Aires, sob os olhares atentos de Álvaro e Cristiano.

— O que acontecerá a ele? – indagou Cristiano em um árabe bastante imperfeito.

Karim pareceu agradavelmente surpreso. Olhou para o prisioneiro e retrucou:

— Será levado para um lugar mais arejado, para morrer em paz! Não é digno de um guerreiro morrer trancafiado em uma cela!

Cristiano não entendeu tudo, apenas que Aires seria levado para morrer. Todavia, percebeu que Karim era movido pela honra, não pela crueldade.

— Falas a minha língua? – indagou Karim.

— Um pouco!

— Ótimo! Será melhor para nos entendermos! – e, virando-se para trás, explicou:

— O doutor cuidará de ti! Tua ferida inspira alguns cuidados, mas viverás!

O médico, cujo nome era José (ou Yussef, para os árabes), adiantou-se e com gestos rápidos, retirou a atadura.

Um talho bem grande, de uns sete centímetros, que começava na altura da virilha e terminava próximo ao umbigo, estava suturado. Sobre ele havia um unguento, seco e cristalizado. As bordas do corte demonstravam sinais claros de infecção. O médico olhou, sem se abalar. Usando uma espécie de bisturi, raspou as partes endurecidas e então aplicou um líquido cheiroso, transparente, sobre os pontos. Era álcool. Cristiano se contorceu como uma cobra, por causa do ardor. Com um pano branco, Yussef limpou o ferimento. A seguir, pediu à mulher de véu, sua filha, que trouxesse um pote. Retirou dali uma pasta viscosa, aplicando-a sobre o centro do corte. Como sobrasse um pouco em seu dedo, passou o produto dentro da boca do prisioneiro, brincando:

— Bom, não?

Só então Cristiano percebeu que se tratava de mel. Contudo, o exótico tratamento não terminara. Sacando do alforje um pão podre, já verde, totalmente mofado, o médico triturou-o com as mãos, tendo o cuidado de espalhar os fungos nas estrias infeccionadas. A seguir, enrolou a barriga com faixas, encerrando o procedimento. Por fim, deu uma última olhada no nariz de Cristiano e exclamou:

— Em dois ou três dias estarás curado! Voltarei ainda para trocar o curativo!

Deixados a sós, os dois companheiros de infortúnio aproveitaram o tempo para se conhecerem melhor e se fortalecerem, pois receberam boa alimentação e até mesmo um pouco de vinho, decerto capturado aos portugueses e inútil para os muçulmanos. Lentamente, Cristiano se recuperou. A febre desapareceu e ele se sentia mais forte. Com isso, renasceu a esperança de rever Inês e as crianças.

No dia seguinte, Karim e Yussef reapareceram, trazendo consigo ásperas notícias:

— Vosso amigo morreu! – asseverou o médico, em castelhano.

Os prisioneiros não se comoveram. Karim logo se manifestou, falando algo que eles não entenderam. Yussef tratou de esclarecer:

— O nobre Karim vos autoriza a participar da cerimônia de sepultamento, desde que empenhem a palavra de que não empreenderão qualquer tentativa de fuga!

Álvaro e Cristiano se entreolharam. O filho de D. Fernando respondeu pelos dois:

— Tem a nossa palavra de honra!

Karim pareceu satisfeito. Com um gesto, deu-lhes passagem para fora. Cristiano foi rapidamente inspecionado pelo médico, que sorriu, satisfeito. A cura seria obtida. Ainda esgotado, o filho de D. Fernando teve de ser sustentado até o local de sepultamento.

Foi então que Cristiano verificou a riqueza de seu guardião. A casa era grande e servida por fontes de água corrente. O pátio externo abrigava uma dezena de cavalos de montaria da mais pura estirpe e alguns camelos carregados de mercadorias. As paredes da casa eram decoradas com arabescos e as portas em arco ogival indicavam modesto bom gosto. Na verdade, Karim era um homem rico e controlava rotas caravaneiras no sul e no Saara.

O corpo de Aires estava enrolado em um tecido de pano simples, mas tinha recebido um tratamento decente. Servos o sustentaram em uma padiola, levando-o até uma área retirada, na qual uma cova já tinha sido previamente aberta. Depositando o cadáver com respeito, os servos lacraram o sepulcro.

Ao fim deste ato, Karim cerrou os olhos e recitou uma prece, no que foi acompanhado pelo médico judeu. Os cristãos fizeram mentalmente a própria oração, embora mal conhecessem o defunto.

Cristiano estava espantado com o contraste cultural, pois aquilo era bem diverso do que esperava encontrar. Envenenado durante anos por um discurso de ódio religioso, só enxergava nos árabes homens selvagens, incapazes de gestos superiores. No entanto, Karim mostrava-se mais humano do que muitos líderes cristãos que conhecera, para os quais o sangue era o preço da derrota.

Ao terminar a cerimônia, Karim virou-se para os prisioneiros e disse:

— Vós sereis meus convidados esta noite, na ceia! Creio que assim poderemos nos entender mutuamente! Aliás, já providenciei alojamentos para vós outros! Doravante, sereis tratados como hóspedes e não como prisioneiros! Espero que sejais dignos de tal deferência!

Yussef traduziu o convite, enquanto os rapazes observavam Karim se afastar, passos seguros, em direção à própria casa.

A surpresa aumentou quando eles receberam roupas limpas e foram convidados a tomar um banho. Cristiano sequer se lembrava quando isso tinha acontecido antes. Álvaro confessou que nunca tomara um que fosse digno do nome. Os servos de Karim trouxeram navalhas e os cristãos puderam se barbear e tosar a cabeça, povoada por miríades de piolhos. A recomendação profilática era de Yussef. Ele temia que os parasitas causassem as febres comuns oriundas de suas infestações, contaminando as pessoas da casa.

A verdade é que os islâmicos achavam a higiene europeia muito deficiente. Para os árabes mais esclarecidos, a água era importante símbolo de pureza e eles, como povo do deserto, jamais deixavam de se banhar se isso fosse possível. Antes dos rituais de oração, praticavam a purificação com água, um costume absorvido dos antigos judeus.

Já mais asseados, os cristãos se apresentaram à mesa, com aquele que eles ignoravam se era um anfitrião ou um carcereiro.

Na grande sala estavam Yussef e alguns guardas, além do próprio Karim. Os portugueses foram convidados a tomar assento sobre almofadas e tapetes. O chefe mouro parecia feliz em impressionar os cristãos.

Falando bem devagar, para dispensar o uso de intérpretes, Karim começou a conversa:

— Vossos nomes?

— Eu sou Cristiano de Braga. Este é Álvaro Gusmão.

— Karim Al Saadi! – tornou o árabe, se apresentando. — E este é amigo da casa, Yussef Moneda!

Os rapazes balançaram a cabeça, manifestando agradecimento ao médico. Eles aguardaram a próxima pergunta, que não demorou a ser feita:

— Então... Estou curioso! O que vos levou a buscar a morte em terra estrangeira?

Desta feita, Cristiano se perdeu nas palavras, de maneira que Yussef teve de verter a ideia de Karim para o espanhol. Inseguro em usar o idioma árabe e preferindo que Álvaro participasse da conversa, o filho de D. Fernando passou a usar o castelhano. Isso seria proveitoso, pois lhe daria mais tempo para analisar as perguntas e pensar melhor nas respostas. E a questão de Karim era capciosa. Ele queria saber se aqueles rapazes estavam impregnados de fanatismo religioso.

Desejando ocultar uma verdade que poderia ser incômoda e perigosa, Cristiano procurou desviar o foco da conversa:

— Atendemos a chamados da honra! E tu, a que chamado atendeste para salvar a vida de inimigos?

Karim sorriu ao ouvir a tradução de Yussef. Notou que tinha diante de si um jovem de raciocínio rápido, hábil com as palavras.

— Não vos vejo como inimigos! Vosso rei era meu inimigo! E o sobrinho do meu rei era meu inimigo! Mas, vós outros, não! Vós sois apenas jovens entusiasmados com a possibilidade de uma aventura gloriosa! Contudo, como vistes, não há glória alguma na guerra! Apenas dor e lágrimas! Quanto a mim, estou já saciado de sangue! Se o vosso rei tivesse entendido isso, estaria vivo!

O tom de Karim era sério e seguro. Os rapazes notaram que o suposto antagonista era dotado de carisma e senso de justiça.

— Então, foi só por isso que poupaste a nossa vida? Para evitar dor e lágrimas? Se os homens pensassem assim, não existiriam guerras e todos poderiam viver como irmãos, a despeito das diferenças! – o sereno comentário de Cristiano foi fielmente traduzido por Yussef.

Karim manteve o olhar amendoado fixo no seu hóspede e sentiu por ele grande simpatia. Ambos perceberam, intuitivamente, que eram espíritos postados na mesma faixa vibratória.

— Diz o livro que aquele que salva uma vida, salva o mundo! – revidou Karim.

— E o nosso profeta diz que devemos amar o nosso próximo como a nós mesmos!

O mouro sorriu ao responder:

— Viste? As diferenças são feitas pelos homens, não por Alá! Os profetas guardam a verdade e todo aquele que crê com pureza de coração só usa a espada para defender os fracos da iniquidade e da injustiça!

Cristiano concordou com um gesto e logo a conversa ganhou tons mais amenos, com os rapazes apressados em comer, pois a mesa era tão farta quanto a fome. Todavia, a indagação sobre o destino que lhes aguardava rondava à mente e eles só ficariam tranquilos quando tivessem a resposta.

No final do jantar, Cristiano ousou perguntar:

— O que será de nós?

Karim, ao ouvir a tradução, observou o espaço vazio diante de si e apenas sorriu, enigmático.

Capítulo Quinto

FUGITIVO

Duas semanas transcorreram, sem que Karim se preocupasse em esclarecer a situação futura dos prisioneiros. Uma coisa era certa: o mouro pretendia ficar o maior tempo possível com os rapazes, talvez para conhecer a maneira de pensar dos inimigos, de seu país e de sua religião.

Aos poucos, Cristiano foi recordando o idioma árabe e assim dispensou a presença de Moneda. Karim e Cristiano passaram a discutir, em profundidade, as questões mais intricadas da filosofia humana. O árabe se surpreendeu com a noção de transmigração das almas, ideia que não constava de seu repertório cultural.

As explicações de Cristiano, porém, tinham de ser superficiais, quer por seu escasso conhecimento, quer pela dificuldade em transmitir abstrações em uma língua estrangeira que manejava mal.

Karim era um homem avançado para o seu tempo; um filósofo guerreiro que procurava entender as contradições humanas, as contradições do seu mundo. Por sua vontade, jamais deixaria

Cristiano partir. Tentava extrair dele o máximo de informações. Mas percebeu que dentro da alma do rapaz ardia implacável a chama da saudade e a necessidade do retorno. Assim, considerando que seu desejo não poderia ter prioridade sobre a justiça, deu aos rapazes a autorização para que voltassem para casa.

Cristiano ficou radiante; finalmente reencontraria Inês e os amados filhos. E agora definitivamente. Não teria mais conflitos para lutar. Era um homem livre; deixara de ser um vassalo da vontade alheia.

Todavia, quando Cristiano comentou com Álvaro a decisão de Karim, colheu uma resposta que, até certo ponto não foi surpresa. Álvaro Gusmão não quis ir embora. Isso porque ele se afeiçoara a Zoraide, a filha de Moneda. Durante a estada, ela servira como intérprete e se mostrara bastante receptiva aos flertes de Álvaro.

Cristiano percebera o fato, mas não ligou a isso maior importância, porque as barreiras religiosas decerto seriam suficientes para inibir a ambos. Mas Zoraide, que era viúva, acolheu as investidas do jovem com inesperada simpatia, de maneira que Álvaro confessou a Cristiano o seu desejo de permanecer.

Cristiano tentou dissuadir o colega, mas vendo que a decisão estava tomada pelos interessados, optou por voltar sozinho para Ceuta, entreposto português no litoral do Mediterrâneo.

As despedidas comoventes realizaram-se sob votos de felicidade e agradecimentos. Cristiano não tinha palavras para expressar a sua gratidão ao homem que lhe salvara a vida. Em um sinal de reconhecimento, fincou um joelho no chão e de cabeça baixa, pronunciou:

— Said[32] Karim, que Alá te abençoe e proteja! Se em algum dia eu puder ser-te útil, terás em mim um servo fiel!

[32] Senhor, em árabe.

Karim levantou o rapaz e, abraçando-o, despediu-se. Destacou dois guardas da casa para escoltá-lo até Ceuta.

No entanto, Karim jamais poderia supor que seus servos, Alef e Amir, tinham desenvolvido muda inveja contra os hóspedes cristãos.

Em particular, eles reprovavam o trato benevolente do patrão para com o infiel. Ao notarem que Cristiano ganhara não só a liberdade, como também uma certa quantia em dinares[33], encheram-se de rancor e desejo de praticar a própria justiça.

Assim, planejaram matar Cristiano para se apossarem dos seus pertences.

Como a perfídia quase sempre se fantasia de bondade, Amir e Alef foram simpáticos e cordiais. No caminho, conversavam em um idioma berbere, de maneira que Cristiano permanecia ignorante do destino que lhe fora traçado.

Inesperadamente, porém, surgiu uma divergência entre os guardas, porque Amir mudou de ideia, propondo não a morte, mas o cativeiro para Cristiano. Amir alegava possuir relações amplas com traficantes de escravos e a venda de Cristiano poderia render um bom lucro. Alef argumentava que tal empreendimento seria perigoso se Karim, de alguma forma, descobrisse o paradeiro do cristão.

No segundo dia, o debate entre os guardas acirrou-se. Cada qual expunha de forma incisiva o seu ponto de vista.

Cristiano ouvia a discussão atentamente e uma discreta desconfiança começou a brotar em sua alma, sobretudo quando decifrou uma frase solta, proferida por Amir:

"Não somos assassinos."

Suspeitando que Alef planejava um ataque noturno, Cristiano procurou ficar perto de Amir e dormir o menos possível. Contudo,

[33] Moeda árabe.

as exigências do sono se fizeram sentir após a marcha estafante de mais um dia. O jovem cristão cochilou levemente, mantendo a espada ao alcance e em uma posição relativamente bem segura.

Ao dormir, todavia, Cristiano mergulhou em um universo estranho e teve um sonho truncado, que mais se assemelhava a uma visão. Nessa visão, D. Fernando se apresentava, dizendo que ele deveria fugir dali, o mais rápido possível.

Cristiano não era imune a superstição e levava a sério as advertências dos mortos. Sonhar com D. Fernando o deixou ainda mais perturbado.

No dia seguinte, não houve discussão. Cristiano notou que a opinião de Amir prevalecera, o que o tranquilizou um pouco.

Relaxou e, desta feita, dormiu pesadamente. Contudo, sonhou com o pai adotivo uma segunda vez.

Parado, tendo atrás de si a fogueira, D. Fernando olhou fixo para Cristiano e disse:

— Por que tu não me escutas? Ouça-me, filho! Esses homens estão planejando a tua perdição! Deves fugir ainda agora, porque de outra forma, não voltarás para casa!

Naquilo que supunha ser um sonho, Cristiano fitava o pai com atenção. D. Fernando mantinha o porte ereto, a cicatriz marcante e o mesmo tapa-olho. Em nada diferia de sua aparência de vivo.

Acordando assustado no meio da noite, Cristiano entendeu que tinha de obedecer ao pai. Caetano Coelho o ensinara que sonhos são a porta de entrada para o mundo dos mortos; não deveriam ser desprezados.

Em um primeiro instante, pensou em matar os seus acompanhantes, que dormiam a sono largo. Mas achou não ser necessário. E também seria uma traição a Karim. Sua base de certeza era tênue demais para que ele praticasse dois homicídios.

Arrastando-se por entre os arbustos, desamarrou seu cavalo e esgueirou-se entre as sombras de uma noite sem lua. Sabia que se fosse para o norte seria inevitavelmente alcançado, apesar de ter cortado os estribos e as correias das selas de Amir e Alef, com o intuito de atrasá-los. Portanto, tomou a direção nordeste, em direção às montanhas Atlas. Sabia que assim poderia despistar os servos de Karim.

Isso nem seria necessário porque, tomados de surpresa pelo desaparecimento de sua vítima, os dois homens passaram a se recriminar mutuamente e quase brigaram entre si. Todavia, após notarem o dano em suas selas, desistiram da perseguição, pois concluíram que seria impossível alcançar Cristiano.

— Foi para as montanhas! – externou Amir.

— Está perdido! Ele não conhece as passagens e as fontes de água! – aduziu Alef.

— O que faremos? – perguntou Amir.

— Diremos a verdade ao patrão! Assim não seremos punidos! Quem poderia adivinhar que ele fugiria?

A resposta pareceu satisfatória, de maneira que os dois malfeitores, embora aborrecidos com a malograda tentativa, pegaram o caminho de casa, entregando Cristiano à própria sorte.

Contudo, diante de Karim, os dois servos ficaram receosos. Mudaram de opinião e contaram outra versão, a de que Cristiano se despedira deles às portas de Ceuta e voltara para casa. Dessa forma, Karim, tranquilo, nem sequer cogitou em enviar uma missão de resgate para salvar o amigo cristão.

E de fato Cristiano estava, nessa altura, bem necessitado de ajuda.

Perdido e, sem encontrar um passo para o norte, o rapaz começou a sofrer pela escassez de suprimentos. Apesar de economizar a água que lhe restara no cantil, o calor era terrível e o consumo tinha de ser constante.

Desidratado, encontrou algumas poças de lama com resíduos de água poluída. Foi impossível ao cavalo beber e não demorou que sucumbisse pela desidratação. Cristiano sorveu-lhe o sangue e deixou-o morrer, para retirar o que pudesse de carne. Encostado entre as rochas, sentiu-se desesperado. Completamente perdido, só lhe restava avançar para lugar nenhum.

Andou a esmo por mais um dia e chegou ao limite de suas forças. Todavia, contemplou algo semelhante a uma trilha. Reunindo o que lhe sobrara de energia, atingiu uma ravina, na qual beduínos apascentavam seus rebanhos.

Vendo-o, os berberes se aproximaram e, conforme o costume dos povos do deserto, não negaram ao estranho nem água nem comida.

Cristiano entabulou com eles uma conversação precária e os fez compreender que demandava Ceuta. Apesar de precisar do dinheiro para pagar um barco e cruzar o estreito, Cristiano lhes ofereceu alguns dinares. Os berberes[34] o levaram até a praça lusitana. Depois de uma jornada de quase sete dias, o deixaram nas proximidades da fortaleza. Agradecido, Cristiano se aproximou das muralhas, identificando-se como português.

Os guardas da cidade não se surpreenderam, pois muitos desgarrados do exército de D. Sebastião ainda vagavam pelo país e outros tantos tinham logrado a liberdade por resgate ou negociação.

E foi assim, um mês após a batalha e a morte do rei, que Cristiano, vencedor de todos os percalços, adentrou em território amigo. Ele pensava que aquele era o fim de suas misérias. Agora, retornaria para casa e tudo ficaria bem. Mas, ele não podia saber que acontecimentos outros estavam conspirando contra o seu ardente desejo de paz...

[34] Povos do norte da África, corruptela de Bárbaros.

Capítulo Sexto

A UNIÃO DO MAL

Durante a ausência de Cristiano, os problemas de Inês agravaram-se substancialmente. A saúde do velho Leão Lopes decaíra, indicando o fim para breve. O pobre burguês já não reconhecia a filha ou os netos. Ele perdera os restos de mobilidade, permanecendo acamado na maior parte do tempo.

Na verdade, o Espírito Lopes, temeroso de enfrentar a morte, agarrava-se desesperadamente ao corpo debilitado, prolongando a vida à custa de muito sofrimento. Se por um lado ele estava impossibilitado de manifestar suas vontades, por outro tinha pavor de atravessar a barreira do desconhecido. Prisioneiro de si mesmo, o pai de Inês não só evitava a ruptura final como também enchia a filha de estafante amargura.

Ísis ajudava a mãe a cuidar de Jerônimo e do avô, além de atender na venda. Evidentemente, por sua idade, a menina era incapaz de abraçar todas as tarefas impostas pelo cotidiano, o que deixava Inês sobrecarregada.

A situação piorou quando começaram a correr rumores pela aldeia sobre a catastrófica derrota do rei, em Alcácer Quibir e a destruição do exército português. As informações eram contraditórias, mas contava-se que nove em cada dez soldados tinham morrido em combate e que os sobreviventes eram resgatados a peso de ouro.

A falta de notícias deixou Inês acorrentada a uma incerteza angustiosa. A perspectiva da morte de Cristiano a enchia de pavor. Ela temia receber um mensageiro da desgraça, mas ficar ignorante sobre o que ocorrera era igualmente aflitivo. Na vertigem do desespero, Inês recorria à fé. Todavia, as preces não elucidavam as dúvidas a respeito do destino de Cristiano.

Nesses dias tão tristes, a filha de Lopes procurou a única pessoa que, a seu ver, tinha a possibilidade de se converter em um apoio: o padre Júlio Orestes.

Esquecendo a desavença com Cristiano, o sacerdote ajudou a jovem, a quem respeitava, porque, ao contrário do marido, ela demonstrara ser sempre uma católica fervorosa.

De quinze em quinze dias, Orestes ia até Lagos para ver se surgia alguma novidade. Inúmeras famílias, cujos entes queridos também tinham desaparecido no torvelinho da guerra, botavam fé nos contatos do padre, para angariarem uma única notícia que fosse. Nesse aspecto, apelavam para o homem certo, pois Orestes conhecia desde os nobres abastados até a escória mais abjeta da sociedade mediterrânea.

Particularmente, ele tinha amizade com traficantes árabes e inescrupulosos comerciantes ibéricos, que traziam da África cartas comprobatórias e listas com nomes e resgates fixados.

Apesar de a soma pedida ser em geral exorbitante, os parentes empenhavam os maiores esforços financeiros para libertar os cativos, vários dos quais se amontoavam nos cárceres imundos de Fez[35].

Orestes intermediou a liberdade de uma dúzia de prisioneiros, ganhando comissão a título de donativos. Dessa forma, além da ação humanitária, o padre juntava alguns rendimentos pecuniários. Ele não se importava muito com o fato de o dinheiro ser tirado de famílias paupérrimas. Para o mau clérigo, aquilo era juntar o útil ao agradável e, na sua distorcida moral, sentia tranquila a apagada consciência.

Também para um outro personagem desta história as coisas começavam a melhorar. O filho do moleiro, José Nuno Gonçalves, recuperara-se plenamente da surra e das feridas psicológicas.

Ao contrário do que ficara acertado, ele não abandonara nem a aldeia, nem as suas pretensões. Gradualmente, o rapaz tornou a se insinuar. Crendo que o marido de Inês já estava morto, ignorou a palavra dada, como se a honra fosse um disparate.

Despreocupado, voltou ao comércio de Leão Lopes com o falso propósito de se desculpar. Mais tarde, passou a fazer algumas entregas para o pai ou comprar ali as especiarias necessárias para a manutenção da própria casa.

Depois, começou a beber na venda, procurando assunto com Inês, cujo desânimo aumentava exponencialmente.

A moça se sentia sem forças para lutar contra as dificuldades do cotidiano. Solitária, procurava desesperadamente por uma mão amiga que a amparasse dentro do calabouço escuro no qual se convertera a sua vida.

Acresce que depois da derrota de D.Sebastião, a situação comercial e política do reino se deteriorou. Além da falta de dinheiro que assolava o país, Inês não tinha a destreza necessária para lidar com bêbados e fornecedores espertalhões.

[35] Cidade do Marrocos.

A dureza da vida prática não permite que sonhos floresçam em rochas e assim a jovem começou a procurar uma saída para a sua conturbada situação. Insegura, Inês viu em José Gonçalves um cliente que não podia dispensar por mero orgulho. E mais: ele poderia ser útil em caso de necessidade, ou seja, no caso de Cristiano ter, de fato, morrido em combate. Era evidente que nessa fase Inês suportava mal o peso do luto, o peso da solidão. Dessa forma, permitiu que Gonçalves se aproximasse sem o repelir, como seria de se esperar.

Todavia, coisa bem diferente do que ela imaginava acontecia a poucos quilômetros de seu lar.

Júlio Orestes, em suas visitas a Lagos, trabalhava com um frade capuchinho italiano, de nome Grazianni Benares. O ofício comum cimentou uma amizade sincera. Grazianni, um homem de bem, procurava fazer coletas para salvar umas pobres almas do cativeiro africano. O porto da pequena cidade recebia semanalmente barcos repletos de prisioneiros alforriados.

O frei era presença constante no ancoradouro. Seu intuito era o de ministrar o devido socorro material aos regressos. Grazianni Benares abrigava-os em um hospital improvisado até que alguém da família aparecesse. Era um pouso quase obrigatório, já que quase sempre os soldados voltavam esqueléticos e castigados.

Em uma dessas jornadas, Grazianni e Júlio Orestes notaram um navio português ancorado, o “Aurora”, em cujo mastro tremulava a bandeira negra da interdição sanitária.

De fato, um funcionário real alertou aos padres que o barco fora infectado por bexigas[36]. Os médicos alegavam que era uma forma benigna da doença, mais branda. De toda sorte, já havia custado cinco vidas aos debilitados prisioneiros. Para evitar que o

[36] Varíola, doença infecciosa, altamente transmissível.

mal se espalhasse pela cidade e pelo país, o navio fora submetido a uma quarentena.

Benares, que trazia no rosto as marcas da varíola, imaginava estar imune à doença e decidiu subir a bordo para levar remédios, mantimentos e prestar os devidos sacramentos espirituais.

Júlio Orestes, por sua vez, não tinha nenhuma proteção contra a moléstia. Todavia, seu fanatismo produzia alguns bons frutos, de maneira que decidiu acompanhar o amigo, escudado na obrigação religiosa e na proteção de Cristo.

Ele logo ficou impressionado com os odores pútridos que exalavam do convés. Enquanto Grazianni Benares avançava, intrépido, Orestes levava um lenço ao rosto, já arrependido da própria ousadia.

Os religiosos foram recebidos pelo capitão do navio e por um médico de bordo, que cuidava dos doentes. Ambos ficaram felizes com as provisões que o porto enviara, para garantir que nenhum doente desembarcaria do navio para buscar o necessário.

— Ainda bem que os senhores trouxeram esses cestos. Já estamos sofrendo de escassez! – esclareceu o capitão, dirigindo-se a Benares.

— Sim, sim! – retrucou o outro, ansioso em conhecer a extensão do problema. — E, quantos doentes o senhor tem no navio, capitão?

— Treze! Cinco em estado grave!

— Pobres diabos! Estes têm prioridade! Vamos vê-los!

O capitão concordou, mas não quis descer até o convés inferior. Foi o médico quem acompanhou os visitantes, esclarecendo:

— A doença nos atacou quando deixamos a África! Um degredado infeliz entrou como clandestino! E, logo que nos fizemos ao mar, a doença se manifestou nele, contagiando quase toda a equipagem! Apenas uns dez sujeitos escaparam! A maioria, como eu, já tinha contraído bexigas e não foi afetado! Seis morreram até agora!

— Disseram cinco! – corrigiu Orestes.

— Um morreu ontem à noite. O cadáver ainda está aqui! Os funcionários do porto não querem mais entrar no navio! Sugeriram que jogássemos o corpo no mar! Mas acho que seria um ultraje fazer isso!

Benares balançou a cabeça, concordando com o médico, mas sem muito tempo para dialogar, porque já estavam junto aos beliches dos homens. Convalescentes, sãos e enfermos se misturavam em um porão pouco arejado e fedorento.

Júlio Orestes se sentia assaz enjoado e desejava fugir dali imediatamente. A lanterna do médico dava ao ambiente um aspecto ainda mais acabrunhador e o mau cheiro completava a impressão de tumbeiro.

Orestes queria sair sem demora daquele sepulcro flutuante. Contudo, hesitou em demonstrar a extensão da própria covardia e, manquitolando, seguiu Benares, que dava as devidas bênçãos e o último sacramento para os moribundos. Mas a cabeça de Orestes começou a girar e ele sentia oscilar as tábuas do navio.

Foi no terceiro leito que Benares se acercou de um homem, cuja face estava horrivelmente marcada pela varíola e o corpo coberto por pústulas infecciosas. Orestes reconheceu-o na hora, mas demorou a aceitar a verdade.

Após orar rapidamente sobre o moribundo, Grazianni se afastou dois passos. Nesse instante, Orestes, deixando despencar o lenço, disse:

— Espera!

O padre se inclinou, para ter certeza de que o enfermo era realmente quem ele pensava que era. Apesar das sombras e das mudanças naturais decorrentes da moléstia e das privações, o padre viu que tinha diante de si o marido de Inês.

— Tu conheces este homem? – indagou Grazianni, admirado.

— Não! – mentiu Orestes.

Nesse momento seu mal-estar aumentou de forma significativa. Virando-se para o lado, teve a sensação de ver, em um ângulo obscuro, a figura pálida de D. Fernando a olhá-lo com severidade. Soube intuitivamente que se tratava de um fantasma e então sua consciência entrou em colapso. Sem motivo aparente, Orestes caiu, espalhando-se no chão entre convulsões incontroláveis.

Esse fato causou apreensão a Grazianni. Debruçado sobre o colega, esperou que cessassem os espasmos e pediu ao capitão para que Júlio fosse levado ao trapiche. Grazianni imaginou que a síncope fora motivada por uma suscetibilidade exacerbada.

Demorou pouco para Júlio retomar a consciência.

Grazianni perguntou se tudo estava bem e como recebeu uma resposta positiva, retornou ao navio para finalizar o trabalho.

Sentado no trapiche, sob o olhar curioso de alguns marinheiros, Júlio recuperava-se, enquanto seu cérebro trabalhava em uma velocidade desmesurada. A reaparição de Cristiano o afetara, mas não tanto quanto a visão sombria de D. Fernando.

Ele sabia que estava em falta com o fidalgo por não ter cumprido a palavra e mandado José Nuno Gonçalves embora. E aquela alma diabólica, tinhosa como era, certamente voltaria do inferno para exigir o cumprimento da promessa.

Júlio Orestes avaliava com extrema dificuldade o que ocorrera. Jamais vira um Espírito antes. E tinha certeza de que não se iludira ou se enganara. Aquele vulto não pertencia ao mundo dos vivos. A visão tinha sido tão nítida que lhe era impossível negar a si mesmo.

Algo receoso, esperou o frei italiano, pretextando que voltaria para a aldeia sem mais demoras, porquanto temia ser acometido por outro ataque.

Grazianni Benares entendeu a situação sem reprovar a atitude do amigo, que ele julgava intimamente ser filha da covardia. Antes de se despedir, porém, Júlio Orestes decidiu confirmar a sua suposição. Por isso, inquiriu:

— Frei, por acaso há no navio um capitão português, já de certa idade, de barba e tapa-olho, chamado D. Fernando? Procuro por esse homem!

Grazianni balançou a cabeça, negativamente.

— Não, não havia ninguém com essas características! Ao menos que eu tenha visto! Por que me perguntas? É alguém caro de ti?

— É o sogro de uma paroquiana, muito devota. Partiu para o Marrocos com o rei. – respondeu Orestes.

— Ficarei atento; se aparecer alguém assim, te avisarei!

O padre agradeceu e se despedindo do amigo, tornou à aldeia, apressado. Sua mente girava e ele não sabia bem como proceder. Decidiu que a primeira pessoa a ser informada daquele encontro deveria ser José Nuno Gonçalves.

Encontrou-o no moinho, trabalhando. Chamou-o à parte para ter um particular, distante dos ouvidos indiscretos de Antônio, o pai de José.

Embora estranhasse a visita, Gonçalves teve certeza de que se tratava de algo de seu interesse e foi inteirar-se do assunto.

— Pois não padre; a que vens?

— Trago notícia delicada para ti!

José Nuno Gonçalves ficou intrigado. Porém, já imaginava o que seria. Júlio Orestes confirmou-lhe as suspeitas.

— Tu sabes que tenho ido a Lagos por esses tempos?

— Todos aqui sabem, padre! Para libertar os nobres dos grilhões africanos! Porque dos pobres, poucos têm a quantia necessária para comprar a liberdade!

— Sim, sim! Mas isso não importa agora! – desconversou o padre, impaciente. — O que tenho a dizer-te é que Cristiano de Braga está vivo!

Gonçalves mordeu os lábios. Isso significava que teria de fugir da vila. Não poderia permanecer ali, sem santuário. Seria morto pelo fidalgo.

— Ele está na aldeia? – indagou o filho do moleiro.

— Não! Pegou bexigas e permanece no navio, em Lagos! O herege está a um passo da eternidade. Mas pode ser que, se os demônios interferirem, – e nesse instante o padre se lembrou, arrepiado, de D. Fernando — ele sobreviva.

— E Inês? Já sabe do fato?

O padre, quase sorrindo, deixou escapar uma expressão maliciosa. Ele imaginava que Gonçalves poderia, de uma forma ou outra, resolver a situação. Resolver, nesse caso, significava eliminar. Simplesmente por isso não espalhara a notícia. Satisfeito em instigar uma retaliação fatal, completou:

— Não, achei melhor não acalentar na alma dela uma esperança que pode ser vã! Mas, quanto a ti, meu filho, eu penso que deves ponderar bastante sobre o problema. Sabes que não posso mais te proteger! Terás de decidir por si mesmo se continuas ou abandonas a aldeia...

Gonçalves fez uma expressão marota e agradeceu:

— Padre Júlio, tu terás minha sincera devoção por toda a vida!

E com gestos de cortesia, os dois aleijados se afastaram, embora na realidade se aproximassem no planejamento da perfídia e do mal.

Capítulo Sétimo

CELSO DE BRAGA

José Nuno Gonçalves não ficou muito perturbado. A reaparição de Cristiano era de fato uma ameaça séria para sua segurança, algo para ser levado em conta. Todavia, ele já havia encontrado a resposta ideal para a questão em pauta.

O moleiro arquitetara um plano perfeito. Cristiano seria eliminado sem que ele tivesse de manchar a mão com o sangue alheio.

Pois a verdade é que pouco depois da partida do exército, apareceu na vila um nobre, vindo do norte. A princípio pensou-se que era um retardatário da expedição do rei.

Mas logo o povo percebeu que aquele homem de seus 28 anos, atrevido e violento, era egoísta demais para se engajar em uma campanha militar cujo objetivo intrínseco envolvia um alto princípio moral. Estava claro para todos que Celso de Braga desejava apenas se aproveitar das benesses de sua riqueza ancestral. E isso significava, necessariamente, tomar posse da pequena eira que pertencia à sua família.

Celso era neto de Cristóvão de Braga, o pai de D. Fernando. Portanto, ele e Cristiano eram teoricamente primos, embora jamais tivessem se visto antes. Tendo notícias de que o avô possuía aquele pedaço de chão no Algarves, e não vendo em Cristiano senão um bastardo insignificante, ele decidiu assumir uma herança que nenhum interesse despertara nos demais membros da família.

Para sua alegria, encontrou a eira abandonada, com o casebre de Caetano Coelho em ruínas. Apesar de deserdado em terras, Celso recebera do pai uma boa soma, cujos rendimentos permitiram a construção de um amplo solar. Ambicioso, o neto do falecido Cristóvão pretendia tornar rentável o pequeno feudo, expandindo o olival e criando gado de corte.

Celso se inteirou da situação de seu desaparecido primo e conseguiu, após uma generosa contrapartida financeira, que o padre lhe avalizasse o título de propriedade.

Com o dinheiro que tinha, trouxe serviçais do norte e se encastelou como o senhor das terras, por direito e de fato. Ele imaginava que o bastardo não voltaria da guerra. Mas, se voltasse, cuidaria para que fosse um retorno de efêmera duração.

Celso nem sequer cogitava disputar a propriedade com o primo. A melhor solução seria exterminá-lo de pronto, para evitar uma eventual demanda por direitos agora extintos.

Gonçalves, que prestava serviços ao forasteiro, percebeu pela conversa do fidalgo que ali estava, talvez, um futuro aliado. Assim, tratou de aumentar a intriga, afirmando ao jovem que Cristiano jamais desistiria daquele sítio. Pintou um quadro negro, rotulando o marido de Inês como um bárbaro agressivo que quebrara suas costelas por um ciúme infundado. José Gonçalves afiançou que todo mundo na aldeia poderia atestar o fato, inclusive o padre Júlio.

Impressionado com a ferocidade do suposto oponente, Celso perguntou ao sacerdote, após uma missa, se era verdade que Cristiano era um sujeito violento.

Júlio Orestes não só confirmou como também aduziu:

— E ainda por cima é um herege!

Convencido de que teria ao menos a omissão da comunidade, se assassinasse Cristiano, o neto de Cristóvão sugeriu implicitamente para Gonçalves e para o padre que aniquilaria o primo, caso ele aparecesse por aquelas bandas.

Ora, ouvir tal sentença de morte era o que o moleiro mais desejava. Assim, a primeira coisa que fez após saber sobre a presença de Cristiano no "Aurora", foi procurar Celso em sua eira.

Encontrou-o dando instruções aos peões da fazenda. Apesar de ter na mão um jarro de vinho, não parecia alcoolizado; apenas um pouco alegre. Recebeu José entusiasmado, como se estivesse vendo um amigo de muitos anos.

— Gonçalves, meu bravo guerreiro maneta! Como estás? Apeia homem e toma um copo conosco!

Dois peões, de aspecto marginal, deixaram à mostra um sorriso de escárnio, ao perceberem que o moleiro reagira com subserviência à ofensa humilhante.

José engoliu o insulto, embora retribuísse mentalmente a referência jocosa com palavrões ainda mais ultrajantes, homenageando com todos os adjetivos imagináveis a graciosa genitora de Celso.

Sua vingança veio a galope, com o sabor malicioso da revelação:

— Sinto, meu nobre senhor, mas o motivo da minha visita não é festivo!

Celso estranhou o tom daquelas palavras e mudou de postura imediatamente. Ficou sério e largou de lado o jarro que tinha em mãos. Perguntou, duro:

— A que aludes?

Sem nem ao menos desmontar, José Gonçalves observou, saboreando cada frase como uma doce retribuição ao fidalgo desalmado:

— O teu primo, nobre senhor! Retornou e está vivo!

O fidalgo pareceu empalidecer. Todavia, logo retomou o equilíbrio e observou:

— Tu o viste? Onde ele está?

— Não o vi pessoalmente, mas o padre Júlio o encontrou em Lagos. Está a bordo de um navio ancorado, o Aurora, que sofre quarentena por bexigas! – Nesse momento, José fez uma pausa como se ponderasse um pouco e concluiu, com alguma ironia:

— Talvez já tenha morrido, mas como o tinhoso tem lá suas artimanhas, é bem capaz que o danado resista um bocado e se safe desta!

— Mas não se safará de outra! – retrucou o fidalgo, raivoso. Gonçalves delirou de alegria. Ele sabia o significado de tal afirmação. Feliz com o efeito de suas palavras, ergueu os ombros, como se levantasse uma pequena dúvida. Esse gesto, insignificante em si mesmo, quase tirou o controle de Celso, que desejou matar Gonçalves também, por sentir-lhe a maldade e o prazer em questionar sua deturpada honra. Considerou, porém, que o moleiro seria útil no reconhecimento de Cristiano. Portanto, poderia precisar dele.

— Amanhã mesmo iremos para Lagos! Tu vais conosco! Terás um bom pagamento! Precisamos saber se meu primo vive! Esteja aqui cedinho!

E para estimular o moleiro, jogou-lhe um dobrão de ouro. Com a mão sã, Gonçalves pegou a moeda, mostrando que tivera destreza em outros tempos. Ele sorriu, balançou a cabeça e se retirou, extasiado pelo prazer de ferir o nobre arrogante e, ao mesmo tempo, condenar Cristiano à morte.

Celso dormiu mal naquela noite. Foi cercado por pesadelos que quase o fizeram desistir da empreitada. Ele vira uma sombra condenando-o, mas como sonhos se dissipam no ar, o alvorecer encontrou-o pronto para executar o primo. Chamou os dois ajudantes, Romão e Abelardo e partiu junto com o moleiro para Lagos.

Não era ainda meio dia quando entraram na antiga capital do Algarves. Eles dirigiram-se imediatamente ao pequeno porto da cidade e encontraram o Aurora ancorado entre dois outros navios, um dos quais também fora afetado por alguma peste.

Chegando a uma tasca modesta, os quatro homens começaram a colher informações mais precisas sobre a situação do Aurora e de seus tripulantes.

Receberam a notícia de que a infecção arrefecera e que se aguardava a liberação de desembarque para breve. Souberam também que não era possível entrar no navio, por medida de segurança.

Todavia, um frade italiano tinha livre trânsito entre os contaminados e costumava levar recados para bordo. Um dos clientes da tasca afirmou que Grazianni Benares estaria por ali naquele dia.

De fato, logo depois do almoço surgiu o irmão Grazianni. Apoiado em um bastão, rondava os comércios, mendigando todo o tipo de ajuda para os enfermos e para os que estavam em recuperação no hospital. No início, por piedade, o povo local tinha prestado auxílio. Agora o fazia com má vontade, por achar que não lhe cabia o ônus da desastrosa aventura do rei.

Interpelado por Celso, Grazianni se propôs a ajudar. Afiançou que conhecia Cristiano e que ele já estava quase são, pronto para ir para casa. Embora fraco e cheio de cicatrizes, sobrevivera.

Tal informação foi crucial para Celso, que se apresentara como primo desvelado, amigo do padre Júlio Orestes. Escreveu um bilhete para Cristiano e pediu o obséquio de que fosse entregue. Para animar o padre, deu-lhe uma moeda de prata, a título de doação.

Instrumento inocente, o frade levou o bilhete para Cristiano, que ainda acamado, pareceu surpreso:

— Não conheço esse homem! De onde ele veio?

— Disse que é neto de um tal Cristóvão. E que conhece Inês!

Cristiano, apesar de feliz ao ouvir o nome da mulher, ficou alarmado. O que esse sujeito tinha com Inês? O que ele fazia no sul? Quem era ele?

Eram perguntas que forjavam uma suspeita natural em relação ao estranho. Mas a perspectiva de voltar para casa superava a prudência.

De qualquer maneira, teve de esperar por quarenta e oito horas para ser liberado pelas autoridades sanitárias locais. Nessas noites, sonhou com D. Fernando. Contudo, pouco reteve na memória além de um sentimento sinistro, amargo.

Afastando de si a intuição negativa, Cristiano desembarcou. Foi inspecionado no trapiche uma última vez. Constatada a cura, ganhou a liberdade.

De longe, quatro homens em uma mesa conversavam, animados pelo vinho e entediados por uma espera que parecia infinita.

Erguendo-se sobre o tamborete, José Gonçalves cortou o assunto e exclamou:

— É ele!

— Certeza? – indagou Celso.

— Absoluta!

— Não me parece muito ameaçador! Parece mais um mendigo!

— Isso é obra da doença! Mas, ele logo vai se recuperar!

Celso deixou-se convencer facilmente. Pagou o moleiro, a ordenar:

— Volta para tua casa, agora!

Embuçando-se em um capuz, Gonçalves retirou-se, discreto, enquanto os outros se aproximavam de Cristiano. Depararam-se com um farrapo humano. Olhos fundos, pele sem viço e enfiado em trapos que mal lhe cobriam a nudez.

— Tu és Cristiano de Braga, filho de Fernando? – inquiriu Celso.

— Sim! – respondeu o outro, com voz pesada, rouca. Por um instante, Celso pensou que seria um risco inútil matar um homem que já estava tão próximo da morte. Mas afastou essa ideia, considerando que Cristiano poderia, eventualmente, se recuperar.

— Sou teu primo! Celso de Braga! Esses são Abelardo e Romão, meus servos! Fui eu quem te mandou o recado, há uns dois dias!

Cristiano estava tão debilitado que sequer estendeu a mão. Somente inclinou o corpo, em um gesto que misturava cortesia e agradecimento.

— O que fazes aqui? – indagou Cristiano. — Como conheces minha esposa?

— Vim para a guerra! E como a minha família tinha me dito sobre a tua existência no Algarves, resolvi passar na aldeia! Lá, Inês contou-me sobre o teu desaparecimento. Fiquei deveras aborrecido com a perda de um primo! Afinal, parente é parente! E como eu cobriria essas bandas, resolvi saber se tu estavas em algum dos navios que chegaram da África. Por sorte, o frade disse que te conhecia. Então resolvi te ajudar na volta para casa.

Cristiano, embora fraco, escutou a história com atenção. Semelhante abnegação não combinava com aquele homem. Escaldado pela provável conspiração dos servos de Karim e pelos sonhos com D. Fernando, desconfiou de uma mentira. Resolveu conferir e indagou:

— E as crianças, como estão?

— Estão ótimas e ficarão melhores quando souberem que o pai está vivo!

— Nenhum dos três adoeceu? Nem mesmo o Vicente? Tão fraquinho ele era...

— Não... Nem mesmo o Vicente. Ele está bem, ajuda a mãe no comércio...

O blefe de Cristiano dera resultado. Ele compreendeu que aquele homem faltava com a verdade. Ou Celso conhecia Inês muito mal ou não a conhecia.

Todavia, estava debilitado demais para discutir ou avaliar a real dimensão do perigo. Qual um zumbi, ele seguiu o primo, sem contestar. No íntimo, sentia sobre si uma certa ameaça, mas queria acreditar que aquele desconhecido não teria nem coragem, nem motivo para atacá-lo.

Cavalgaram por uma hora, passando por falésias abissais e praias espremidas por rochedos imponentes, nos quais o mar rugia, raivoso.

Então, quando a estrada se fez deserta e uma pequena dessas praias surgiu, Celso esboçou um sinal previamente combinado e Abelardo adiantou-se, segurando com força a rédea do cavalo de Cristiano. A seguir, um barulho de metal ecoou no ar.

Cristiano virou para ver o que era e deparou-se com Celso armado. Enfraquecido e sem qualquer proteção, ele não podia reagir ou correr. Sua única chance era argumentar. Foi o que tentou fazer:

— Por que isso? O que queres? Guarda a tua espa...

Todavia, um golpe vertical cortou-lhe não só a palavra. Apesar de tentar a esquiva, Cristiano não pôde evitar a lâmina, que lhe dilacerou o ombro. Atordoado, o marido de Inês caiu do cavalo, banhado em sangue. Sentindo-se esmorecer, viu o homem se aproximar, como outrora fizera o soldado de Karim, no poço do Marrocos. A similaridade da cena forjou em sua alma uma rápida comparação. Desta feita, porém, ousou perguntar:

— Desgraçado... Por que me matas?

Celso, que desmontara, aproximou-se e disse:

— Para que não venhas a reclamar de direitos que já não são teus!

E terminada a sentença, cravou a espada no coração de Cristiano. Este lançou um último olhar de acusação para seu algoz e então viu a realidade entrar em colapso.

A epopeia física do filho de D. Fernando se encerrara. Mas, do outro lado da vida, a trama ainda iria continuar por muito tempo.

Capítulo Oitavo

VIVENDO NAS SOMBRAS

Descrever o processo de desencarne nunca é exato, porque embora existam linhas gerais, cada pessoa o experimenta de maneira diferente.

Para o homem de bem, a ruptura final nada mais é do que um deleite, após um longo martírio físico e psicológico. Geralmente, aquele que atravessa a fronteira com a consciência tranquila, após o rápido processo de retrospectiva e a sensação de ubiquidade[37], nada tem a narrar além de um sono reparador, seguido de um acordar pacífico e sem agitação.

Os que morrem por esgotamento dos órgãos são ordinariamente assistidos por parentes e benfeitores, que tentam minimizar os efeitos contrastantes da transição.

Em casos classificados como naturais, o desligamento é gradual e se inicia no fluxo subatômico de energia, embora, do lado espiritual, seja mais facilmente observável no nível celular.

[37] Ou duplicidade, sentir-se em dois ou mais lugares ao mesmo tempo.

Nesse aspecto, as células perispirituais se separam das físicas, em um processo semelhante a da cissiparidade[38], a começar pelas extremidades do corpo, notadamente pés e calcanhares.

Em situações tidas como "normais", os despojos ficam com a maior parte dos núcleos patológicos, filtrando os núcleos saudáveis para o psicossoma[39], o qual, no entanto, carrega consigo os resíduos manifestos das doenças, demandando assim, tratamento nos hospitais do além.

Disso decorre que, mesmo em uma morte serena, o Espírito não se encontra totalmente recuperado, senão ao cabo de um determinado tempo específico para cada caso.

Considerando-se que a vontade é um dínamo a produzir energia psicossomática, os estados emocionais contribuem para acelerar os processos de cura do perispírito, porquanto as pessoas equilibradas apresentam níveis de morbidade e transtorno bem inferiores àqueles que chegam da Terra tomados pela revolta e pelo ódio.

Situação mais complexa é a dos que morrem sem que os liames entre corpo e alma estejam enfraquecidos pelo desgaste natural. Nessas situações, o desligamento é sempre mais difícil.

Mortes súbitas por violência, acidente, colapso orgânico e suicídio requerem atenção especial dos socorristas espirituais. Sendo a ruptura abrupta, a alma desvenda duas dimensões simultâneas e não tem certeza se está viva, morta ou se está tendo uma alucinação da qual não consegue escapar.

Em relação ao plano físico, as mortes inesperadas exigem tranquilidade daqueles que sofrem a perda, para que a alma desencarnante consiga romper os cordões fluídicos de maneira serena. O influxo energético lançado pelo apego excessivo dos que ficam

[38] Divisão celular.

[39] Corpo espiritual, o mesmo que perispírito.

na crosta pode alimentar sensações negativas no falecido, se ele se recusa a admitir a própria morte, resultando disso estados de confusão e desequilíbrio.

Em casos mais graves, Espíritos apegados, primitivos ou cruéis, que frequentemente temem o desconhecido, se agarram ao corpo morto ou escondem-se na inconsciência, dificultando e até mesmo impossibilitando que a alma seja extraída da crisálida carnal em um espaço curto de tempo.

Isso gera graves repercussões psicológicas, porquanto um Espírito agregado ao veículo físico inativo continua sentindo as manifestações das células orgânicas em decomposição. Esse pavoroso espetáculo dura até o momento no qual a alma, não suportando mais as sensações negativas do processo de putrefação, se retira, rompendo os grilhões da carne, naturalmente enfraquecidos, com um gesto violento e traumático.

Daí a necessidade de que equipes se encarreguem da ruptura das cadeias que mantêm a alma acorrentada ao corpo. Na mitologia clássica, os gregos, por meio de seus médiuns, conheciam o processo e chamavam genericamente de Parcas as entidades que desatavam os nós semimateriais, cortando o fio da vida.

Essa pequena e simplificada explicação do processo de morte, se faz necessária para que o leitor possa entender o que aconteceu a Cristiano no momento subsequente ao seu assassinato.

Ao constatarem a morte inequívoca, Celso, Abelardo e Romão decidiram de comum acordo livrarem-se do corpo. Arrastaram o cadáver até a praia e o empurraram para longe do quebra-mar. Não se preocuparam em esconder os despojos, porque, mesmo que fosse encontrado, dificilmente Cristiano seria reconhecido. E a julgar pela tradicional inércia das autoridades lusitanas, o crime jamais seria investigado.

Os três homens apagaram com pouco capricho os indícios do crime, espalhando e revolvendo a areia sobre os rastros de sangue. Feito o serviço, tomaram o destino de Faro, completamente despreocupados.

Contudo, passado o primeiro instante de atordoamento e eclipse de consciência, Cristiano despertou com o impacto na água. Do cadáver ainda emanavam as derradeiras sensações de agonia para o Espírito.

Confuso, o marido de Inês tentou se mexer, mas angustiado, verificou que sua vontade não exercia nenhum comando sobre o corpo. No entanto, ouvia o marulhar das ondas e enxergava através dos olhos semicerrados, assinalando o suave balançar das águas. Notou que não conseguia respirar e isso o deixou aflito. Mentalmente ele se debateu e, sufocado, começou a implorar por socorro.

Foi quando ouviu uma voz distante a exclamar:

— Acalma-te, filho! Vou te tirar daqui!

Sem saber como, Cristiano reconheceu que se tratava de seu pai. Nesse instante, algo inusitado ocorreu: o marido de Inês sentiu como se uma pancada partisse seu peito, na erupção explosiva de um raio. Nesse momento, ele pensou ter atravessado compacta muralha de vidros cortantes. Alucinado de dor, apagou novamente.

Segundos depois, recobrou a consciência. Viu-se estendido na praia, a olhar diretamente para o céu azul. Persistia aguda falta de ar e estranha impressão de ausência.

— Jesus, valha-me! – gemeu Cristiano.

— Por enquanto Jesus não vai te ajudar, filho! Temos de nos bastar sozinhos!

E a figura alquebrada de D. Fernando debruçou-se sobre o assassinado.

— Pai?

D. Fernando, apesar da gravidade da situação, tentou gracejar:

— Sou eu! Isso é bem diferente do paraíso celeste que eu te prometi, hein?

— Onde estamos?

— Na estrada da aldeia! Não muito longe da tua casa!

Aos poucos, Cristiano foi se acalmando. Virou-se para o lado e balbuciou, trêmulo:

— O que aconteceu?

D. Fernando conhecia a amnésia temporária que o transe violento produz e por isso não estranhou a pergunta do rapaz.

— Teus companheiros te traíram!

— Como assim? Eu estou... – o marido de Inês ia dizer "vivo", mas lembrou-se de que seu pai também morrera no Marrocos. Entendendo o que se passava, D. Fernando apontou para a água e disse:

— Lá está teu corpo! Tu foste assassinado por Celso de Braga, meu sobrinho!

Cristiano piscou três ou quatro vezes, como se analisasse com cuidado a informação. Atordoado, perguntou:

— Por quê? Eu nem sequer o conhecia! – agora as últimas lembranças vinham à tona. Cristiano recuperara a memória, integralmente.

Nesse instante, um homem trajando uma túnica de luz apareceu ao longe, trazendo a resposta. Era Caetano Coelho.

Pai e filho prestaram atenção no mestre. Calmo, ele se agachou ao lado do jovem e disse:

— Isso não importa mais, Cristiano! Terás o saber universal para perscrutar! Todo o conhecimento da obra de Deus te será facultado, se quiseres! Isso é o mais importante!

Após ouvir o professor, D. Fernando se adiantou, sério:

— Mestre, respeitamos a tua palavra, mas a verdade é que, assim como eu, Cristiano tem de empenhar as suas forças para proteger aqueles que são fracos e que estão à mercê de bandidos miseráveis!

O olhar de Caetano Coelho era tranquilo e ele retrucou:

— Assim como tu tentaste fazê-lo?

— Sim, eu tentei proteger o meu filho!

— Sem muito sucesso, pelo que vemos! Fernando, vosso mundo agora é outro! O que aconteceu aqui será cobrado pelas leis do Criador. Vós outros também tendes sangue de inocentes nas mãos! Estais assim, tão sem culpa, para exigirdes reparação?

— Isso é diferente! Não cometemos crimes! Estávamos em guerra!

— A guerra por si só é um crime, filho! Pouco importa o nome que damos às coisas! O mal sempre será um mal!

— E quanto a Inês e aos meus netos? Eles ficarão sujeitos à perfídia desses malfeitores, desses canalhas?

Cristiano, trôpego, se levantara e, embora entorpecido, tomou partido do pai:

— Mestre, não posso abandonar meu lar! Lutei muito para voltar, não vou desistir!

Caetano Coelho esboçou uma expressão de condescendência e falou:

— Filhos! Cabe lembrar de que a vingança não vos trará paz alguma, porque nunca sabemos realmente onde começa o erro!

D. Fernando abraçou o antigo judeu e replicou:

— Mas, sabemos onde ele vai terminar.

Caetano Coelho deixou transparecer um olhar de censura. Mesmo assim, abençoou os seus antigos alunos, qual faria um professor compreensivo a uma criança inconsciente.

— Esperarei por vós no Reino do Senhor!

E, assim dizendo, se afastou, perdendo-se entre as luzes cintilantes de sua alma evoluída.

Entregues à própria solidão, D. Fernando e Cristiano permaneceram em silêncio. Ainda desorientado, Cristiano indagou:

— O que faremos?

— Nós vamos voltar à vila! Há muitas coisas que tu precisas saber, meu filho!

Cristiano sentia-se fraco e sonolento. Quis deitar novamente, mas o pai tolheu sua intenção, amparando-o pelo braço e pondo-o para andar.

Como dois homens encarnados, eles se dirigiram para a aldeia. No caminho, Cristiano recheou o pai de perguntas, mas D. Fernando ofertou poucas respostas. Disse apenas que despertara após a batalha no campo, cercado por Espíritos, que como ele, vagavam perdidos e igualmente incertos quanto ao futuro. Do meio da multidão saíra Caetano Coelho e outras pessoas que não conhecia, e que procuraram levá-lo para algum lugar que ele identificou como o Céu. Contudo, recusara a oferta, pois se reconhecia culpado por muitos crimes e queria minimizá-los aos olhos de Cristo, salvando o filho adotivo, então em perigo.

Sem saber exatamente como, colocara-se ao lado do grupo de Juan de Extremadura e o seguira, desde então. Narrou um acontecimento curioso, quando da morte do conde. Ele vira, distintamente, entidades arrastarem o amigo para um ponto escuro e sumir com ele. D. Fernando explicou que eram antigas vítimas, dando o troco pelas inúmeras crueldades do conde. Quanto a ele próprio, julgava-se condenado a vagar pela Terra como uma alma penada.

Mesmo sofrendo com o seu purgatório particular, Fernando de Braga cuidou dos interesses do filho e viu que Inês enfrentava enormes dificuldades, sobretudo por conta das investidas de José Gonçalves. D. Fernando tinha quase certeza de que o moleiro estava envolvido no assassinato, pois rondara o porto e o Aurora, juntamente com o padre Júlio Orestes.

Colocado a par dos acontecimentos, Cristiano, meio esquecido de que morrera, esforçou-se para voltar para casa. A marcha cambaleante foi cortada por desmaios e paradas inesperadas. D. Fernando apoiou o filho como pôde e insistiu na jornada. Cristiano sentia-se estranho, machucado e enfraquecido.

A realidade e os sons à sua volta tinham adquirido tonalidades mais vivas, mais pulsantes. Mesmo o ar parecia menos denso quando respirava. Seus pensamentos, rápidos, atingiam o âmago da alma com uma vertigem inexplicável, transformando-se em sensações arrebatadoras.

Se ele pensava na dor, logo a sentia, como se recebesse uma violenta agulhada nos pontos nos quais fora ferido. Se ardia de raiva, um desejo ferrenho de vingança se assenhoreava de sua alma. Imediatamente, uma espécie de calafrio percorria-lhe a pele, eriçando os pelos do braço e produzindo sensações incômodas que se espalhavam por todo o corpo.

Ao observar as alternâncias de humor de Cristiano, D. Fernando disse:

— Cuidado com o que pensas, pois a resposta deste lado, é dada na hora![40]

[40] Sem a densidade pesada da matéria, o fluido vital, que transmite o pensamento e as emoções, circula muito mais rapidamente. O corpo físico torna lento, por assim dizer, o processamento das percepções. Sem esse bloqueio, a transmissão das vontades é acelerada. É por isso que certos Espíritos se manifestam de maneira tão descontrolada. De fato, sem a devida disciplina mental, muitos caem no desespero e na loucura, fato facilmente observável em qualquer processo de desobsessão. (Nota de Fénelon).

Cristiano compreendeu o que o pai queria dizer e continuou a viagem. Quase quatro horas depois, ainda entontecido e extenuado, ele viu D. Fernando parar diante da igreja e apontar:

— Ficaremos aqui! O padre nos dará as respostas.

Cristiano, sentado no chão, meneou a cabeça:

— Não pai, eu quero ver Inês e as crianças!

— Isso fica para depois! Tão cedo ela não poderá assinalar a tua presença!

O jovem desencarnado deitou-se na rua, apenas olhando para o alto, a analisar cuidadosamente a nova realidade com a qual se defrontava.

Os minutos passaram sem que Cristiano se sentisse melhor. Ao contrário, tinha vertigens constantes, relembrando o momento do golpe assassino e da traição que sofrera. D. Fernando confortava o filho e lobrigava os arredores, como se procurasse por alguém.

Na hora do poente, quando Júlio Orestes apareceu nas escadarias para trancar as portas do templo, um homem se aproximou, visivelmente esbaforido. Era José Gonçalves.

D. Fernando ergueu Cristiano e ambos se aproximaram no intuito de ouvir a conversa.

— Padre, trago novas!

— Quais novas, José? – tornou o padre, aborrecido. Gonçalves o irritava com suas conversas fúteis e constantes petições.

— Cristiano de Braga está morto!

Desta feita o sacerdote se dignou a erguer os olhos. A notícia era interessante. Coxeando, o religioso avançou para a porta, mas ficou do lado de fora do templo, para aproveitar o resto de luminosidade do dia.

— Tu estás certo disso? Como soubeste?

José tirou o chapéu maltrapilho e, segurando-o entre os dedos sobreviventes, explicou, com fingida humildade:

— D. Celso me contou hoje! Ele esteve no porto! O primo dele sucumbiu à peste! Pediu-me para que avisasse o senhor e os parentes!

O padre olhou desconfiado. Escolado nas artes da maldade, sempre reconhecia a mentira quando ouvia uma. Rebateu friamente, como se a informação pouco lhe valesse:

— Bem, que satanás o acolha! Um herege a menos! Teve o que merecia!

Nesse instante, Cristiano, ofendendo-se com tais palavras, irritou-se e quis partir para a agressão. Sua vibração negativa, porém, afetou não só a si, como também a Júlio Orestes, que sentiu profunda tontura e um grande mal-estar. Instintivamente, o padre levou a mão à testa, para afastar aquela súbita agonia. O gesto não passou despercebido pelo moleiro, que inquiriu:

— O senhor está bem?

— Sim! É só uma tonteira! Tenho tido muito disso ultimamente!

A explicação nem convenceu nem interessou Gonçalves, que prosseguiu, buscando atingir o próprio objetivo:

— Então, agora o senhor já pode declarar Inês viúva! Eu falo sobre isso todo dia, mas ela insiste que o marido está vivo!

Júlio Orestes fez um gesto de contrariedade, como se a coisa não fosse assim tão simples. Ele precisava confirmar a morte de Cristiano.

— Não diga nada à Inês! Eu o farei, assim que apurar melhor os fatos!

A resposta do sacerdote não contentou o moleiro, mas ele concordou em manter o segredo, mesmo porque sabia que uma notícia dessas dada por sua boca careceria de crédito.

No dia seguinte, bem cedo, Orestes partiu para Lagos, onde se encontrou com seu velho conhecido, Grazianni Benares. Dando o nome de Cristiano de Braga, recebeu a informação de que ele realmente fora liberado da quarentena dois dias antes. Benares acrescentou que certos membros da família tinham inquirido por Cristiano e, ao que parecia, o tinham levado para casa. Isso levou Orestes a perguntar:

— Esse parente não seria, por acaso, um homem chamado Celso de Braga?

Benares ergueu os ombros, a explicar:

— Talvez! Tu sabes, irmão, que muita gente passou por aqui! É difícil guardar na memória um nome! Mas, acho que é esse mesmo!

Agradecendo, Orestes voltou para a aldeia, quase certo de que Cristiano fora assassinado a pedido de Gonçalves, embora também fosse lícito concluir como opção viável que Celso de Braga tivesse providenciado a passagem do primo para as profundezas do inferno por interesse próprio.

Orestes ficou feliz com as hipóteses, pouco se importando com quem era o mandante. Afinal, a morte de Cristiano era conveniente para muitos. Para Gonçalves, significava a possibilidade de casar-se com Inês. Para Celso, permitia a validação de um título de propriedade altamente questionável. Para ele próprio representava a impunidade diante do confisco ilegítimo das terras de Caetano Coelho e o merecido castigo para os que ousavam desafiá-lo.

Ao conjugar tantas ideias, Orestes decidiu premiar o moleiro, cujas pérfidas intenções ele bem conhecia.

Naquela época, é bom frisar, as paróquias funcionavam como fóruns e cartórios civis nos pequenos lugarejos. Os padres locais tinham autonomia para exarar uma presunção de morte, admitindo que os herdeiros regulassem os interesses do extinto, salvo em caso de testamento predeterminado.

Isso incluía as esposas, que se tornavam automaticamente viúvas, permitindo-as assumirem novos compromissos matrimoniais; respeitando-se o decurso do luto, que em geral, durava de um a cinco anos após o proclamado falecimento do desaparecido. Evidente que em aldeias remotas essas leis eram mais consuetudinárias do que ordinárias e portanto, variavam em sua aplicação ao infinito.

Orestes fazia as leis locais. Sabia que, antes de tudo, precisava convencer Inês de que Cristiano realmente morrera.

Para isso, logo que chegou de Lagos, dirigiu-se à mercearia do velho Leão Lopes, então um homem moribundo, que vivia suas derradeiras horas terrestres. Ísis cuidava do avô como podia, auxiliando a mãe nos trabalhos da venda. Aliás, a violenta crise que se instalara com a derrota do rei, mirrara o comércio nacional, gerando uma retração econômica que levou à falência vários pequenos empreendimentos como o dos Lopes.

Inês se encontrava apavorada e se sentia completamente só, em um mundo hostil. O fardo que ela levava era pesado demais para o seu tímido coração. Solitária e infeliz, ela esperava a volta de Cristiano para que as coisas se normalizassem. Tão somente por isso ainda resistia às insinuantes investidas de Gonçalves. O amor que ela tinha por Cristiano era grande, ardente, sincero. Assim como o seu receio pelo futuro.

A lembrança do marido ardia-lhe na mente o tempo todo, mas ela não tinha como saber se ele estava vivo ou morto. No desespero, chegara a consultar Maria das Graças, cujas práticas ocultistas garantiram à jovem que Cristiano ainda vivia. Isso ocorrera antes do assassinato e dera esperanças a Inês, que se nutrira com a força necessária para repelir o moleiro.

Mas, Maria das Graças não poderia prever o conluio assassino e nem preparar Inês para as mudanças drásticas que viriam.

A filha de Leão Lopes estava no balcão quando viu o padre chegar, a cavalo. A expressão dele prenunciava problemas. Sem saber exatamente o motivo, Inês sentiu as pernas bambearem, pois Júlio Orestes quase nunca aparecia por ali, exceto para comprar vinho, uma vez a cada trinta ou quarenta dias.

Quando o padre apeou e, mancando, se aproximou, ela teve certeza de que receberia uma infausta notícia.

De início, porém, o padre nada disse. Apenas a olhou com falsa comiseração. Isso levou a jovem a indagar:

— O que foi?

Orestes meneou a cabeça, a externar:

— Sinto, minha filha, mas cheguei de Lagos agora e recebi a notícia de que o teu marido morreu de bexigas!

Inês despencou. Chorando, gemia agudamente. Ísis apareceu, trazendo Jerônimo consigo. Ao saber o que ocorrera, a menina abraçou a mãe e se pôs a chorar também.

Júlio Orestes não sabia exatamente o que sentia; se pena ou satisfação. Condoído, aproximou-se de Inês e disse:

— Acalma-te filha! Para todos os males Deus sempre oferece um refrigério para o coração! Jesus há de te amparar neste momento difícil!

O padre não podia imaginar, no entanto, que aquela cena era assistida por sombras que conheciam bem o que se passava em seu coração entorpecido.

Pois, a verdade é que no plano invisível, Cristiano observava a atitude do padre. Já no dia anterior ele se alojara na velha edícula com o pai, na tentativa de estabelecer um contato com Inês.

Contudo, nem ela nem as crianças tinham notado a sua presença. Apenas Lopes o reconhecera parcialmente, como em sonho, pois no seu constante desdobramento sonambúlico, apresentava lapsos de lucidez.

Ao sentir a cumplicidade do padre em seu assassinato, Cristiano gritou, jogando-se sobre o sacerdote. Entretanto, o máximo que conseguiu foi causar um novo mal-estar em Júlio Orestes, que imediatamente pensou estar sofrendo de uma desconhecida doença crônica.

D. Fernando, sabedor da inutilidade do gesto, empurrou o filho para fora e disse:

— Siga-me!

O rapaz, transtornado, acompanhou o pai, que se dirigiu para a igreja. Entrando por uma porta lateral, aberta, eles se depararam com um templo cheio.

Todavia, ali não encontraram fiéis ou visitantes encarnados. Aquelas pessoas eram almas confusas, iradas, tomadas pela revolta. Eram quase dez almas espoliadas em seus direitos pela arbitrariedade de Júlio Orestes. Roubadas, torturadas e assassinadas em nome da fé, queriam responder o mal com o mal. E por isso permaneciam na igreja, somente para emboscar o velho algoz.

Mostrando a multidão para o filho, D. Fernando comentou:

— Resigna-te! É aqui que começa a nossa vingança!

Capítulo *Nono*

A TRAMA DESMORONA

Na missa do domingo subsequente, o padre repetiu a mentirosa versão sobre a morte de Cristiano de Braga. O povo da aldeia lastimou o azar do rapaz, ainda que quase todos já soubessem do fato pela própria Inês ou por terceiros.

Dentre os poucos ali que conheciam a história real, estava Celso de Braga. Impassível, ouviu com frieza a fictícia narrativa do padre. O fidalgo desconfiava que Gonçalves tivesse dado com a língua nos dentes, insinuando algo perigoso.

Isso porque a farsa exposta no púlpito por Júlio Orestes foi ostensiva demais. O padre encheu Cristiano de elogios e detalhou seus últimos momentos, nos quais o moribundo, ainda no Aurora, pedia proteção divina e humana para a esposa e para os filhos.

Embora não tivesse confessado com todas as letras para Gonçalves de que matara o primo, Celso sabia que o induzira a esse pensamento. Afinal, Gonçalves vira o rapaz sair do navio vivo e são. Poucas horas depois, recebera a seca notícia de que Cristiano morrera. Prudente, Gonçalves evitara se imiscuir na embaraçosa situação. Por isso, nada perguntara na hora. Contudo, Celso conhecia-lhe a malícia e sabia que ele compreendera com facilidade o desenrolar dos fatos.

Realmente, José Gonçalves estava intrigado com a atitude de Orestes. Ele vislumbrava uma parceria entre o fidalgo e o padre para acobertar o assassinato. No fundo, temia que Celso desejasse obter o apoio do sacerdote apenas para destruir uma testemunha sem ter de enfrentar complicações. No caso, a malfadada testemunha seria ele próprio.

Sentindo-se enfraquecido pela nociva aliança, José Gonçalves decidiu voltar a Lagos para investigar melhor. Queria ter certeza de que Cristiano morrera e que o crime ocorrera por conta de Celso. Sem perder tempo, saiu discretamente da igreja antes mesmo do fim da missa.

Por sua vez, Orestes convenceu a todos de que a peste cobrara o seu tributo. Estava tranquilo, ciente de que Celso ficava a lhe dever favores que poderiam ser cobrados no devido tempo. Claro, desde que a morte de Cristiano ficasse por isso mesmo, o que seria de se esperar. Decerto, ninguém iria investigar o assunto.

Ao povo, portanto, só cabia lamentar a má sorte que caíra sobre a viúva, pela qual se deveria ter o maior respeito e compaixão.

Para atenuar eventuais suspeitas, o padre fez algo inusitado: chamou Inês e pediu-lhe que subisse ao altar, para que todos pudessem prestar as suas condolências.

Devido à saúde do pai, Inês nem sempre ia à missa. Celso de Braga também não era um assistente assíduo, de maneira que ele não conhecia Inês pessoalmente, porque nas raras vezes que fora à venda, Ísis o atendera. Em geral, ele despachava os capatazes para comprarem os víveres ou os gêneros de primeira necessidade.

Ao ver a filha de Leão Lopes, Celso de Braga sentiu um estremecimento. Apesar dos trajes pesados do luto apagarem um pouco o brilho da jovem, ele ficou imediatamente impressionado. Misturando-se aos fiéis, esperou que todos cumprimentassem a moça para transmitir os seus falsos pêsames.

Retardou-se ao máximo, para ser o último e ter uma apresentação mais regular. Com o basto chapéu sob o braço, aproximou-se, dizendo:

— Senhora, lastimo a morte de seu marido em tão trágicas circunstâncias!

Inês fitou o estranho com surpresa, mas mesmo assim balançou a cabeça, em sinal de cortesia. Anotando-lhe o embaraço, o padre interveio:

— Filha, este é Celso de Braga! É sobrinho de D. Fernando! Portanto, é primo do teu finado esposo!

Querendo parecer gentil, o fidalgo acrescentou:

— Mui estimada prima, a senhora pode contar com minha ajuda para qualquer eventualidade!

Inês sabia que as antigas terras de Caetano Coelho eram agora ocupadas por um membro do clã dos Braga. Ela perguntara a Cristiano se ele não tinha direito àquela gleba, mas como o marido jamais a reclamara para si, supunha que a posse de Celso de Braga era legítima.

A moça ouvira, na aldeia, comentários pouco airosos sobre aquele sujeito. Por isso manteve-se fria.

— Muito comovida em saber que sua senhoria tem interesse em ajudar. – disse a viúva, desconfiada com o tamanho da esmola.

— Claro! Afinal, parente é parente! – tornou Celso, repetindo a sua habitual frase.

Inês simplesmente inclinou-se, dando a entender que a conversa terminara. Despedindo-se dela e do sacerdote, Celso se retirou; meio desapontado, mas não vencido.

Na verdade, Inês tinha outras preocupações no momento. Não iria se incomodar com flertes absurdos. Seu pai piorava, e tudo levava a crer que estava com as horas contadas.

E de fato, Inês não se enganava em seus prognósticos.

Pois três dias após a missa, o velho Leão Lopes caiu em um coma irreversível. Por mais que o Espírito resistisse, o corpo, exausto, dava mostras de que a morte estava próxima. Numa tentativa desesperada e cara, Inês gastou seus últimos recursos para trazer um médico de Faro, que se apresentou apenas para dizer o óbvio: nada havia que pudesse ser feito.

Embora Leão Lopes fosse deveras amado pela família, Inês reconheceu que a luta terminara e que o descanso final era o melhor remédio para o seu esgotado pai.

Na madrugada de quinta-feira, Leão Lopes entrou nas vascas da agonia. Seu peito, sibilante, arfava em um movimento longo e vagaroso.

Júlio Orestes, por dever de ofício, ministrou-lhe o último sacramento e se postou na cabeceira da cama. Naquele típico contraste de almas intermediárias, o padre era capaz das maiores crueldades e igualmente praticava gestos nobres e abnegados. Por gostar de Inês, ele se sentia impelido a agir como convinha a um genuíno ministro da fé.

Mas, não só ele agia com desprendimento. Nesses dias, outra pessoa colaborou com Inês. Tendo em mira um romance, José Gonçalves procurou ajudar a viúva com desvelo. Apresentou-se como amigo da casa, disposto a confortar a jovem até o fim.

E sem que pudesse saber, Inês também era auxiliada pelo plano espiritual. Um grupo de socorro se instalara na casa, para desvincular Leão Lopes do corpo exânime. Dentre as entidades estava novamente Caetano Coelho, que vinha libertar o amigo das amarras materiais e convidar os pupilos desgarrados a retornarem com ele.

D. Fernando respondeu pelo filho e rechaçou a proposta. Ambos se postavam como espectadores e guardiões de Inês, mas ainda não tinham uma linha de ação planejada para se vingar de seus algozes. Eles não conseguiam definir bem a culpa de cada um dos envolvidos e por isso preferiam esperar, sem interferir no curso dos acontecimentos.

Naquela madrugada, eles observavam, curiosos, um plácido processo de desencarne. Era um espetáculo absolutamente inédito para os dois.

Eles assinalaram que o duplo espiritual do pai de Inês foi sendo solto aos poucos e com cuidado pelos amparadores. Quando os últimos laços foram cortados, Leão Lopes, desacordado e sem a menor noção de si, foi retirado.

Nesse instante, o corpo estremeceu sobre a cama. Ligeiras convulsões agitaram os músculos e um longo ronco, que assustou Ísis, se fez ouvir, enquanto os espasmos cessavam lentamente.

Insensível ao apoio extrafísico que recebia, Inês deixou pungentes lágrimas escorrerem pelo rosto, no reflexo do amor sincero que nutria pelo pai. Ela sempre o idolatrara e a sua ausência incutia nela um pavoroso medo do porvir.

Enquanto Júlio Orestes estendia um lençol sobre o corpo já sem vida, Inês olhou em torno. Viu apenas o filho, Ísis e o padre. Sentiu um enorme vazio, uma solidão sem tamanho. Seus irmãos tinham desaparecido. Seu marido morrera. Seus filhos eram ainda pequenos. O que lhe restava? Pouca coisa, mas ela tinha de viver para criar os meninos.

A situação financeira piorava a cada dia. Se a venda falisse, como seria? Na pressão do momento, o instinto de sobrevivência foi posto para trabalhar e ela raciocinou que precisaria da ajuda de alguém. Em especial de alguém que soubesse lidar com os negócios e que servisse como pai para suas crianças.

Imediatamente lembrou-se de José Gonçalves. Sim, ele lhe causava repulsa. Por isso só o suportava a contragosto. Contudo, era a sua única esperança. Ele poderia ser um arrimo seguro.

Inês mal captava as palavras de consolo do padre naquele instante. Ela se retirara para um outro mundo e nesse mundo não havia espaço para lamentações. Ponderava que esse novo golpe, em espaço tão curto de tempo, a deixava sem saída.

Apenas quando a mão de Júlio Orestes tocou-lhe no ombro é que ela saiu do transe em que estava.

— Ouviste, filha? – disse o sacerdote.

— O quê, padre? Desculpe, eu...

— Eu disse que vou chamar a dona Hercília para cuidar dos aprestos do funeral! Ela fará isso por ti!

A viúva saiu do seu estupor e replicou:

— Não, D. Júlio, não precisa. É meu pai! Cuidei dele em vida. Posso cuidar na morte!

O padre assentiu e, despedindo-se, foi para a igreja. Poucos minutos depois os sinos dobravam, avisando ao povo que o velho comerciante morrera.

O enterro de Leão Lopes foi realizado no cemitério local e praticamente toda a comunidade foi se despedir. Na aldeia, isso era uma obrigação, não uma homenagem. Mesmo porque Lopes suscitara, por sua franqueza rude, uma colmeia de desafetos.

Muitos o detestavam, outros o invejavam e vários deviam para ele. Poucos lamentaram sinceramente a sua morte.

Celso de Braga era do número dos que não lamentavam. Apesar disso, foi avisado e compareceu ao féretro. Fez questão de ajudar a prima com as despesas, o que muito a surpreendeu.

Por sua vez, José Gonçalves não desgrudava da viúva, demonstrando para todos que ele tinha ascendência sobre o coração da jovem.

Ora, Celso de Braga pensava justamente que por direito de linhagem essa primazia lhe cabia. O assassino agora entendia os motivos que tinham levado Cristiano a espancar o maneta, como sarcasticamente o apelidara.

A partir do dia do enterro, começou uma disputa silenciosa entre o fidalgo e o moleiro pela posição de pretendente oficial.

Ao perceber que o primo também lhe cortejava, Inês assumiu uma postura dúbia, embora se inclinasse mais para o lado de Celso. A jovem tinha o tempo do luto para esperar e decidir. Aos poucos, ela notou que não precisava se casar outra vez, já que conseguira sobreviver sem a ajuda do pai. Poderia muito bem continuar sozinha.

Mas, para Gonçalves, a sombra de Celso se fez sentir rápido e ele percebeu que perdia terreno para o fidalgo. Decretou, furioso, que não se conformaria com uma nova derrota e que usaria todas as armas plausíveis para eliminar o rival.

Sempre que tinha uma folga nos serviços de armazenamento e moagem, Gonçalves seguia para a venda, com o pretexto de tomar um gole de vinho, mas na verdade com a secreta intenção de rever Inês.

Nem todos os dias a jovem estava disposta a ouvir as histórias de José Gonçalves de que a levaria para uma grande cidade europeia. Inês já o conhecia o suficiente para tomá-lo por falastrão e não mais levava a sério tais promessas.

Além disso, a viúva inclinara-se a aceitar as pretensões de Celso, evidentemente mais garboso do que um pobre operário. Dessa forma, procurava desestimular o moleiro sutilmente, mandando Ísis atendê-lo sempre que possível.

Dez dias depois da morte do Lopes, José Gonçalves apareceu no comércio. Ao vê-lo, Inês chamou a filha e correu para dentro.

Irritado com a atitude e sentindo que a figura de Celso estava por trás dessa nova postura, Gonçalves ordenou, incisivo, que a menina fosse chamar a mãe, pois tinha assunto de grande importância a tratar.

Inês imaginou que o homem iria exigir um compromisso, lançando um ultimato. A princípio não quis ir. Mas depois, analisando melhor, decidiu que seria melhor matar de uma vez aquela ideia, agora descabida.

Não havia ninguém na venda quando a viúva se acercou. Gonçalves estava carrancudo. Sua expressão denotava amargo ressentimento e Inês o percebeu. Por isso, perguntou com cuidado:

— Amigo Gonçalves, o que desejas?

— Falar contigo sobre algo muito sério!

Um desenho de enfado preencheu a face de Inês. Ela imaginava o que viria a seguir. Não podia cogitar o quanto estava errada.

— Pois, fala!

— Eu quero que tu guardes segredo sobre minhas palavras! – advertiu o moleiro, quase certo de que isso seria impossível.

— O que aqui se fala, daqui não escapa! – foi a resposta de uma Inês confusa. Ela percebeu que o assunto era outro.

Gonçalves olhou em torno e vendo que apenas Ísis estava por ali, continuou quieto, dando a entender que seria melhor a menina sair. Brandindo uma toalha, Inês enxotou a filha, ordenando-lhe que fosse ficar com Jerônimo.

— O que vou te dizer é grave! E não posso provar! Mas é o que aconteceu!

— Diga, homem! – interrompeu a viúva, impaciente.

O moleiro abaixou o tom de voz e revelou:

— Teu marido não morreu de bexigas!

— Como assim? – retrucou a jovem, perplexa.

— Ele foi morto!

Inês desenhou uma expressão de assombro e bombardeou Gonçalves com uma série de perguntas:

— Morto? Como? Por que alguém se daria a esse trabalho?

O moleiro teve uma rápida sensação de triunfo quando revelou seu segredo:

— Eu digo que vi o teu marido sair do barco, caminhando! D. Júlio havia me dito que ele estava lá, no Aurora, atacado pela febre. Cristiano porém, sobreviveu e pretendia voltar para casa. Mas, Celso ficou sabendo da existência do primo e foi com dois servos, o Romão e o Abelardo, para Lagos, a pretexto de ajudá-lo. Eu servi como guia, para identificar o teu marido. Então, após indicá-lo, eles me despacharam, alegando que cuidariam de Cristiano antes de trazê-lo para casa. Só que ele não chegou. Acho que os três o mataram no caminho e jogaram o corpo dele no mar ou o enterraram em algum canto por aí.

Inês ficou estarrecida com a revelação, mas não conseguia entender os motivos.

— Por que Celso o mataria?

— Pelas terras! Ele construiu o solar em terras que não eram dele!

— Mas, D. Júlio disse que ele morreu de bexigas...

— Mentira! Pede ao padre que mostre a sepultura de teu marido! Ele vai desconversar. Foi D. Júlio quem legalizou a posse de Celso. Mas, ele não podia fazer isso, com o Cristiano vivo. Portanto, ele temia uma reação do teu marido. Cristiano morto, problema resolvido. Por isso escondeu o assassinato.

Inês oscilou nas bases. Não supunha ser vítima de semelhante trama. Por intuição, sentia que José Gonçalves falara a verdade, ou ao menos parte dela.

— Não pode ser! – comentou a viúva.

— Infelizmente, é!

Uma pausa silenciosa se fez. Inês desconfiou do altruísmo de Gonçalves e perguntou, quase agressiva:

— E por que me contas? O que ganharás com isso?

Gonçalves não se abalou, já esperava a pergunta. Explicou, rápido, sem hesitação:

— Ver-te ludibriada, dói-me ao coração! Não creio que mereças ser enganada por biltres como esses que te cercam!

Inês não engoliu o argumento. Sabia que o moleiro jamais seria digno de confiança. Havia algo mais. A participação dele não fora meramente a de guia. De qualquer maneira, Inês quis conhecer a verdade. Fingindo-se mais abalada do que realmente estava, a viúva agradeceu, pediu desculpas e disse que se sentia mal. Retirou-se, deixando Gonçalves desorientado, sem saber se suas acusações tinham produzido algum efeito. Na verdade, ele não tinha ideia do quanto Inês era esperta e determinada.

Pois mais tarde, naquele dia, ela foi à igreja, para pedir que o padre indicasse o local exato da sepultura de Cristiano, já que queria visitá-lo. Como Gonçalves previra, Júlio Orestes tentou dissuadir a jovem, alegando falta de tempo e que a levaria de bom grado quando fosse possível. A protelação era notória.

Isso alertou não só Inês, como também ao padre. Ele entendeu que precisava conversar com Celso de Braga para elucidar melhor a situação e combinar exatamente como proceder a partir da ameaçadora petição.

Antes de Orestes agir, Inês se colocou a postos, decidida a resolver o caso. A pretexto de entregar umas encomendas de vinho do Porto, Inês foi sozinha ao solar. Ela nunca fizera isso antes.

A princípio Celso ficou agradavelmente surpreendido. Pensou que Inês iria oferecer algo mais do que seus serviços. A decepção foi rápida. Na conversa que se seguiu, a jovem não tocou na morte de Cristiano. Inesperada e sutilmente, ela começou a questionar sobre a gleba e sobre os direitos legais que cabiam a Celso. As respostas do primo foram evasivas e sucintas, sendo que a visita terminou em um clima de pouca cortesia.

Inês partiu sem proferir qualquer acusação. Não precisava. Celso compreendeu que algo estava errado. Pressionado, na manhã seguinte foi para a aldeia, encontrando-se com Júlio Orestes. Pensando tratar-se de feliz coincidência, o padre chamou o fidalgo para uma conversa particular, quase como se fosse uma confissão.

Os dois homens se sentaram nos bancos da igreja vazia. Pareciam mutuamente desconfiados. Júlio Orestes mirou Celso com tranquilidade e começou:

— Meu filho! Antes de ontem a jovem Inês veio me procurar para que eu mostrasse a sepultura de seu marido, em Lagos.

Celso, a princípio gelou. Ele temia ser descoberto. Por isso atalhou, ríspido:

— E eu com isso!?

Júlio Orestes fitou Celso por baixo dos olhos e sentenciou:

— Nós dois sabemos que teu primo não morreu de bexigas! O irmão Benares contou que parentes pegaram Cristiano para trazê-lo para casa!

— Não fui eu! – mentiu o fidalgo. Orestes sorriu, complacente.

— Não me importa como morreu aquele peste! E se ele morreu por tuas mãos, creio que tu fizeste um favor para a Santa Igreja! O problema é que Inês está desconfiada de alguma coisa!

Celso deixou de negar a autoria, embora não assumisse o crime abertamente. Estava satisfeito com a aparente cumplicidade do sacerdote. Mudando o foco, emendou:

— Sim, ela está, pois me perguntou se a propriedade de Caetano Coelho pertencia de direito aos Braga!

O padre meditou por um instante. Em um átimo, concluiu:

— Alguém está enchendo a cabeça da menina com essas desconfianças! Alguém que sabe da verdade!

Novo silêncio se fez. Celso concordou com o sacerdote e replicou:

— Nós sabemos quem foi! O maldito Gonçalves, que quer me afastar dela!

Orestes balançou a cabeça, judicioso e disse:

— Pode ser que seja. Se for assim, é um problema que demanda solução rápida! Bem como encontrar a sepultura de Cristiano!

— São coisas que podem ser feitas! Acharemos a cova do finado e se possível com um recheio conveniente!

O padre sorriu e dando uma palmada na perna do fidalgo, saiu mancando, a exclamar:

— Que assim seja! Deus apoia a espada da justiça, meu filho! E ela nunca é leve!

Celso de Braga respondeu apenas com um sorriso, certo de que recebera uma tácita autorização para resolver os problemas da maneira mais simples e drástica.

Capítulo Décimo

O MAL EXIGE O SEU TRIBUTO

Durante horas, Celso de Braga matutou sobre o melhor modo de mandar José Nuno Gonçalves para o além, sem despertar suspeitas. Naquela região, todos se conheciam, de maneira que seria difícil matar o moleiro discretamente.

Após muito pensar, o fidalgo decidiu que o ideal seria eliminá-lo em uma briga, o que não levantaria nenhum tipo de processo judicial, já que a legítima defesa da honra era consagrada como um princípio básico do direito medieval. E isso não era quase nunca questionado nos primitivos e sumários tribunais da época.

Mas Celso queria evitar um envolvimento direto, para que Inês não associasse seu nome ao extermínio de um delator. Assim, ele chamou os capangas de confiança, numa parte reservada do solar.

Colocando sobre a mesa um saco com moedas, o fidalgo explicou:

— Preciso de vós para um serviço especial!

Romão e Abelardo se entreolharam, certos de que alguma sujeira emergiria daquela alma. Apenas esperaram.

— Eu preciso que um homem desapareça para sempre!

Desta feita Abelardo se adiantou, sem parecer surpreso com a necessidade do patrão. Na verdade, já tinham feito isso antes. Não era coisa incomum para eles.

— E quem seria esse homem, D. Celso?

— Nosso amigo maneta. Ele está me causando problemas! – esclareceu o fidalgo, mantendo uma expressão desdenhosa na face. — Mas, eu quero que a coisa seja aberta, às claras e que pareça que ele provocou toda a confusão! Não quero que tenhamos problemas com a lei. Eu vos darei a guarida necessária. Se for preciso vos enviarei para o norte, para garantir a vossa proteção. Não creio que isso ocorra, com o testemunho de Inês e com a conivência de nosso amigo D. Júlio.

Abelardo, que era mais loquaz dentre os dois, entendeu de imediato o que o nobre pedia. Contudo, não tinha compreendido direito como Inês presenciaria o assassinato.

— Senhor, devemos matar Gonçalves na venda de Inês? É isso?

— Exato! Nós sabemos que quase todo o final de tarde o maneta vai até a tasca para tomar seu vinho! Deixai que ele se embriague! Pagai a ele o vinho necessário para que ele se inflame diante da menor provocação. Assim será fácil entrar numa luta corporal e abatê-lo! Vós entendestes?

Romão, que era o mais forte, disse, sem pestanejar:

— O senhor pode ficar tranquilo que nós daremos conta do recado! Eu mesmo cuidarei disso!

— Ótimo! Vós sereis bem recompensados!

E agraciando os servos com um adiantamento, ordenou-lhes que providenciassem a execução do plano o quanto antes.

Na tarde do dia seguinte, Romão e Abelardo foram à aldeia e de fato, encontraram Gonçalves no balcão, entornando copos e copos de vinho barato. Normalmente, ele só saía depois de acabar com a féria do dia, o que significava que, ao cair da noite, quase sempre já estava bêbado.

Naquele fim de tarde era a jovem Ísis quem o atendia, pois Inês procurava fugir do contato com o moleiro, principalmente depois das acusações que ele lançara sobre Júlio Orestes e sobre Celso. Não que Inês desacreditasse das afirmações de Gonçalves. Ela tinha certeza de que eram verdadeiras. Justamente isso a perturbava, porque não podia fazer muita coisa. Somente se afastar de todos aqueles que a prejudicavam.

Romão e Abelardo sentaram-se nos bancos do bar, observando que Gonçalves não estava lúcido e que portanto, o serviço seria mais fácil do que o planejado.

Aliás, o próprio Gonçalves deu o motivo para que eles forjassem a briga. Sem parar de gritar, chamava Inês; reclamando que desejava vê-la. Como seria de se esperar, Inês não saía de dentro de casa, ainda que verificasse de vez em quando se estava tudo bem com Ísis.

Os berros de Gonçalves podiam ser ouvidos em toda a vizinhança. As pessoas nem se incomodavam mais; sabiam que, quando bêbado, o moleiro agia assim. Mas nunca passava disso. Jamais tentara entrar na casa à força, por mais embriagado que estivesse.

Acontece que desta vez ele deu o pretexto certo para os seus inimigos.

Levantando do banco, Romão se aproximou de Gonçalves e segurando-o pelo braço, disse:

— Acalma-te homem! Tu não vês que ela não te quer?

José Gonçalves puxou o braço com força e rebateu:

— Deixa-me em paz, Romão! O que tu tens a ver com isso? Fica no teu canto e cuida da tua vida!

Romão, que era musculoso devido aos rudes trabalhos da lavoura, respondeu com grosseria, provocando ainda mais um homem já alterado.

— Se não te calares agora, aleijado miserável, afundo-te os dentes na boca!

Cego pelo álcool, Gonçalves perdeu a noção do perigo e aceitou temerariamente o desafio do oponente, puxando uma faca que trazia sempre consigo.

— Quero ver se consegues fazer isso, poltrão!

Romão recuou um pouco, mas não por medo. Foi para sacar a própria adaga. Algumas pessoas que estavam em mesas próximas tentaram interferir, para acalmar os ânimos, mas Abelardo as deteve.

— Achas que sou poltrão, seu inútil? – xingou Romão para forçar o descontrole definitivo. Ouvindo o insulto e estando fora de si, Gonçalves investiu contra Romão. O golpe passou no ar. O servo poderia já aí ter abatido o moleiro, se quisesse. Todavia, pretendia dar mais veracidade à sua fingida defesa.

Gonçalves aproveitou para se recompor. Lançou-se novamente contra Romão. Este lhe aparou o braço com a mão e arremessando-o no chão, cravou-lhe a adaga no tórax repetidas vezes. O moleiro gemeu abafado e pôde ainda ver que Inês, atraída pelo alarido, olhava para ele, perplexa.

Quando Romão se levantou, mão suja de sangue, Inês correu até o moribundo, segurando-lhe a cabeça. Gonçalves desfalecia. Quis falar alguma coisa, mas não conseguiu articular nenhuma frase.

Aos poucos, toda a população da vila apareceu para assistir ao mórbido espetáculo. Abelardo e Romão julgaram apropriado se retirarem dali, até para evitarem possíveis retaliações. Voltaram para o solar dos Braga, com a sensação de dever cumprido. O trabalho realmente fora fácil.

Mas os resultados finais não corresponderam aos desejos de Celso. Inteirando-se sobre as causas da briga, Inês desconfiou que o pretexto fora forjado para que José Gonçalves fosse morto. Com ele seriam enterradas as revelações a respeito da morte de Cristiano.

Celso fingiu não ter relação com o ocorrido. E defendeu seus homens diante da comunidade e diante da família do moleiro que, em um gesto tímido, ousou protestar junto ao padre. Óbvio que Júlio Orestes tratou de dissuadir Antônio e os outros parentes do falecido com palavras duras e quase ameaçadoras.

Fisicamente o caso acabou por aí, mas no lado espiritual, Gonçalves, acuado por D. Fernando e Cristiano, se instalou no solar dos Braga, onde começou a exercer influência deletéria sobre Celso e seus empregados.

Aliás, após a morte do moleiro, pai e filho, então meros espectadores de toda a trama, decidiram agir. Durante o tempo na erraticidade, a situação geral de ambos piorara. A aparência deles se degradara bastante. Eles se assemelhavam aos mendigos da Terra; estavam sujos e esfarrapados. Sentiam dores crônicas, fome e sede. Todavia, ainda que a necessidade psicológica imperasse, eles não desfaleciam. Finalmente, quando Gonçalves foi abatido, eles concluíram que era a vez de o padre pagar.

Durante semanas, vigiaram Júlio Orestes. Sabiam que ele enfrentava um problema assaz sério, cuidadosamente oculto dos fiéis.

Sob a influência de inimigos invisíveis, o padre sofria constantes desmaios, seguidos de convulsões agudas. Aquilo que ocorrera no cais de Lagos se intensificava gradativamente e não era raro ele perder a consciência quando os ataques eram desfechados. Sete Espíritos pertinazes se revezavam, provocando um distúrbio semelhante à epilepsia. D. Fernando, graças aos estudos que tivera com Caetano Coelho, se colocara à testa dos obsessores. Diariamente ele estimulava os irmãos de ódio, ensinando-os como otimizar os danos de um assédio.

Portador de uma mediunidade ostensiva e ignorada, o padre Júlio não tinha como se defender, mormente por sua vibração mental se encontrar nas frequências mais materializadas da crosta. Ele invocava poucos pensamentos elevados; no mais das vezes suas preces repetidas eram vazias de sentimento. As orações infindáveis, ao contrário, tinham o efeito de ampliar ainda mais a sua faculdade de intermediação entre os planos. Por conseguinte, quanto mais ele rezava, mais sofria ataques.

Júlio Orestes não podia saber que o murmúrio de palavras repetidas alimenta o contato espiritual, ao estimular, pelo som, certas regiões cerebrais de capacidade receptiva[41]. A reiteração sucessiva de um mantra como o terço, pode provocar o êxtase e estados alterados de consciência, como se observa com frequência nas práticas religiosas pelo mundo afora. No caso de Orestes, porém, esse descortinar espiritual nada tinha de prazeroso.

Com os canais sensitivos hipertrofiados, Júlio Orestes começou a ver vultos pelos cantos e a ouvir vozes que lhe sugeriam o suicídio como única saída para os males que o afligiam. O padre, atormentado, sentiu que perdia o controle de si mesmo. Andava sempre irritado, falava sozinho e parecia viver em uma dimensão inexistente. Chegou a ir a Lagos para

[41] No caso, a glândula pineal e o cerebelo. O processo mediúnico pode se processar de diversas formas e exigir elementos diversos para a funcionalidade da manifestação. Todavia, a porta receptiva de fato é a glândula pineal, que decodifica ondas eletromagnéticas, transformando-as em neuroquímicas. (Nota de Fénelon).

tratamento. Lá conseguiu sensível melhora, pois se afastou de seus perseguidores. Mas, tão logo retornou, foi sitiado pelas entidades obsessoras com tal grau de violência que o colapso mental tornou-se evidente para toda a aldeia. As notícias logo extravasaram as fronteiras do Algarves e chegaram aos ouvidos das autoridades eclesiásticas.

Ciente do caso, o bispo decidiu internar compulsoriamente o problemático padre em um mosteiro, na Espanha.

D. Fernando e Cristiano não acompanharam Orestes. Mas eles foram exceção. Os outros perseguidores permaneceram no encalço, tornando a sua vida um inferno. Completamente transtornado, Orestes foi perdendo cada vez mais a noção da realidade. Cinco anos depois de ser afastado da paróquia, os irmãos do mosteiro o encontraram no pátio, enforcado. Os assediadores tinham conquistado seu objetivo.

Entrementes, a progressiva doença do padre inicialmente assustou Celso. Ele imaginava que em sua loucura, Orestes poderia cometer alguma inconfidência. Com o tempo, porém, verificou que ninguém mais levava a sério as palavras do padre, de tal sorte que uma eventual delação não teria nenhum crédito.

A partir daí, o fidalgo procurou de todas as maneiras se aproximar de Inês, mas ela estava desconfiada demais para se deixar seduzir por propostas que só lhe causavam repugnância.

Apesar de irritado com as constantes desculpas de Inês, o rapaz permaneceu durante meses insistindo. Todavia, quando uma proposta de casamento feita por parentes do norte chegou-lhe às mãos, ele percebeu que teria de tomar uma decisão. A união com a sobrinha Felipa, de apenas quinze anos, lhe seria financeiramente muito vantajosa, embora no aspecto emocional, longe estivesse de ser desejável.

Antes, porém, de escrever uma resposta, Celso de Braga foi até a venda, só para confirmar se suas chances com a viúva eram, de fato, nulas.

Depois da suspeita levantada por Gonçalves, Inês evitava recebê-lo. Mas, nem sempre ela conseguia despistá-lo. Às vezes, por dever de ofício, ela o tinha de suportar. A esposa de Cristiano se surpreendia consigo mesma por ter um dia cogitado em assumir um compromisso com aquele homem que agora se lhe afigurava como um monstro.

Adivinhando a postura de distanciamento de Inês, Celso apareceu no empório em um horário incomum, justamente para forçar uma conversa.

Ele estava só. Apesar de ser frio e desumano, Celso se sentia irracionalmente atraído por Inês. Não era exatamente uma paixão. Era um desejo ardente, sexual, talvez mero reflexo de seus instintos primitivos. Ele mal conseguia se controlar e, tal como Gonçalves, passara a frequentar diariamente a venda, com a esperança de ver Inês e mendigar algumas migalhas de atenção. Mas isso era insuficiente. Ele queria mais. Queria beijá-la; queria tê-la em seus braços. Se isso fosse possível, renunciaria a qualquer outro compromisso.

Tentando ignorar a frieza da filha de Leão Lopes, Celso disse, quando ela lhe trouxe o vinho:

— Parte-me o coração ver-te aqui prima, tendo de se expor como uma serviçal! Tu mereces algo melhor!

Inês recordou-se de que essa era também a estratégia de Gonçalves e revidou, azeda:

— Todos temos o que merecemos! – tornou ela, enigmática, a aduzir em seguida:

— E eu sou só uma pobre viúva tentando ganhar meu pão honestamente!

— Honestamente? Tu sabes que esse tipo de trabalho não convém a uma dama! Ainda mais se tiver o nome dos Braga em seu brasão!

— Não tenho nem esperança e nem o luxo de me considerar como detentora de tal brasão!

— Ora! Mas assim o é, já que teus filhos carregam o nome do pai! Meu primo!

— Ilegítimo, bem o sabes!

— Que importa? Honrou o nome, empenhou suas forças e sustentou-se com coragem nas batalhas da África!

— Disseste-o bem: o que importa? Cristiano está morto e é só! Nada herdei dele, exceto a honradez!

Celso ficou ruborizado diante da menção velada à herança que usurpara. Entendeu a indireta, mas colocando a acusação de lado, continuou:

— Honra é uma palavra bonita, mas que a realidade destrói! Prima, se aceitares uma aliança comigo, te livrarei da miséria que te sitia a existência. Cuidarei de Ísis e de Jerônimo e teremos também os nossos próprios filhos! Pois olha, recebi uma carta, do norte, com uma oferta generosa de casamento! Mas não a aceitarei, exceto se tu me repudiares!

Foi a vez da viúva corar. Não esperava uma atitude tão aberta. Sem ponderar muito, ela respondeu:

— Não te faças de rogado, primo! Aceita sem hesitar, pois a minha vida está restrita a cuidar de meus filhos e a guardar a lembrança de meu marido! Não o roubarão mais em nada!

Celso ficou transtornado de cólera, pois a sutilidade de Inês o feria gravemente. Socou a mesa com força e questionou:

— É isso que queres? É a tua decisão final?

— Não há outra que possa ser tomada!

Furioso, o fidalgo colocou-se em pé e, dedo em riste, esbravejou:

— Então, que tu vás para o inferno! Que chafurdes na miséria. Que a companhia desses bêbados e derrotados te seja perene! Um dia o arrependimento baterá à tua porta! Mas, eu já não estarei aqui para te socorrer!

E jogando umas moedas sobre a mesa, o fidalgo retirou-se para sempre da vida de Inês. Nunca mais ele apareceu na venda. Na verdade, ele se casou com Felipa e levou uma vida pacata no solar. Aparentemente, a justiça divina não o derrotou e nem a vida o puniu por seus inúmeros crimes. Mas, a lei do Pai o esperava no pós-morte e Celso padeceu longos e amargos anos nos vales nebulosos que circundam a faixa mais densa da Terra.

Quanto a Inês, viveu seu exílio terrestre com destemor, lutando como chefe de família para bem encaminhar sua prole durante mais de trinta anos. Morreu respeitada pela comunidade e adentrou no mundo espiritual como uma vitoriosa. Enquanto viva, jamais soube a verdade sobre a morte de seu marido, nem ao menos teve uma cova para chorar.

Situação bem diferente vivenciaram Cristiano e D. Fernando. Cansados e cientes de que Celso de Braga já não era uma ameaça a Inês, por estar decrépito e perturbado, cederam finalmente aos pedidos de Caetano Coelho e foram recolhidos aos hospitais do além em lastimável estado. Ambos teriam de quitar pesados débitos, se reconciliando com antigos inimigos e aprendendo no perdão e no amor ao próximo.

Mas, para isso, precisavam esquecer as ofensas que julgavam ter sofrido. Reencarnaram em outros campos, sem se encontrarem novamente até o século XX, no Brasil, quando então, já mais preparados, poderiam se enfrentar e com o coração em Cristo, perdoarem-se uns aos outros.

Terceira Parte

Capítulo Primeiro

A PAIXÃO VIAJA NO TEMPO

Um homem sentado em uma poltrona luxuosa, defronte a uma televisão desligada, segurava um copo na mão. Dentro dele, cubos de gelo e uma bebida forte. Já era tarde da noite, mas Celso estava sem sono. A expressão carrancuda indicava que sua alma agitava-se na busca de soluções para um problema que se lhe afigurava angustiante.

Na verdade, desde o rompimento com Agnes o rapaz se tornara inquieto e irritadiço. No início, insistiu em reatar, mas foram vãos os seus esforços. Por força da pressão familiar e para evitar maiores escândalos, retirou suas pretensões. A perda, porém, o deixou traumatizado.

Com a típica infantilidade das almas que não podem ser contrariadas, Celso apegou-se a uma sinistra sensação de derrota. E isso era inaceitável para um orgulho desmedido como o dele. Ele julgava uma covardia aceitar a separação sem lutar. Desistir, portanto, estava fora de seus propósitos.

Rápido, descobriu o intruso que penetrara em sua vida apenas para lhe roubar o único tesouro afetivo. Incrivelmente, um jovem acanhado e pobre conseguira enegrecer-lhe o porvir. Como aceitaria isso? Como seus amigos entenderiam essa humilhação? Não, a discrepância gigantesca impedia qualquer tipo de compreensão. Afinal, ele pertencia à elite; tinha um futuro brilhante pela frente. Não havia comparação possível entre ele, Celso, e um migrante nordestino, filho da ralé.

Estimulado pelo álcool, o jovem ensaiava na mente a melhor maneira de remover aquela pedra do caminho.

Em um primeiro instante, pensara em matar o rival de forma anônima e segura. Mas temia ser descoberto. Se algo desse errado, traria enorme vergonha para a família. Ponderou com cuidado. A coisa não precisava ser assim. Analisaria com vagar; a reflexão seria sua aliada.

Após a separação, conversara com o ex-cunhado e soubera que alguém quase realizara o seu projeto sombrio. Desafortunadamente, o maldito sobrevivera.

Recordando-se do episódio, lamentou o azar e levantou-se da poltrona. Colocou o copo sobre uma mesa de canto e andou a esmo pela sala. Muitos meses tinham transcorrido e ele não encontrara resposta adequada para o problema. Exterminar o namorado de Agnes parecia ser a saída ideal.

Súbito, sentiu brotar em si, naquele segundo, uma ideia brilhante.

Talvez a intimidação fosse o suficiente para forçar o rival a desistir de um compromisso. É claro que, nesse caso, precisaria ter um contato direto, coisa que até então lhe faltara. Ele nunca vira Cristiano, embora tivesse dele algumas informações. Sabia-lhe o nome, que era bancário e que trabalhava na antiga agência de Agnes.

Assim, a sua primeira tarefa seria a de conhecer o desafeto. Isso significava, evidentemente, que teria de rastrear-lhe os passos. E mais, teria de faltar no trabalho da loja de seu tio, na qual iniciara uma pouco promissora carreira de vendedor. Seria difícil convencer o velho a lhe dar uma folga, quando mal começara. Possivelmente o tio chiaria um pouco, mas acabaria lhe permitindo que se ausentasse da loja de móveis. E se não permitisse, também... Ele pouco ligava para aquele emprego idiota. A liberdade valia mais. Dinheiro não lhe faltaria. Sabia como extorquir a mãe, já que seu pai era um linha-dura, um verdadeiro avarento.

Lembrando-se de dinheiro, sacou a carteira, na qual ainda conservava, intacta, uma foto recortada da antiga namorada. Ela sorria. Parecia satisfeita e feliz. Por que então tudo mudara? A certeza da resposta encheu-o de revolta. Segundo Marcos, seu ex-cunhado, a irmã se apaixonara por um evangélico esquisitão. Ele retirou a foto do invólucro, contemplando-a entre o enlevo e o rancor. Fez menção de amassar o testemunho de um passado feliz. Parou para analisar a própria situação.

Celso se sentia vazio. Não tinha futuro, nem presente, nem amor. A ideia de catástrofe crescia a cada segundo, turvando-lhe a alma. Ele via sem cessar a repetição daquela cena no centro de compras, quando Agnes o repelira irrevogavelmente. Com esforço, controlou-se guardando a derradeira reminiscência de uma época feliz.

Foi até a estante e tirando uma garrafa do bar encheu o copo novamente. Olhou para o telefone. Já era tarde. Contudo, a vontade de falar com Agnes era incontrolável. Vacilou por segundos, ao pegar o fone. Colocou-o de volta no gancho. Sua mão retrocedeu e em um gesto impetuoso discou o número da ex-namorada. O telefone chamou uma, duas, três, quatro vezes. Quando finalmente alguém atendeu era Mário, o pai de Agnes. Celso não queria nada com ele e desligou ao ouvir a voz masculina.

Desesperado, foi até a cozinha. Pensou em ligar de novo, mesmo sabendo que seria inútil. Nervoso, jogou o uísque na pia e gemeu abafado. A reação era patética, mas ao menos assim, ele extravasava a raiva.

Nesse momento, cego pelo rancor, decidiu tomar uma atitude.

Na manhã seguinte, avisou aos pais que não iria trabalhar, posto que assuntos pessoais reclamavam a sua atenção. Desconfiados, os pais o advertiram para que não se envolvesse com Agnes, ao que ele respondeu com frieza que aquele era um assunto superado.

Na realidade, o assunto estava longe de ser superado. Saindo da zona sul de carro, Celso dirigiu-se ao centro da cidade, procurando pela agência. Ele não conhecia bem a região. Teve de se informar para chegar até lá. Inevitavelmente, percorreu o calçadão a pé, ignorando os passantes e a bela arquitetura dos prédios antigos.

Chegou quando os funcionários da agência estavam entrando.

Muitos paravam em uma lanchonete próxima para fazer um rápido desjejum ou tomar o café da manhã. Celso os reconheceu facilmente pelos crachás, pela conversa e pelas roupas sociais.

Tentou identificar Cristiano, sem se dar ao trabalho de perguntar, o que obviamente foi impossível. Aos poucos, o movimento da lanchonete diminuiu, com os funcionários tomando os postos de trabalho. O comerciário teve de aguardar a abertura da agência, o que significou horas de espera. Preencheu o tempo fumando e se enchendo de café.

Quando o banco abriu, uma enorme fila se formara na entrada. Era nítido que a agência ficaria lotada, conforme rezava a tradição daquela época em que o Brasil passava por forte instabilidade financeira, gerada pela inflação alta.

As preocupações de Celso, porém, nada tinham a ver com a economia do país. Enquanto os caixas se enchiam de correntistas exasperados, ele se aproximou de uma atendente. Usando seu charme de rapaz bem apessoado para impressionar a moça e facilitar as coisas, indagou:

— A senhorita poderia me dizer se aqui trabalha um rapaz chamado Cristiano Xavier?

A menina ouviu a voz melíflua de Celso. Impressionada, ela tentou se fazer notar. Não suspeitou de nada e por isso respondeu, manhosa:

— Trabalha! Segundo andar, setor de cobrança!

A expressão facial de Celso se coloriu de malícia e ele sorriu ao dizer:

— Eu gostaria de falar com ele. A senhorita consegue arranjar isso? Ficaria muito grato. Ele é meu parente e preciso tratar de um assunto pessoal de grande importância...

— Você seria...?

— O cunhado, Marcos Miraflores. Sou irmão da namorada dele, a Agnes!

A menina, que conhecera Agnes, fez um gesto de espanto, porque definitivamente Celso não se parecia em nada com a jovem. Mesmo assim, disse:

— Está bem, mas vou ter de te arrumar um crachá para o acesso!

A moça se retirou, ainda fascinada pela chance da paquera. Enquanto isso, Celso vibrava de excitação ao perceber que os níveis de segurança na agência eram primários e que teria acesso facilmente.

Informado de que Marcos Miraflores desejava falar-lhe, Cristiano autorizou a subida, embora achasse o procedimento anormal. O cunhado já lhe fora apresentado, mas só tinham trocado umas poucas palavras. Por isso, era estranho que tivessem qualquer assunto a resolver. Agnes nada lhe dissera a respeito dessa visita. De toda maneira, previu problemas. Para sua surpresa, porém, encontrou um desconhecido esperando-o no balcão.

— Pois não? – disse, algo confuso.

O recém-chegado ergueu a cabeça e um olhar felino acertou o rosto do bancário. Não era um olhar normal. Era um olhar agressivo, que Cristiano relembrou de imediato, em uma cena do passado. Sentiu-se acuado, entendendo que tinha diante de si um inimigo ancestral. Começava a temer por sua vida e pensou em recuar, quando ouviu:

— Você é o Cristiano Xavier, o namorado de Agnes?

— Sou! – e nesse instante Cristiano recuperou o sangue frio. Se fosse para morrer, ao menos morreria encarando o adversário, olhando-o nos olhos. Celso, porém, fez algo inesperado. Tornando-se rude, começou a falar alto:

— Só vim aqui para te dar um conselho: se você não sumir da vida da Agnes, eu acabo com você! Ouviu? Eu acabo com a sua vida.

Cristiano procurou manter-se tranquilo e desafiou:

— Jamais vou me afastar dela, queira você ou não!

— É meu último aviso: se você não se afastar, eu te mato!

Agora o tom de voz de Celso atraíra a atenção de todos, inclusive de José Carlos, que rumou para o balcão com agudo interesse.

Percebendo o alarido, vários funcionários se aglomeraram para observar a briga. Um deles, mais esperto, chamou a segurança pelo telefone interno, pois a discussão começava a ganhar contornos perigosos.

Irritado pela ameaça, Cristiano revidou:

— Quem é você para dizer isso? Eu nem te conheço! Some daqui, antes que eu mande te expulsar!

Nesse momento, Celso quase pulou o balcão. Redarguiu:

—Você não sabe quem sou eu? Você roubou a minha namorada e não sabe quem eu sou? Mas vai saber... Lembra do assalto? Belo tiro! Se não quiser tomar outro, sai de perto da Agnes!

Desta feita, Cristiano empalideceu. Ele fez a relação entre o suposto assalto e o rapaz que o afrontava. Sem dúvida, aquele era Celso. Entendeu que sofrera, na verdade, um atentado, não um assalto.

Nesse momento, enquanto uma assembleia se constituía, a segurança, célere, se aproximava. Dois guardas de porte atlético pegaram Celso pelo braço. Ordenaram-lhe, imperativos, que se retirasse. O ex-namorado de Agnes não se foi sem antes jogar o crachá de visitante no rosto de Cristiano.

— Está avisado! Se continuar com isso, o nosso próximo encontro será menos cordial!

Uma paralisia geral se registrou, quebrada apenas pelas ríspidas palavras do rapaz, praticamente arrastado para o térreo.

Cristiano estava atordoado, sem saber o que fazer.

José Carlos, no entanto, percebeu que ali estava a sua deixa. Saiu detrás do balcão e batendo no ombro de Cristiano, disse:

— Não se preocupe, eu resolvo isso para você! Vou ver qual é a desse sujeito!

Todos pensaram que José Carlos desejava se redimir dos erros do passado, em um gesto arriscado e altruísta. Mas a verdade era bem diferente. Após ouvir o blefe do estranho, ele ficara curioso, já que o outro reclamava para si a autoria de um crime do qual ele fora o artífice. Sentindo de pronto que poderia encontrar em Celso um instrumento útil para as suas maquinações perversas, desejou travar um contato mais próximo e ver se poderia usá-lo como sua ferramenta para a construção do mal.

Ele seguiu a escolta, que passando pelo posto bancário, ficou sob o olhar curioso de uma plateia anônima. Assim que o ex-namorado de Agnes foi conduzido até a rua e se desvencilhou dos seguranças, José Carlos se aproximou, indagando:

— Rapaz, o que é isso?

Celso ajeitou a roupa amassada, contemplando o desconhecido. De início, temeu pela reação inesperada de algum amigo de Cristiano. Mas, logo percebeu que não se tratava disso.

— Deixa estar! Ele ainda vai se ver comigo! – resmungou, nervoso pelo desenrolar dos fatos. No íntimo, apesar da humilhação pública, Celso sentia-se bem satisfeito por tumultuar a vida profissional e espiritual de Cristiano. Ser colocado para fora do banco até que fora um preço pequeno a pagar pelo lucro futuro. O ex-namorado calculava friamente os efeitos de seus atos. A intimidação causaria seus danos. Em uma perspectiva otimista, Cristiano desistiria do relacionamento, por simples medo. No pior dos casos, ficaria perturbado e nervoso. O inferno se instalaria na vida dele, de qualquer modo.

Quase contente, observou José Carlos com indiferença e notou que era meticulosamente analisado em seus gestos e sentimentos. Talvez por isso tenha sentido uma imediata antipatia pelo bancário, aumentada quando este insistiu:

— Rapaz, não é assim que se faz, não!

— O que te interessa?

José Carlos, apesar da grosseria, sorriu por dentro:

— Você se denunciou! Se algo acontecer com o Cristiano...

— Não importa! Esse sujeito roubou minha namorada! Como Agnes foi ficar com um simplório desses? Como? Mas, se eles pensam que vou desistir, estão enganados!

José Carlos balançou a cabeça e, sem discutir mais, deu um leve tapa no ombro do desconhecido, dizendo:

— É isso aí! Não desiste, não! Vai tranquilo!

O bancário fora iluminado por uma ideia maligna. Celso se tornara um bode expiatório perfeito. Agora ele podia tentar de novo e jogar a culpa em um tolo como aquele, que assumira publicamente a intenção de destruir Cristiano.

Na verdade, desde o falso assalto crescera em José Carlos o desejo de matar o rival. Ele não sabia por que tinha tamanha aversão ao evangélico e também não queria saber. Ao se sentir preterido por Agnes, esse sentimento se agigantara e tornara-se insopitável. Controlando-se a custo para esconder suas intenções nefastas, fingia-se de desinteressado colega, mas aguardava uma oportunidade para agir. E eis que a oportunidade agora se apresentava, prazerosa, e caía em seus braços como uma deusa seduzida.

De um só golpe eliminaria dois oponentes. Mataria dois coelhos com uma cajadada só. E então poderia ter uma chance.

Excitado com a perspectiva, o bancário voltou para a agência, certo de que o destino de Cristiano estava irremediavelmente selado.

Capítulo Segundo

SENTINDO O GOLPE

Cristiano voltou para casa arrasado. Sem ter culpa alguma, recebera severa advertência dos superiores por trazer problemas pessoais para o trabalho. Ele se defendeu, alegando que nem sequer conhecia o agressor, mas suas palavras foram quase ignoradas. Nem mesmo a intercessão de Reinaldo surtiu um efeito atenuante. O gerente exasperou-se ainda mais, alongando-se na reprimenda pública, o que provocou deleite em José Carlos e em outros que não gostavam do evangélico, por sua maneira austera de agir no serviço e principalmente pela promoção que recebera.

Dona Emília percebeu que o filho retornara mais cedo e logo concluiu que ele faltara na faculdade. Preocupada, inquiriu:

— Filho, aconteceu alguma coisa?

Cristiano teve vontade de abraçar a mãe como uma criança e desabafar, em um choro longo e angustiado. Mas, ele era um homem agora. Não era justo aumentar os padecimentos de uma mulher já de si tão sofrida. Por isso respondeu, soturno:

— Nada não, mãe! Só estou exausto! Preciso descansar um pouco.

Dona Emília conhecia o filho demais para acreditar ou insistir. Sabia que ele não falaria nada. Deixou-o ir para o quarto sem tocar no jantar.

Cristiano enfiou a cara no travesseiro e tentou dormir. Desacostumado a se deitar àquela hora, rolou por vários minutos pela cama. Agoniado, levantou-se e foi para o quintal.

Pito latiu, alegre, alheio aos problemas que torturavam a mente de seu amo. Cristiano se apoiou no muro, escondendo a cabeça entre os braços. Necessitava explodir, mas não conseguia. E isso o deixava mentalmente esgotado.

De repente, sentiu a sinistra impressão de que sombras invisíveis o cercavam por todos os lados, convidando-o a relembrar os fatos do passado. Sem que pudesse evitar, recordou-se das imagens imperfeitas e fragmentadas que tivera em sua regressão. E dentre essas imagens surgiu a figura de Celso como o antigo algoz da praia.

Sim, aquela era a mesma alma. Ele contemplara aqueles olhos antes. Era o mesmo inimigo de outrora, que vinha para tomar posse daquilo que perdera.

Mas o que importava agora era o presente, não o passado. O que faria? Deveria alertar Agnes? Ela iria acreditar? Até então mantivera em segredo o seu tratamento de regressão. Ele não revelara a ninguém o que vira sob o efeito da hipnose. Chegou mesmo a lamentar-se por ter feito aquele tratamento.

Conhecer a origem de seus problemas não lhe trouxera a paz desejada. Ao contrário. Apenas libertara seus demônios íntimos da prisão do olvido perpétuo.

Contudo, uma coisa era certa: a mesma tempestade do passado estava se adensando no presente.

Pito voltou a latir. Era dona Emília que passara ao quintal, renovando o convite para a janta. Vendo o filho abatido, preocupou-se:

— O que foi, menino? Você não quer contar para sua mãe o que houve?

— Nada não, dona Emília! Mas há dias em que o mais forte dos homens desmorona diante das tormentas da vida!

A matrona entendeu que o filho manteria o seu tradicional laconismo. Aconselhou:

— Pois então! Volta para a igreja! Os irmãos têm perguntado por ti. Principalmente o pastor Eduardo. Ninguém sabe porque você parou de ir ao culto!

Cristiano balançou a cabeça, concordando. Sim, ele também tinha saudades de quando a vida era mais simples; sem dúvidas, sem dor. Era uma lembrança idealizada, ele sabia, mas era o melhor que podia oferecer para o Espírito, naquele momento.

Agora sofria sem parar, todos os dias, percebendo que o mundo conspirava contra sua paz. Se pudesse, voltaria atrás. Mas não podia mentir para si mesmo. Ele não conseguiria destruir suas novas convicções apenas para se acomodar. Ele sabia que em algum momento da vida, o homem tem de enfrentar a verdade.

Abraçou a mãe e foi para a cozinha, alegando fome. Ele mentia, usando um artifício para acabar com uma conversa que nenhum proveito traria para ambos.

No outro dia, pela manhã, Cristiano voltou ao trabalho, tentando esquecer o incidente. O gerente olhou-o de soslaio, ressabiado. O clima, definitivamente, não era dos melhores.

Reinaldo apareceu na hora do café, batendo-lhe no ombro, com camaradagem.

— Tudo bem?

Cristiano observou o colega. Dona Martha trouxe o lanche, colocando a cesta sobre a mesa. Reinaldo fez alguma graça com a copeira, mas Cristiano sequer ergueu a cabeça. Sentia que seu emprego estava por um fio. Ele temia ser demitido, pois ainda tinha de concluir a faculdade.

— Você falou com Agnes? – insistiu Reinaldo, vendo o mutismo do colega. Desta feita, Cristiano respondeu:

— Sobre ontem? Ainda não!

— Pois precisa falar! O mal que não se combate hoje, vira o desastre de amanhã! Vai saber se o sujeito estava blefando! Há loucos para tudo nesse mundo, Cris!

— Vou pensar! – disse o outro, sem dar muita confiança. Puxou da gaveta uma pasta, indicando que precisava trabalhar. Reinaldo apoiou a mão nas costas do colega e se afastou.

No horário do almoço, Cristiano aproveitou a pausa para telefonar para a namorada. Isso era raro. Normalmente era ela quem ligava.

A felicidade de Agnes pela lembrança se dissipou quando Cristiano, seguindo o conselho de Reinaldo, contou o que acontecera, levantando a certeza de que Celso era o autor da ameaça e, talvez, da tentativa de homicídio.

Agnes passou de perplexa para furiosa em segundos. Ainda que duvidasse da coragem de Celso em transpor os limites da lei, descobriu o telefone da loja de móveis e ligou, jogando um caminhão de desaforos sobre o ex-namorado.

Celso já esperava a reação de Agnes e nada disse. Nem confirmou, nem negou. Sua estratégia era semear o caos, o medo e a dúvida. O silêncio, habitual advogado dos canalhas, protegeu o rapaz de maiores acusações.

Mas Celso não poderia imaginar o tamanho da fúria de Agnes. Ela mobilizou as duas famílias e ameaçou entrar com um processo.

Em menos de dois dias, ele teve de se retratar. Sob exigência dos próprios pais, pediu fingidas desculpas para a ex-namorada.

A humilhação, porém, não destruiu a sua obsessão íntima. Ao envergonhá-lo, Agnes acendeu uma chama de ira que dificilmente seria apagada. Celso, na sua irritação, concluiu que se Agnes não fosse dele, também não seria de ninguém...

Capítulo Terceiro

TENSÃO

Na verdade, a ameaça de Celso surtiu um efeito mais danoso do que ele próprio poderia supor.

Agnes percebeu nos dias seguintes, que uma desconhecida tensão se instalara na alma de Cristiano. Ele deixara de ser silencioso para se tornar taciturno. Era evidente que a tranquilidade de outrora se esvaía lentamente pelas tramas emocionais que o enredavam.

Tentando ajudar o namorado, Agnes sugeriu que ele voltasse aos cultos ou à terapia. Cristiano reagiu de forma negativa:

— Não posso voltar aos cultos!

— Por que não? – tornou a moça, admirada. — Você teve problema com alguém lá? Eles foram bacanas com a gente, quando do assalto...

Cristiano balançou a cabeça. Não queria confessar nada, mas a necessidade de um desabafo o forçou a falar abertamente.

— Não, Agnes. Não tive nada! Mas, tudo o que aprendi lá está errado!

Agnes recuou, estupefata. Ignorava o significado de tal afirmação. Adivinhou, porém, que uma mudança súbita daquela não ocorreria sem ser precedida por algum tipo de hecatombe pessoal.

— Como assim, "tudo"? – indagou a moça. — Você sempre gostou! Por que essa postura radical agora?

Cristiano olhou a namorada fixamente. Teve ímpetos de revelar sobre a regressão, mas ainda se sentia inseguro.

— Não concordo com as teorias do pastor Eduardo... Engraçado! Acho que nunca concordei. Mas, me sentia bem no ambiente do culto. Isso fazia com que a pregação em si não tivesse muito valor. É claro que respeito a comunidade. Todos se esforçam para evoluir mas há pouco discernimento sobre as coisas! Aceita-se tudo sem questionar! Eu estou em desacordo com muitos pontos dos dogmas que são defendidos ali.

A jovem esboçou ares de satisfação intelectual. Sentindo-se vitoriosa, disse:

— É, o estudo faz isso! Abre nossos olhos. – a resposta feriu Cristiano. Ele assumiu uma expressão de contrariedade.

— Você acha que estou rejeitando a minha religião apenas porque entrei na faculdade?

— E não? Hoje você está mais experiente, mais racional! Não precisa dessa muleta psicológica.

Cristiano não queria tergiversar com a namorada. Ele sabia que nada a demoveria de um materialismo enraizado. Ficou calado.

Agnes entendeu a mensagem do silêncio. Havia algo que ele deixara de revelar. Instintivamente, ela contemplou a rua à sua volta. Era um mundo tão pragmático, tão carente de filosofia...

A maior parte dos transeuntes levava uma vida absurda, sem o menor sentido. Era uma vida vazia de tudo. De esperança, de amor, de fé no presente e no futuro. Ela mesma não acreditava em nada. No recôndito da alma, contudo, sentia que essa ausência de Deus gerava-lhe forte desequilíbrio. E então seria justo destruir a fé de seu namorado, a sua paz interior? A fé seria irracional? Seria algo próprio para pessoas intelectualmente simples e ingênuas?

Agnes censurava-se por corroborar a impressão de que a religião era um fardo. Destruir a fé de outrem em nome da ciência, traria algo de bom? Ela não sabia, porque sempre vivera sem Deus. Decerto, a crença na Divindade deveria ser um bálsamo para almas cansadas, um refrigério para os corações enfraquecidos pelas ásperas lutas da vida humana. Mas, isso ela não conhecia por si mesma. Ou pelo menos ainda não...

A jovem tentou achar a resposta para a mudança de Cristiano e questionou:

— Foi o assalto?

Cristiano meneou a cabeça. Encheu o copo de guaraná e, após pensar por um segundo, resolveu contar tudo o que se passara no hospital e na clínica.

— Não! – disse ele. — Foi outra coisa. Mas o assalto influenciou, sem dúvida. Isso, se foi mesmo um assalto!

— Foi sim! O Marcos me disse que contou o que aconteceu com você para o Celso. Ele ficou abismado, não sabia de nada! Depois veio com essa conversa, só para te assustar e forçar um rompimento entre nós dois!

Cristiano ergueu os ombros, desconfiado. Emendou:

— Talvez! Mas, o que me fez mudar foi outra coisa!

— O quê?

— Não sei se adianta eu te contar! Você não acreditaria!

— Por que não?

— Porque é difícil para uma materialista como você aceitar um testemunho!

— Bem, você sabe que eu nunca segui qualquer religião. Mas isso não interfere em nada no meu julgamento!

— Hum! – resmungou ele, discordando. A seguir, emendou:

— E você não acredita realmente em nada?

— Nem penso nisso!

— A pergunta foi outra!

— Religião não faz parte da minha cabeça; nem da minha natureza, Cris.

— E em que você acredita realmente?

— Nós já discutimos esse assunto! Acho que a religião é importante para as pessoas! Eu gostaria de ter a fé que você tem! Infelizmente, nunca confiei nesse seu Deus!

Cristiano fitou a namorada, resoluto. Decidiu que contaria tudo, sem se preocupar se ela rejeitaria a priori sua narrativa. Seria um risco. Não queria passar por tolo, mas sentia necessidade de falar o que vira.

— E se eu te dissesse – começou ele, sério —, que quando levei o tiro, saí do corpo e continuei consciente? Não sei como aconteceu, mas a experiência foi tão nítida que me perturbou ao extremo! Ou melhor, me fascinou! Porque eu nunca senti algo assim tão intenso, tão maravilhoso! A sensação de paz foi enorme! Eu parecia flutuar e, quando ía passar para o outro plano, fui sugado para o corpo e acordei com você ao meu lado, no hospital!

Agnes não se abalou. Ouvira falar em relatos de EQM antes. Julgando por seu viés cético, concluiu rapidamente:

— Isso é normal! Ocorre por conta das reações neuroquímicas do cérebro e pela hipóxia resultante da irregularidade cardíaca.

Cristiano não entendeu os termos técnicos com exatidão, mas refutou de pronto o argumento da namorada.

— Você acha que foi um delírio? Não! Foi real! Eu vi o que estava acontecendo na sala de cirurgia, a pressa dos médicos em estancar a hemorragia! E vi quando um homem, que eu já conhecia em sonhos, mandou que eu voltasse! Como isso pode ser um delírio, se a minha igreja não aceita essas coisas? Sempre me induziram a crer que quando morremos, nossa alma fica inerte, inconsciente, esperando o dia do julgamento final! E aconteceu exatamente o contrário! Não teve nenhuma hibernação, mas um pulsar de vida tão intenso que eu jamais poderia descrever com as palavras certas.

Agnes olhou o namorado com maternal complacência e sugeriu:

— Então é só mudar de igreja! Procure um Centro Espírita!

Cristiano se irritou. Agnes não estava entendendo. Dessa forma, achou justo dar o seu lance final:

— A verdade é que não te contei tudo! Pois, a terapia que estava fazendo não era uma terapia convencional!

— Não era para eliminar o trauma?

— Em parte, era! Mas, busquei um tratamento alternativo para compreender os sonhos que se repetiam na minha mente! Fiz um tratamento de regressão de memória e pude voltar ao passado, à origem do meu problema! E a verdade é que uma história inteira se desenrolou diante dos meus olhos! Uma história que se passou há quinhentos anos!

Agnes o interrompeu, entre divertida e curiosa:

— E eu estava lá?

— Sim, e o Celso também!

A jovem desenhou na face uma expressão de contrariedade. Não queria conversar sobre o ex.

— O Celso? Pelo amor de Deus, Cris... – replicou ela, que embora descrente, usava o nome de Deus com frequência.

— Por isso desconfio dele! Eu o vi antes! E vi o que ele era capaz de fazer!

— Você não está inventando isso só para se justificar, está?

— Não! Naquela vida, o Celso me matou traiçoeiramente. Nada me garante que ele não vai tentar o mesmo de novo!

Agnes continuou com o jeito de irritação e replicou:

— Supondo-se que seja verdade, temos de considerar que já se vão cinco séculos! Por que ele iria te matar de novo? É um reflexo condicionado cármico?

Cristiano ignorou a piada. Insistiu na explicação:

— Ele me matou por tua causa! A situação é a mesma daquela época!

Agnes piscou duas vezes e concluiu, contrariada:

— Vamos lá, Cris! Você só está pensando nisso por causa da ameaça que ele fez, no banco...

— Não! – discordou o rapaz, exasperado, colocando a faca com força no prato. O ruído e a negativa barulhenta fizeram com que os vizinhos de mesa atentassem para ele. Agnes se assustou. Nunca o vira tão irritado. Ele abaixou o tom da voz, quase se desculpando.

— Não! Soube isso bem antes de ele aparecer no banco. Só não sabia quem era aquela pessoa! No entanto, quando o vi, percebi que era ele! Pelos olhos, talvez pelo jeito, não sei; mas percebi que era ele!

Agnes tentou mudar de assunto. Delicadamente, claro.

— Cris, nós não precisamos nos preocupar com o passado! Teremos um longo futuro pela frente!

— Como você pode afirmar isso?

— Uma cartomante me disse! – brincou ela. Cristiano sorriu, descontraindo o ambiente. Sabia que Agnes Miraflores jamais consultaria uma vidente. Com um jeito mais calmo, ele continuou:

— Você está enganada quanto ao passado!

— Por quê?

— Porque o passado jamais morre para quem quer viver nele!

— Reconfortante pensar que um assassino de quinhentos anos atrás ainda queira nos matar. Simplesmente reconfortante...

Cristiano não respondeu. Agnes, assumindo uma atitude preocupada, disse:

— E o que você pretende fazer?

— Vou me defender! Não vou permitir que o passado se repita!

— Vai se defender? Como?

Desta vez foi ele quem mudou a direção do assunto:

— Eu me recuso a te perder! Disso você pode ter certeza!

Agnes pressentiu que o coração de Cristiano se enchia de rancor. Era como se um velho vulcão despertasse, implodindo a si mesmo. A moça tentou minimizar o fato, ponderando que a situação com Celso já fora resolvida. Mas nenhum dos dois acreditou nesse argumento.

E a partir daí, Cristiano mudou radicalmente de atitude. Aquele rapaz religioso e pacato, morreu. Dos escombros de sua personalidade anterior surgiu um homem duro, disposto a tudo para preservar a própria felicidade. Isso implicava em adotar drásticas medidas de proteção. As lembranças da outra vida fomentavam ainda mais a ideia de que poderia ser eliminado por um ataque traiçoeiro.

Embora continuasse confiando em Deus e nas palavras sempre pacíficas de Jesus, Cristiano optou por deixar a cruz de lado e erguer a espada em torno de si. Não seria morto outra vez. Pelo menos não sem luta. Nesse processo de dilema íntimo, o filho de Emília reconheceu que a herança de seu irmão poderia afinal, ter uma sinistra utilidade.

Em uma noite de sábado, quando a família se ausentara para ir ao culto, Cristiano subiu na laje. Sob a caixa d'água, em um local bem protegido, estava uma caixa enrolada em várias camadas de plástico. Ele quase se esquecera do objeto, mas agora sentia que ele seria fundamental para sua segurança.

A herança de Amós era a arma automática, utilizada para a prática de crimes. Possivelmente, pertencera a um dos colegas que tinham tombado com ele naquela madrugada de domingo, pois ninguém exigira a pistola de volta. Bem protegida das intempéries, a arma não enferrujara. Além do carregador cheio, havia uma caixa de balas.

Cristiano sentiu um misto de repugnância e familiaridade ao manusear o objeto. Calculou que agora as coisas ficariam em pé de igualdade. Se fosse apanhado de surpresa, ao menos teria como se defender.

Sob a luz bruxuleante do quarto, o jovem evangélico, revendo o passado, orou para nunca ter de usar a arma. Mas, intimamente ele sabia que estava ajudando a desencadear uma terrível tempestade de violência e dor.

Capítulo Quarto

ACORDOS

As sensações amargas de Cristiano eram compartilhadas em um mórbido paralelo por José Carlos. O jovem se sentia ferido, sitiado por saudades atrozes de um passado que inconscientemente intuía e por um desejo férreo de ter Agnes para si.

Perspicaz, notava que o ódio nutrido contra Cristiano era irracional. O evangélico nunca lhe provocara ou fizera algo que justificasse tamanha raiva. Assim, o desejo de desforra que lhe batia no Espírito soava como algo absolutamente inexplicável.

E para o bancário a perspectiva de destruição de todos ao seu redor era um fato irrisório, já que pesadelos sombrios o alienavam da realidade. Não ligava nem se ele próprio fosse igualmente arrolado nesse processo insano de ruínas e dor. Mas, era-lhe intolerável a ideia de que Cristiano pudesse abraçar a felicidade. Ralado de inveja e preso nos pensamentos contraditórios da enegrecida alma, José Carlos abandonara todos os escrúpulos à margem da consciência.

Nunca antes se julgara capaz de um homicídio, mas agora se perguntava o porquê de não fazê-lo. Ora, a súbita aparição de Celso suscitara nele a alegre ilusão de que poderia escapar incólume de uma acusação pública.

No entanto, achava-se incapaz de agir sozinho. A verdade é que era covarde demais para praticar um assassinato sem estar em uma ampla situação de vantagem. E, para isso, precisaria, lógico, de comparsas. De início pensou em seus irmãos mais novos. Logo descartou a possibilidade. Eles eram jovens e inexperientes. Não convinha envolvê-los em qualquer risco.

Sua mente voltou-se então para os velhos companheiros de bar. E sabia que agora o serviço, por ser mais sério, não sairia de graça. Calculou que em sua poupança tinha a reserva de três meses de salário ou um pouco menos. Seria uma espécie de investimento na satisfação interior da alma.

O plano era simples. Poderia ser feito. Emboscar Cristiano na volta da faculdade, à noite. As ruas do bairro eram mal iluminadas, ideais para uma armadilha na escuridão. Completando o quadro de inocência, arrumaria um jeito de colocar a culpa em Celso.

Passou a ensaiar mentalmente a segunda fase do plano, que era examinar o antigo namorado e achar uma maneira de incriminá-lo. Com certeza, isso seria mais difícil e demandaria um trabalho que, no fim das contas, talvez fosse desnecessário. Todavia, ele não se julgava como um homem de raciocínio elementar. Analisava que se Celso não fosse preso ou acusado, sempre haveria o risco de Agnes voltar para ele. E isso seria assaz inconveniente.

No expediente do dia seguinte, José Carlos foi procurar Cristiano. Além de conseguir as informações necessárias, desejava semear o desequilíbrio na mente do rival. Aproximando-se devagar, inclinou-se sobre a mesa, indagando em tom confidencial:

— Como estão as coisas?

Cristiano estranhou a conduta do colega a quem mal suportava, mas redarguiu, com uma secura disfarçada pela educação:

— A quais coisas você se refere?

— Eu me refiro ao ex-namorado da Agnes...

— Melhores!

— Ele não te procurou mais?

— Não! – e tentando encerrar o assunto, Cristiano arrematou:

— Por que a pergunta?

— Porque eu o vi rondando a agência ontem, Xavier! Estava lá na esquina da lanchonete! E no dia em que esteve aqui, ele me disse que não iria desistir.

Cristiano se assustou e sem pensar muito, disse:

— Você tem certeza de que era o Celso? De que era o mesmo sujeito?

Eufórico por ter obtido uma informação primordial, José Carlos empertigou-se e, saindo, advertiu:

— Claro que era! Tenho certeza! Acho melhor você avisar a Agnes!

Cristiano quedou-se extremamente preocupado. Passou-lhe pela cabeça, rápido, a ideia de que o José Carlos estaria enganado ou mentindo. Mas que motivo teria ele para inventar tal história? Sim, quiçá ele quisesse perturbar a sua paz. Contudo, isso lhe pareceu ridículo demais, um exagero de sua parte.

Involuntariamente, Cristiano apanhou na memória a imagem de José Gonçalves, o moleiro. Comparou-o com José Carlos. Eles não se pareciam fisicamente, embora a semelhança de atitudes fosse inconfundível. Cristiano sentia que aquelas duas figuras, separadas por um lapso de quinhentos anos, eram, na verdade, a mesma pessoa. Considerou que naquela época também subestimara o moleiro, com consequências desastrosas.

Agradecendo com a cabeça, Cristiano tentou sufocar as reminiscências de um passado que se perdera no abismo dos tempos. De qualquer forma, julgou que o antigo rival era indigno de confiança. Por isso, não alongou o assunto.

Para José Carlos, porém, o passado estava bem vivo, embora ele não se lembrasse dos fatos ocorridos em Portugal, quase cinco séculos antes. Isso porque à noite, no bar, ele reencontrou os amigos criminosos. Como era praxe, na sua amizade subserviente, pagou algumas cervejas e umas rodadas de bilhar. Com isso, pretendia, claro, granjear a simpatia dos colegas e atraí-los novamente para os seus planos.

O bar estava em alvoroço, pois um importante jogo de futebol era transmitido na televisão. Torcedores adversários, de lado a lado, entoavam cantos, provocações e impropérios, de maneira que José Carlos só conseguiu conversar com Magrão durante o intervalo da partida.

Chamando-o a um canto, disse:

— Irmão, o negócio é sério!

— O que foi? – tornou o outro, segurando o taco em uma mão e um copo de cerveja na outra.

— O sujeito do banco outra vez!

— O homem não sossegou com o susto? Precisa de outro?

José Carlos fez um segundo de silêncio, dando a entender que agora as providências deveriam ser mais incisivas. Magrão era escolado demais nas artes criminosas para não entender o significado daquele olhar e daquela mudez. Avaliou que o risco era desnecessário para ele, que nada tinha a ganhar com um homicídio.

— Calma! – ponderou Magrão. — Zé, você sabe que eu sou seu camarada, mas aí a situação já é mais complicada!

— Não, a coisa é fácil, amigo. E eu estou disposto a te dar uma boa gratificação!

Ainda que estimulado em sua cupidez, Magrão não ficou convencido plenamente. Por isso, José Carlos teve de insistir, explorando os melhores argumentos.

— Olha, já planejei tudo. Uma única noite! E ainda outro cara assumirá a culpa! Eu vou te explicar como faremos...

Magrão ouviu o amigo atentamente, detalhe por detalhe, impressionado com uma astúcia que ele julgava requintada demais. Em sua mente primitiva, o criminoso sempre via o mais prático como o melhor, sem se importar se deixava um rastro fácil de se seguir.

Entorpecido pela cerveja, aos poucos Magrão aquiesceu, certo da impunidade e fascinado com a possibilidade de dinheiro fácil. Logicamente ele incluiu os outros comparsas na execução do assassinato, ao que José Carlos não fez objeção, pois confiava neles.

A partida na televisão recomeçara e o chefe do bando fez uma última pergunta:

— Quando?

— Para breve! Eu te aviso! Ainda preciso ajustar algumas coisas! Mas, não deve demorar.

Magrão sorriu, como se aquele acordo maléfico fosse um simples compromisso comercial. E, de certa forma, o era. Ambos estavam vendendo a própria alma pelo vil preço de uma vingança.

Capítulo Quinto

O RENEGADO

Com o passar dos dias a situação para Cristiano foi ficando cada vez pior. Sentindo sobre si uma angústia terrível, resultado tanto do *stress* pós-traumático como da imensa carga psíquica que caía sobre si, o jovem se deixou apanhar por uma rede de fobias que o torturava sem cessar. O medo de ser emboscado era constante; sabia que tinha inimigos poderosos, capazes de tudo para afastá-lo de Agnes.

A moça se constituíra em suave raio de luz nas trevas de um mundo hostil. Talvez por achar que ela valia a pena, Cristiano insistiu no relacionamento, negando-se a jogar tudo para o alto e voltar para sua vida anterior, de solidão e paz.

Ele queria se retirar para um ponto inexistente, no qual a dor fosse neutralizada por um vácuo de consciência. Ciente porém da própria utopia, o evangélico, a cada amanhecer, levantava e ia para a luta. Não restava outra alternativa, exceto se renunciasse ao seu amor, coisa que em hipótese alguma estava disposto a fazer.

Nessa fase de incertezas, Agnes procurara apoiar o companheiro, fazendo o possível para minimizar os danos que ela, sem querer, produzira.

Quando se encontravam, nos idílicos sábados à noite, ela se preocupava em desanuviar a tormenta que sacudia a alma do namorado. Ele raramente reclamava, mas Agnes sentia intimamente que algo ia mal.

Por isso, sempre que podia renovava as garantias de que Celso fora afastado, em definitivo, por pressões de ambas as famílias. Para Agnes, o assunto estava resolvido, apesar de Cristiano ter revelado o significativo detalhe de que José Carlos o vira na lanchonete.

Agnes rebatera o argumento, chamando José Carlos de mentiroso, por simplesmente desconfiar das suas intenções. A jovem sabia que o bancário a desejava, apesar de ele nunca ter se declarado formalmente. Mas, sua intuição feminina não falhava, ela tinha certeza de que despertara nele algo muito profundo e sombrio. Contudo, não revelaria isso ao namorado, para não deixá-lo ainda mais acabrunhado. Mal poderia ela supor que Cristiano pensava da mesma maneira.

Acresce que o filho de Emília estava com uma incômoda impressão de que seu antigo pai adotivo o protegia. Tinha a sensação constante de que ele estava por perto, tentando conjurar algum atentado, como um anjo da guarda das antigas histórias de sua meninice. E isso, ao invés de o tranquilizar, o punha em constante alerta, exaurindo-lhe a mente. Por outro lado, a presença de D. Fernando o fazia acreditar que o perigo era real. É claro que ele não revelou essa impressão a Agnes. Guardou-a para si, como se o segredo fosse fiador de sua lucidez diante da realidade.

Cristiano omitiu de Agnes um segundo fato; de que carregava consigo a arma de Amós. Era algo ilegal e ele bem o sabia. Mas não tinha como evitar. Chegara a treinar em um local ermo, que conhecera em acampamentos da igreja. Nas estradas de chão batido, próximas ao Pico do Jaraguá[42], praticou um pouco de tiro ao alvo e surpreendeu-se com a própria destreza. Avaliou que sua pontaria era acurada e que a pistola funcionava perfeitamente bem.

Naquela época, é bom frisar, a segurança dos bancos era bem relaxada, de maneira que Cristiano colocava a arma em sua discreta mochila de estudante e passava facilmente pelos vigilantes, colegas conhecidos de anos e que nunca desconfiariam dele. Já dentro da agência, guardava a bolsa em um armário de funcionários, deixando-a lá até o final do expediente. Em todas aquelas semanas ele jamais foi revistado. A arma era levada para a faculdade e a operação toda se repetia no dia seguinte.

Apesar de estar contrariando a lei, Cristiano se sentia calmo. Não achava que cometia pecado algum; apenas estava garantindo a própria vida. Os ensinamentos evangélicos tinham decaído a tal ponto que Cristiano se surpreendia de um dia ter frequentado os cultos religiosos. Em sua casa, todos perceberam a mudança e começaram a procurar as respostas.

Acreditando em alguma maldição sobrenatural, os parentes chamaram o pastor Eduardo para um aconselhamento, ou se o caso fosse muito grave, para um exorcismo.

Sem que Cristiano pudesse prever, numa manhã de sábado, o líder da comunidade evangélica apareceu com uma comitiva de irmãos. Bernardo, seu cunhado, estava entre eles e, a bem da verdade, fora ele quem estimulara a ideia.

[42] Montanha da cidade de São Paulo.

Cristiano recebeu os antigos companheiros de fé em um misto de cordialidade e frieza. A família toda se reunira na modesta sala, como se fosse uma acareação policial. O rapaz olhou a assembleia, inquieto. Dona Emília fitava o filho, agoniada.

Ester serviu um café aos convidados. Depois de algumas palavras triviais, o pastor foi direto ao assunto:

— Irmão, tua mãe anda preocupada contigo! Ela acha que você está estranho e triste por esses tempos! Queremos saber se podemos te ajudar em alguma coisa...

— Está mesmo! – aduziu a matrona, com sua simplicidade rústica. — O bichinho está aperreado que só, pastor! Nunca o vi assim, antes! Depois que ele começou a namorar a moça do banco, mudou muito! Esse namoro só trouxe desgraça para a vida dele!

— Ela é boa moça, pastor! – intrometeu-se Ester, a confirmar o libelo. — Mas, não acredita em nada, não! Eu gosto da Agnes, mas ela tem uma visão muito materialista e isso está prejudicando o meu irmão.

Cristiano, que tinha olhado de soslaio para a mãe, fechou a expressão, censurando Ester. Demonstrando irritação, respondeu, duro:

— Não é nada disso! A Agnes me respeita e aceita as minhas convicções! Agora, ela tem o direito de acreditar ou não no que quiser!

— Deus me livre, pastor! – insistiu Ester, apesar do olhar desestimulante do irmão. — Mas acho que ela trouxe algum encosto! Porque até baleado Cristiano foi!

O bancário refutou, enfático:

— Ester... Por favor...

Foi aí que Eduardo introduziu outro assunto, até então desconhecido para os familiares:

— E os sonhos? Aqueles sonhos que te perturbavam? Pararam?

Cristiano soube que teria de dar amplas explicações para a mãe a respeito dos pesadelos, mas na hora achou melhor encerrar a conversa laconicamente.

— Pararam! Não tive mais!

Eduardo colocou a xícara sobre a pequena mesa de centro.

— O irmão tem de refletir melhor! Precisa saber que os inimigos do Senhor estão sempre nos rodeando. O adversário de Jesus tem seus prepostos colocados nos lugares mais inesperados.

Cristiano abriu ligeiro sorriso e argumentou:

— Meus inimigos são bem mais materiais do que espirituais!

— Nunca se sabe! – tornou o pastor, sério. Nesse instante um segundo de silêncio se fez. Ester então sacou um pacote e dele tirou um volume, entregando-o ao seu conselheiro religioso. Cristiano reconheceu o livro de imediato, percebendo que fora traído pela própria irmã.

— Esse tipo de leitura só trará prejuízos para ti, Cristiano!

O pastor balançava o presente de Reinaldo, como se fosse um inquisidor medieval. Desconcertado, Cristiano não quis falar nada, mas ficou furioso com a intromissão em suas coisas. Eduardo insistiu:

— Isso aqui é coisa do mal! Você tem de se afastar dessa obra maligna!

Cristiano observou o livro de Kardec. Era apresentado como se fosse a prova de um crime. Apesar da postura agressiva daquele tribunal, Cristiano externou:

— Não penso assim! Tenho meus princípios, pastor! Reconheço e agradeço tudo o que vocês fizeram por mim e por minha família, mas dizer que acredito nas suas propostas teológicas seria mentir para mim mesmo!

E, mantendo-se calmo, apanhou o livro da mão do pastor, não sem antes lançar um olhar furibundo para a irmã.

Nesse momento, dona Emília interveio, batendo as mãos, em sinal de aflição:

— Filho, você não percebe que essas coisas não são de Deus? Que você pode perder a alma e ir para o inferno?

Cristiano normalmente era dócil, mas desta feita deu uma resposta duríssima para a mãe, desconcertando-a de maneira integral:

— Bem, metade da família já está lá! Um a mais não fará diferença!

Arrasada com tais palavras, dona Emília segurou o rosto com as mãos, sem saber o que dizer. Foi Eduardo quem partiu em defesa da mãe de Ester:

— Não haverá perdão para aqueles que negarem a palavra de Deus. Pois, está escrito: “Afastai-vos de mim, vós que praticais obras de iniquidade”. “Sereis jogados na geena e lá haverá pranto e ranger de dentes.”

Cristiano olhou o pastor com segurança e asseverou:

— Quem pode interpretar com exatidão as palavras de Deus? O senhor? Eu? A Bíblia? Não! A palavra de Deus é o respeito à liberdade de escolha das pessoas! Pressões e ameaças fazem parte do teu catecismo, não do meu. O Deus no qual acredito é todo amor! Seria Ele capaz de condenar pela eternidade as almas que criou? Se Deus esquecesse os caídos, então não seria Deus...

Tornando a voz enfática, o pastor Eduardo declarou:

— Quem hesita na hora final não é digno de figurar entre os eleitos! Cristiano, você tem de saber que só trará infelicidade para a tua família, se abandonar de vez a nossa igreja!

— Então que seja, pastor! Eu os respeito e admiro; jamais deixarei de amá-los como meus irmãos de tantos anos! Mas, negar as minhas convicções, isso eu não posso!

Eduardo se mostrou inesperadamente sereno. Agradecendo o café, estendeu a mão ao rapaz que a apertou. Antes de sair, porém, concluiu:

— Bem, o irmão tem o direito de pensar como quiser! As nossas portas sempre estarão abertas para você! O filho pródigo há de retornar à casa do Pai!

Pela primeira vez na vida, Cristiano prestou atenção naquele homem que se despedia de todos. Achou-o um fanático e perdeu o apreço intelectual que tinha por ele. Contudo, um detalhe esquisito o tocou: pôde notar que o pastor coxeava. Nunca notara antes, já que o problema se revelava bem atenuado. Mas, quando desceu as escadas, o defeito físico se tornou mais evidente.

Curioso, sem se preocupar com delicadezas, Cristiano perguntou:

— O senhor se machucou? Está mancando...

Eduardo parou. Meio sem graça, esclareceu:

— Não, irmão! Tenho um problema congênito. Uma das minhas pernas é pouca coisa mais curta que a outra! Você nunca percebeu?

E Cristiano, ainda mais embaraçado, pediu desculpas. Olhando para a porta, teve a impressão fugidia de ver D. Fernando. Ele lhe indicava que aquele defeito era muito mais do que uma simples coincidência e que as palavras do pastor não soavam apenas como advertência. Soavam como maldição.

Capítulo Sexto

MALDIÇÕES

Se as palavras do pastor eram uma maldição, elas se concretizaram pouco tempo depois. Pois, a verdade é que a confusa economia do país entrara em mais um ciclo de hiper-inflação, mudança de moeda e um malogrado plano de estabilidade financeira. Refletindo essa situação caótica e o aprimoramento da tecnologia de informática, o banco decidiu baixar custos, ou seja, cortar funcionários. As boatarias de que ocorreriam demissões coletivas assustaram os jovens trabalhadores, muitos deles arrimos de família que não podiam sobreviver sem o emprego.

O nervosismo aumentou consideravelmente dentro da agência, quando foi constatada a veracidade das notícias.

Dez dias depois da conversa com o pastor, Cristiano foi chamado pelo gerente. Lembrando-se da confusão com Celso, temeu pelo pior. Logo percebeu que seria poupado do desemprego, ainda que a um alto custo. Na verdade, teria a ingrata missão de indicar três subordinados do seu setor para a dispensa.

Bancar o algoz da vida alheia era uma coisa terrível para Cristiano. Todavia, não tinha opções. Foi-lhe dado o prazo de uma semana para listar os nomes. Um deles Cristiano já tinha em mente: José Carlos. Esse merecia. Ainda assim, ele hesitou. Não podia se influenciar por sentimentos pessoais. Tentando ser justo e o mais profissional possível, Cristiano elaborou um critério de demissão que levava em conta a necessidade do funcionário, a possibilidade de um acordo com benefícios, a idade e os outros pontos mensuráveis, negativos e positivos. Em todas as tabelas José Carlos entrava na zona de demissão, de maneira que a decisão pessoal se coadunava com a realidade profissional. Afinal, ele não estudava, não era casado e nem arrimo de família. Tampouco se destacava pelo esforço e pela abnegação, apesar de ser um empregado responsável.

Assim, inevitavelmente José Carlos entrou na lista negra, com outros dois funcionários; um aposentado e um estagiário rapazote, que podia recomeçar a vida com tranquilidade. Entregando a relação para a aprovação do gerente, Cristiano esperou.

A segunda-feira seguinte começou com o anúncio oficial. O gerente chamava o indicado, explicava o motivo e enviava o condenado para o departamento pessoal. Nesse clima de tensão, Cristiano ficou sabendo que Reinaldo também perdera o emprego. Triste, pois considerava o jovem espírita como um dos poucos amigos que tinha, foi se despedir dele.

Cristiano lamentou-se, alegando que se poderoso fosse, evitaria a injustiça. Reinaldo sorriu. Parecia conformado quando disse:

— Não há problema, Cris! Eu sempre tive outros planos! Com a indenização, vou terminar a faculdade e arrumar um emprego que seja mais compatível com a minha área. O banco era provisório... Mas você, que quer fazer carreira aqui, toma cuidado! Tem muita gente que gostaria de te ver pelas costas!

Cristiano fez um gesto de concordância e completou:

— Você nem pode imaginar como isso vai piorar!

— Por causa das demissões?

— Por isso e por outras coisas.

Com um gesto discreto indicou José Carlos. O psicólogo entendeu a menção.

— É verdade! Cuidado com esse! Não confie! É um cara complicado!

— Eu não confio, Reinaldo! Mas já cuidei do problema!

O espírita observou o olhar de Cristiano e percebeu que José Carlos também seria demitido. Assim, achou prudente avisar:

— E agora mais essa! Fica esperto... Nós nos veremos por aí.

E estendeu a mão, que Cristiano apertou, após o que trocaram um derradeiro abraço.

Antes do fim do expediente, José Carlos foi chamado pelo gerente. Soube que seria mandado embora. Descontrolado, debateu com o superior, reclamando muito da ingratidão do banco. Embora não tivesse certeza sobre quem o indicara, julgou que seu coordenador, Xavier, tinha culpa no cartório. Isso o revoltou. Decidiu ativar de imediato o seu plano de vingança, sem esperar mais.

Graças às necessidades profissionais, tinha o telefone da agência de Agnes. Resolveu falar com ela, não somente para debelar as próprias saudades como também para auferir informações vitais para a execução de sua pérfida desforra.

Transtornado, José Carlos pensou em Xavier como um maldito delator, ladrão de esperanças e sonhos, a quem tudo fora dado. No entanto, ele recebia apenas o opróbrio, a vilania, as rebarbas da felicidade. Estava farto disso e do mundo. Queria destruir tudo, arrasar destinos, mostrar o quanto a vida era injusta. Mas para Agnes, a ingrata, caberia testemunhar a própria ruína. Pensou mesmo em matá-la, mas afastou tal hipótese por dois motivos:

Primeiro, porque nutria, no fundo da alma, a esperança de tê-la para si. Segundo porque achava que na desgraça alheia poderia conquistar o posto de falso amigo e com isso angariar uma estima que o permitisse sonhar mais alto depois.

Ao telefonar para a garota, ele se identificou normalmente. Foi com má vontade que a namorada de Cristiano atendeu.

— Agnes? – começou José Carlos.

— Sim!

— Tudo bem?

— Tudo! – era visível que ela não queria muita conversa, ainda mais por saber que José Carlos seria demitido. Pensou que o telefonema tinha algo a ver com isso e assim assumiu uma postura defensiva.

— Ocupada?

— Um pouco! Em que posso te ajudar, Zé Carlos?

O tom de voz era desestimulante, mas o rapaz fingiu não perceber e insistiu:

— Precisamos conversar!

— Pode falar... – tornou ela, lacônica.

— Pessoalmente seria melhor!

O convite era uma armadilha que ela evitaria a todo custo. Impaciente, rebateu:

— Não tenho tempo para conversar, Zé! Fala logo o que você quer!

Do outro lado da linha, José Carlos cerrou os dedos, enterrando de raiva as unhas na palma da mão. Respirou fundo e tentando se controlar, disse:

— O assunto é do teu interesse!

— Não vejo como possamos ter algum interesse em comum!

— E se eu dissesse que o assunto é sobre o teu ex, o Celso?

— O que tem o Celso?

— Ele tem rondado o banco! Está esperando a hora certa para pegar o Xavier!

Agnes deu uma risada nervosa, tentando desacreditar o antigo colega.

— Não é verdade! O Celso está trabalhando! O Cristiano me falou sobre isso! Você acha que eu não conheço o meu antigo namorado? Essa situação já está resolvida! Aliás, isso nem é problema teu! De momento, acho que você tem coisas mais importantes para se preocupar!

José Carlos ficou em silêncio, mas deu um ligeiro soco na parede para extravasar a ira. Ele entendera a indireta. Agnes sabia que ele fora demitido. Isso só confirmava as suspeitas de que Xavier fora o artífice de sua desgraça. Mantendo uma surpreendente frieza, replicou:

— Agnes, o Celso chega no final do expediente e está sempre armado...

Desta feita, a moça vacilou. Não podia apostar na inocência de Celso ou na palavra de José Carlos. Indecisa, indagou:

— O que você está dizendo? Armado?

— Sim! Ele me mostrou o revólver! E deve trabalhar aqui perto, pois quase todo o dia o vejo na lanchonete...

Cerca de dois segundos se passaram em silêncio, para deleite de José Carlos. As suas mentiras, afinal, surtiam algum efeito. Desconcertada, por saber que o pai de Celso de fato tinha um revólver em casa, Agnes afinal respondeu, após uma eternidade:

— Não, ele trabalha longe. Na zona sul, em uma loja de móveis do tio! – e sem perceber, ela mencionou o nome e o endereço da loja. Eufórico, José Carlos anotou mentalmente os dados. Agnes caíra em seu blefe. Agora seria fácil encontrar a firma, pois a rua era famosa por abrigar lojas dessa natureza. Satisfeito, José Carlos encerrou a ligação, dizendo:

— Bem, era só isso que eu queria te dizer! E avisa o Xavier. Ele não acredita que algo pode ocorrer. E você também tome cuidado, hein?

Agnes agradeceu, desconfiada e aflita. Quando desligou o telefone, teve ciência de que de alguma forma as coisas iam mal, muito mal.

Capítulo Sétimo

ARTICULANDO

Ainda que desejasse ampliar o efeito de suas atitudes, Celso permanecia inativo e ignorava completamente as articulações nefastas que se desdobravam às suas costas. Assim, continuava trabalhando normalmente e começava a duvidar se Agnes valia tanto esforço e tantas dores. Em certos momentos, achava que era melhor renunciar àquele amor e seguir em frente, tocar a vida e buscar a felicidade com outra pessoa. Ele não queria mais se prender ao impossível. Para Celso, a beleza da vida era o desafio. Mas, suportar o insuportável, buscar o inatingível e lutar pelo inconquistável soava como tolice. Ele era inteligente o bastante para reconhecer o próprio limite. Ir além desse limite não era tenacidade; era estar cego de orgulho. Fizera o que podia; mas os resultados não tinham sido aqueles que ele esperara. Nada dera certo. Então, cogitava aceitar a perda de Agnes e seguir em frente. Mas essa ideia era ainda muito difusa e só ganhava substância em dias especiais, nos quais se mostrava mais equilibrado.

Celso não podia saber, porém, que seus lances desesperados tinham engendrado uma resposta inesperada, que se traduziria por uma estranha aparição naquele sábado.

Disfarçado com óculos escuros, trajes informais e mudando o penteado, José Carlos foi até a loja indicada por Agnes. Ele levou dois dos companheiros, Magrão e Dany Bigode, que permaneceram no carro. Observando que o seu bode expiatório estava disponível, aguardou o momento certo para ser atendido por ele.

Celso não identificou o antagonista, embora revirasse a memória para achar de onde conhecia aquele sujeito que lhe parecia tão antipaticamente familiar.

Pretextando um noivado que só existia em delírios, José Carlos investigou com atenção a loja, para ver se o ambiente era ideal para montar sua armadilha. Não demorou em concluir que o local era perfeito. Muito movimento, pessoas entrando e saindo o tempo todo, gente sentada entre móveis e almofadas.

Magrão esperara o amigo em uma travessa, no velho carro que era da mãe de Dany Bigode e indagou, quando viu José Carlos:

— E aí? Tudo certo?

— Tudo! O lugar é ótimo! Aos sábados tem tanta gente que eles não podem ficar vigiando! Vai ser fácil plantarmos a prova lá! É só escondermos a arma discretamente, debaixo de alguma almofada... Você já arrumou o revólver?

— É o mesmo da outra vez! Mas, você vai ter de me pagar por ele!

— Tranquilo! – concluiu José Carlos, satisfeito. A seguir advertiu:

— Então se prepara! Porque, sexta-feira que vem, vamos dar um fim no Xavier. No sábado colocaremos a prova aqui! Depois é só fazer uma denúncia anônima para a polícia e acabou!

Se ele não for preso, ao menos a suspeita arrasará a credibilidade dele junto a Agnes.

Até um facínora como Magrão se admirou da postura maquiavélica do amigo:

— Cara, você deve estar mesmo muito apaixonado por essa garota, para fazer isso!

José Carlos não quis confessar seus sentimentos, pois pensava que isso o tornaria mais fraco no conceito alheio. Com um brilho de ódio no olhar, respondeu, assertivo:

— Não! É raiva! Ela sempre me tratou como um cachorro! Agora vai pagar!

Na volta para casa, eles combinaram todos os detalhes. Ficou estabelecido que a próxima seria a última semana de Xavier na Terra. No sábado seguinte, ele já não estaria mais entre os vivos.

Quando entrou em sua rua, José Carlos sentiu um rasgo de arrependimento misturado a um certo temor. E se algo desse errado? E se Xavier, de alguma maneira, escapasse?

Passando a mão pelo rosto, abriu a porta de casa. O cheiro de comida pronta encheu suas narinas. Seus irmãos debatiam asperamente por uma querela qualquer. O pai, sentado defronte à televisão, assistia a um programa popular, com o prato na mão. Cumprimentou o filho, sem despregar o olhar da tela. A mãe o convidou para o almoço. Ele percebeu o quanto perderia, se falhasse.

Fechou os olhos e decidiu seguir em frente. Sim, tudo daria certo. Não seria ludibriado pela covardia. Cristiano merecia morrer. Lembrou-se da cena do calçadão, quando fora diminuído pelo evangélico diante de todos e, sobretudo, diante de Agnes... E lembrou-se também de que ela o preterira justamente por causa de Xavier. Nesse instante, seu sangue ferveu. Era o orgulho amotinando-se contra a humilhação. Mas a raiva durou apenas um segundo, após o que ponderou melhor. Além do ódio gratuito, nada justificava o tamanho do crime que planejava praticar.

Subitamente, seus pensamentos se deslocaram para Celso. Por que teria tanta raiva desse outro sujeito? Mal o conhecia. Somente o vira umas duas vezes na vida. Mas tinha sido o suficiente para desejar-lhe a desgraça. Seria por causa de Agnes? Ou seria o ódio um traço característico muito seu? Poderia ter a alma doente? Era estranho, pois não sentia essa raiva descontrolada em relação às pessoas que o cercavam. José Carlos não podia entender a si mesmo.

Mas, quando se serviu de um prato e sentou-se à mesa, diante da mãe, um frio estranho percorreu sua coluna. Era como se a consciência reprovasse seus atos ou como se alguém invisível soubesse sobre o homicídio que cometeria em breve.

Olhou para os lados, mas não viu ninguém. Sua mãe perguntou o que acontecera. Ele desconversou. Esmagando o medo e o remorso com pensamentos obliterados, José Carlos imaginou que agora não poderia recuar e que a sorte estava lançada, para o bem e para o mal.

Nesse instante, uma lufada de vento frio o fez ter um espasmo tão forte que os talheres caíram sobre a mesa. Ele olhou para a janela entreaberta da cozinha, percebendo que a friagem não viera dali. Dona Elaine, a mãe, renovou a pergunta anterior. José Carlos não soube o que dizer. Assustado, ele balbuciou qualquer coisa.

Enquanto isso, uma sombra mantinha o olhar penetrante sobre o rapaz. Invisível aos olhos mortais, ela parou por um momento, disparando um último pensamento de censura. A seguir, se retirou da casa, silenciosamente.

Aqueles pensamentos contraditórios que tomaram de assalto a mente de José Carlos tinham sido, na verdade, insuflados por D.

Fernando. Ele tentara, sem sucesso, enfraquecer o ânimo de José Carlos e fazê-lo desistir do intento. Contudo, ao constatar a pertinácia do rapaz no crime, notou que a única coisa a fazer agora era alertar Cristiano, para salvar-lhe a vida. E desta feita D. Fernando tinha convicção de que não podia falhar, como outrora falhara.

Capítulo Oitavo

OS PÊNDULOS

Enquanto o destino de Cristiano parecia selado, o humor de Celso oscilava como o pêndulo de um relógio, vagando entre extremos. Seus sentimentos iam desde o ponto da indiferença até o ápice tormentoso de um Espírito envenenado pelo ódio.

Ferido pelos espinhos do orgulho, Celso ficava tão transtornado que pensava em pôr termo a tudo. Quando era vitimado pela crise, sua mão tremia de raiva e seus olhos esbugalhavam-se, como se procurassem vítimas na escuridão da própria alma. E então ele bebia, na falsa esperança de apaziguar a revolta e esquecer. Isso só funcionava por algumas horas. Durante os lapsos de solitária lucidez, a paixão explodia dentro de si. Pensava em Agnes sem cessar, em uma torturante repetição das cenas felizes do passado.

Por coincidência, justamente no dia em que Agnes recebeu as advertências de José Carlos, ele decidiu ligar para a ex-namorada. Naquele momento, nem mesmo a bebida o acalmara. O álcool perturbador embotara-lhe o juízo o suficiente para que ele desprezasse a prudência.

Do seu ponto de vista, Celso deu sorte. Agnes, recém-chegara da faculdade e atendeu. Ela ainda estava irritada com José Carlos e esse sentimento só cresceu ao perceber que era Celso ao telefone.

Segurando a cintura, como se estivesse pronta para a luta, Agnes decidiu tirar o caso a limpo. Por isso, disse, enfática:

— Que bom que você ligou; precisava mesmo falar contigo!

No rapaz brotou uma pálida esperança, que se desintegrou ao perceber a dureza no tom da voz da ex-namorada.

— Pode falar. – disse ele, entusiasmado.

— Você bebeu? – tornou ela, desconfiada pelo tom de uma voz que conhecia bem.

— Só um pouquinho...

Agnes meneou a cabeça, nervosa. Não tinha certeza se naquele estado ele seria capaz de entendê-la, mas mesmo assim continuou:

— Que história é essa de você ficar rondando o banco?

Apesar de alterado, o rapaz pareceu genuinamente surpreso:

— Eu? Eu não!

— Tem gente que te viu lá na porta! E disse que você estava armado!

Tropeçando nas palavras e no próprio argumento, Celso confirmou, incoerente:

— É, meu pai tem uma arma...É só para se defender... Eu sei usar!

— Celso, já te disse para terminar com isso, se não quiser que a coisa piore!

Quase chorando, o rapaz respondeu entre lamentos ébrios:

— Piorar? Piorar? Não pode piorar, Agnes! Eu te perdi, te perdi para um cara que... um cara que... sei lá...

— Eu vou te falar pela última vez: acabou! Você entendeu? Ou quer que eu chame a polícia? Não vou mais tolerar essa palhaçada! Vou direto na justiça! O que tinha de conversar com a família, com você, já conversei!

— Agnes... Agnes... – atalhou ele, confuso. — Vamos voltar, vai? Eu gosto demais de você!

— Você ainda não caiu em si? Ou está tão bêbado que não consegue me ouvir?

Novamente ele cortou a palavra de Agnes. Agastado, cometeu um erro fatal:

— Agnes! Se você não voltar para mim, vou fazer uma besteira!

A jovem segurou o fone com mais força e quase gritando, indagou:

— Que besteira, Celso? O que você quer dizer?

— Eu me mato!

Agnes fez uma expressão de repúdio interior e mordeu os lábios.

— Pelo amor de Deus, deixa de ser ridículo... Vai dormir!

— Você acha que eu estou brincando? Que eu não falo sério? Eu estou falando sério! Você vai ver! Mas, antes, vou matar o teu queridinho! Juro por Deus! O que você viu, para me trocar por ele? Um tremendo boçal... Um Zé Ninguém!

Definitivamente nervosa, Agnes desligou o aparelho, não sem antes xingar o antigo namorado com uma série de impropérios. Para não ser incomodada pelo resto da noite, tirou o telefone do gancho e foi se deitar. Abalada e confusa, já não podia saber se José Carlos estava ou não mentindo.

Naquela noite, a esperança de Agnes em dormir pacificamente foi infrutífera. Sem saber como agir, rolou a noite inteira na cama, de um lado para outro. No íntimo, não acreditava que

Celso tivesse qualquer vínculo com o assalto anterior ou que tivesse coragem de perpetrar um ato tresloucado. Mas a dúvida, qual um veneno corrosivo, enchia-lhe o Espírito de pavor pois se sentia sitiada, cerceada por inimigos implacáveis.

Ao menos a noite em claro a fez ponderar bastante. Apesar de irritadíssima, nada contou ao pai que a esta altura já pensava em levar o caso às barras dos tribunais, a despeito da antiga amizade familiar. Se Agnes poupou Mário de semelhante dissabor, não titubeou em aborrecer o namorado com um alerta que soava quase como uma declaração de guerra feita por terceiros.

Cristiano, fatigado pela pressão constante, sentiu acender em si o ardor do antigo soldado. O jovem bancário, instigado no plano imaterial por D. Fernando, intuía que o confronto decisivo estava próximo. Só não sabia nem como nem quando ele ocorreria.

Naquela semana, sempre que chegava em casa ele se assegurava de que a arma de Amós estava ao alcance e pronta para uma eventual reação.

Dividido, Cristiano lembrava das antigas aulas cristãs na igrejinha singela. Sempre entendera os ensinos de Cristo como a mais excelsa das filosofias de vida. A ideia mais perfeita, o reflexo mais puro e simples da vontade de Deus.

Contudo, em algum ponto do caminho, ele se desorientara, ferido pela maldade humana. Observando a realidade cruel, sentia-se fraco demais para oferecer a outra face aos perseguidores.

Pouco a pouco, o seu mundo desabara, soterrando-lhe os ideais sob os escombros da realidade. Então, vira emergir dos abismos de sua alma a fera que ele também era. Não se reconhecia mais. Deixara de ser aquele jovem fraternal e pacífico. Aquilo tudo ficara para trás. Os ensinamentos de Cristo, de perdão e de amor ao próximo, se não estavam mortos dentro de si, estavam enfraquecidos demais para encontrarem eco em sua razão.

Ele queria viver em paz; porém, os outros assim não o permitiam. Então, se era forçado a lutar por Agnes, ele lutaria, ainda que tivesse de chegar a extremos. Ao se recordar que em outra época alguém o apartara dela pela violência, sua revolta crescia. Isso não iria acontecer de novo. Faria tudo para desbaratar seus algozes.

Embora achasse legítima a defesa, sabia que se usasse a arma de Amós, carimbaria seu passaporte para a desgraça. Mas Cristiano não temia mais nem o inferno, nem o umbral, nem o purgatório. Ele só temia perder Agnes. E por ela estava disposto a sacrificar sua alma. Na verdade, Cristiano sabia que seu plano de defesa, na mesma medida em que o aproximava de Agnes, o afastava de Deus. E esse era um preço que, embora alto, ele estava disposto a pagar, justamente no momento mais crítico de sua existência.

Capítulo Nono

A EMBOSCADA

O ônibus sacolejava pesadamente pelas ruas esburacadas do bairro feio e montanhoso. Casas esquálidas, encarrapitadas sobre rochas e abismos, davam a impressão de sinistro burgo do umbral.

Cristiano olhava para a luz amarela do teto. Ele possuía a sensação de que sua vida, tal qual o ônibus, estava a ponto de se desintegrar. O amargo pressentimento de que alguém, em algum ponto, se preparava para destruí-lo o enchia de angústia e medo.

Seus olhos, ordinariamente tímidos e vacilantes, agora vasculhavam todos os ângulos do espaço, à procura de eventuais inimigos. Pensando nisso, abraçou a mochila e circunvagou o olhar para os lados. Os passageiros eram os mesmos conhecidos de todos os dias. Muitos dormiam, fatigados, nos bancos carcomidos e podres. Trabalhadores e estudantes aproveitavam o fim de trajeto, quando a condução já estava vazia, para cochilarem um pouco. Cristiano considerou que seus eventuais assassinos o esperariam em outro lugar, não ali. Se é que o esperariam. Pois aquela ideia de perseguição podia ser apenas uma paranoia. De instinto naturalmente precavido, decidiu não arriscar.

O filho de Emília sempre descia duas paradas antes do ponto final. Naquela sexta-feira chuvosa não procedeu de outra forma, de maneira que ele deu o sinal e desembarcou.

Assim que o ônibus desapareceu, Cristiano enveredou-se pela rua principal do bairro, a única que tinha uma iluminação regular, digna do nome. As transversais ruelas encaracoladas nas encostas só tinham a clarear-lhe as calçadas a débil luz externa das casas esparsas.

Uma dessas ruelas servia de atalho para Cristiano. Entremeada de terrenos baldios e íngremes abismos, não existiam ali muitas residências particulares, de maneira que a escuridão predominava.

O rapaz hesitou por um segundo, como se alguém invisível o advertisse a tomar o caminho mais longo e mais seguro. Porém, considerando que todos o conheciam, afastou a ideia de percorrer outro trajeto. Ainda assim, deixou a arma de Amós ao alcance, destravando e colocando-a em posição de tiro.

Ele olhou no relógio de pulso. Eram onze horas e quarenta e cinco minutos. O horário habitual. Não havia ninguém ali, a rua estava totalmente deserta. Ao longe, porém, podia ver a aglomeração na frente de um bar. Como estava na parte elevada do bairro, tinha uma visão privilegiada e podia mesmo ouvir, distante, o som da roda de samba que comemorava a simples aproximação do fim de semana.

Cristiano também comemorava. Terminara as últimas provas e estava para concluir a graduação. Estudante aplicado, não ficaria para exame em nenhuma disciplina, embora as suas notas tivessem decaído um pouco naquele último semestre. Na certa, em virtude da sua complicada situação pessoal. Ele suspirou aliviado ao pensar que conseguiria se formar. Além de se desonerar, teria condições de ascensão profissional. E isso o permitiria consolidar sua relação com Agnes. A ideia de se casar o fascinava. Cogitou em comprar um apartamento longe da periferia e ir para um lugar melhor. Não tanto por ele, que amava a periferia, apesar das tristes lembranças de seu pai e de Amós. Mais por Agnes, pois ela não estava acostumada com a dura realidade dos pobres. Depois teria filhos, trabalharia, juntaria um patrimônio. E realizaria seu maior anelo material: compraria uma casa na praia para levar a mãe, que nunca tinha visto o mar.

Rasgando subitamente esse enlevo, um barulho estranho chamou-lhe a atenção. Ele contemplou o horizonte escuro e em seu cérebro ressoou uma palavra claramente distinta:

— Cuidado!

Sem vacilar, Cristiano abriu a mochila e apanhou a pistola, deixando-a pronta para um disparo. Ele se certificou ter procedido corretamente quando distinguiu ao longe, três homens, que vinham ao seu encontro.

Mergulhado na adrenalina do momento, aguçou a visão e, mesmo na penumbra, reconheceu José Carlos e um dos homens do assalto anterior, que portava uma arma. No caso, era Magrão quem estava ali, acompanhado de Joinha.

Sem notar que Cristiano anulara o efeito surpresa e que já retirava algo da bolsa, José Carlos chegou gritando:

— É hoje que você vai morrer, safado!

Tudo então se passou muito rápido.

Cristiano recuou e sua mochila caiu no chão. Quando Magrão percebeu, atirou, mas como seu alvo se deslocara no espaço, errou. Cristiano, ao contrário, não vacilou. Disparou três vezes, mas já no primeiro tiro Magrão desabou, fulminado por uma bala no peito. José Carlos ficou perplexo. Fez menção de apanhar a arma do comparsa, mas quando viu que Cristiano mirava nele, correu, imitando Joinha, que já fugia há séculos.

Cães ladraram e luzes foram acesas. Todavia, ninguém ousou sair para verificar o que estava acontecendo. Era a lei do silêncio que recomendava o nada ver, o nada saber e o nada ouvir.

Tremendo, Cristiano se aproximou do rapaz que se contorcia nos paralelepípedos úmidos da rua. Ele concluiu que um tiro tão próximo ao coração seria fatal. Todavia, se agachou e afastando a arma da mão do bandido, inquiriu:

— Por que o José Carlos queria me matar?

O rapaz, porém, gesticulava em desespero. Entre os dentes, murmurava, lamurioso:

— Ajuda aí, ajuda aí!

Cristiano ergueu-se e em uma decisão rápida, decidiu evadir-se do local, sem demora. Recolhendo a mochila e o revólver do criminoso, correu para casa, prestando atenção para não cair em uma nova armadilha.

Somente quando o barulho cessou é que os vizinhos saíram e correram até Magrão, para prestar socorro. Até então, presumia-se que ele fora vítima de latrocínio e foi assim que os vizinhos deram parte à polícia. Quando esta, afinal, chegou, Magrão há muito morrera. O corpo demorou a ser removido e o boletim foi lavrado como sendo de autoria desconhecida. Com o defunto, a polícia encontrou documentos pessoais, o que facilitou o reconhecimento da vítima e de sua longa ficha criminal. Isso ensejou a um arquivamento informal das investigações.

Ao contrário da polícia, Cristiano não conseguiria arquivar o ocorrido. Abalado pelo que fizera e pela certeza de que o plano anterior fora arquitetado não por Celso, mas sim por José Carlos, ele simplesmente estava em choque. Quando ouviu os comentários no bairro de que a pobre vítima morrera antes de chegar ao hospital, pensou em se entregar.

Ocultando a fatalidade da família, Cristiano escondeu as armas sob a caixa d'água e ligou para a namorada, no sábado pela manhã. Chorando muito, mal conseguiu explicar o que ocorrera.

Preocupada, Agnes o acolheu em sua casa e, certificada da gravidade do caso, pediu a ajuda do pai. Mário, cuja especialidade passava longe do direito criminal, convidou um colega para participar de uma reunião.

Após ouvir a versão do namorado de Agnes, Hélvio, o advogado, indagou:

— Certo, Cristiano! E o que você quer fazer?

— Eu vou à delegacia! Eu vou me entregar! Não posso aguentar! – esclareceu o jovem, choroso, sob o olhar atento de Agnes, que estava consternada. Ela não duvidava um segundo sequer da inocência do namorado, mas sabia que a justiça poderia pensar de outra forma e comprometer-lhes o futuro. Hélvio parecia compartilhar dessa linha de raciocínio, pois considerou:

— Calma! Em primeiro lugar, vamos evitar o flagrante! Eu vou investigar o assunto! Consultarei camaradas da polícia que tenham acesso às investigações. Cristiano, você não pode se precipitar, nem ser idealista demais. Nessas situações, normalmente o caso termina sem qualquer elucidação!

Cristiano não queria complacência e refutou:

— Doutor Hélvio, eu não posso viver com esse peso na consciência!

— Consciência é um luxo, rapaz. Além do quê, você só se defendeu de uma injusta agressão!

Cristiano guardou a cabeça entre os braços e permaneceu irredutível. Queria se apresentar à justiça, para ao menos, ser absolvido pela lei dos homens, porquanto imaginava já estar condenado pela lei divina. Ele ainda não estava totalmente livre dos velhos dogmatismos.

De toda sorte, concordou em esperar até que Hélvio terminasse as pesquisas.

Com a ajuda de Mário, Cristiano obteve uma licença médica e se escondeu em um sítio de propriedade dos tios de Agnes. Para a mãe, Cristiano avisou que viajaria por uma semana, de férias. A história despertou suspeita em Ester, pois ela percebeu que o irmão deixara toda a roupa em casa. Todavia, decidiu não assustar a mãe e sustentou a mentira, diante das inquietantes perguntas de dona Emília, sobre o anormal comportamento do filho.

Uma semana depois, Hélvio retornou, trazendo detalhes precisos. Na casa dos Miraflores ele espalhou as notícias que tinha. Na verdade, boas notícias.

— Bem! – começou o advogado. — Agora é oficial: o rapaz morreu mesmo. Mas você não deve ficar com remorsos, Cristiano. Era um bandido, com várias passagens. Ele tinha antecedentes por roubo, agressão e ameaça. Não era flor que se cheirasse. A polícia acredita que foi um assalto malogrado ou acerto de contas. Os detetives não vão gastar muita gasolina e saliva para saber o que aconteceu com esse malandro. De maneira que, se você se entregar, vai mexer com um vespeiro, sem contar que a família do falecido poderá te perseguir.

Cristiano refletiu por um segundo, mas contrariando a opinião de todos, inclusive a de Agnes, apresentou-se às autoridades. Acompanhado por Hélvio, contou sua versão e entregou as duas armas. O delegado, experiente, entendeu que Cristiano falava a verdade e decidiu fazer uma acareação com José Carlos. Viaturas policiais foram despachadas para a casa do ex-bancário, enquanto que Cristiano esperaria o desenrolar do inquérito e do processo, em liberdade.

José Carlos estava voltando para casa quando viu, estacionadas na porta, duas viaturas da polícia civil. Informado pela família que as autoridades estavam à sua procura e que tinham deixado uma intimação para que comparecesse à delegacia, ele entrou em desespero. Imaginou que fora descoberto e que seria preso. Decidiu desaparecer. Sacou o dinheiro que tinha disponível e fugiu para o interior de Minas Gerais.

Não chegou a ser formalmente apontado pela justiça, mas os amigos de Magrão o acusaram de covardia, traição e golpe, por não pagar o que devia aos comparsas. No tribunal sumário do submundo, José Carlos foi condenado à morte. Seria executado, se fosse apanhado no bairro.

José Carlos foi esperto o suficiente para não mais voltar, mas não esperto o bastante para viver afastado de confusões. Oito anos depois, foi vitimado pela ira de um marido que não suportou a vilania do adultério e que limpou a própria honra com o sangue da esposa e do amante.

Celso, por sua vez, ao saber que Cristiano matara uma pessoa, atiçou sua cautela e desapareceu. Considerando que o rapaz era um adversário temível, decidiu sumir de vez, desistindo para sempre do seu antigo amor, porque julgava que nada mais havia a fazer. Auxiliou-o no esquecimento uma nova namorada, Beatriz. O relacionamento entre eles foi atribulado, mas afinal, acabou libertando-o das algemas do passado. Mesmo assim, ele jamais esqueceu a paixão de sua vida, Agnes. Guardou secretamente em seu coração o desejo de um dia tê-la novamente em seus braços. Mas, essa tênue esperança feneceu com o dobrar dos anos.

Cristiano manteve em segredo o seu problema com a justiça, mesmo depois que a corte o absolveu, por legítima defesa. Além da família, o único amigo que ficou sabendo do ocorrido foi Reinaldo.

Ainda que terminasse inocentado, Cristiano permaneceu por muitos anos como prisioneiro de si mesmo. O crime perpetrado não lhe saía da cabeça e ele era réu confesso da própria consciência.

Apesar disso, ele viu sua vida se desdobrar dentro da normalidade possível a um jovem batalhador. Casou-se com Agnes, comprou um apartamento e depois uma casa na praia, tendo a satisfação de realizar o maior sonho de dona Emília.

Nessa fase, Cristiano achava que poderia usufruir um rasgo de felicidade, em um mundo de tormentos. Contudo, não podia prever que novos sonhos emergiriam das profundezas do ego, transformando o cotidiano em terrível pesadelo.

Epílogo

Revelações

Durante oito anos, Cristiano não teve grandes perturbações. Apenas nutria certa mágoa contra si mesmo, pelo que tivera de fazer. Contrariar seus princípios religiosos e morais o deixara angustiado. Aquela era uma ferida que não sarava. Para melhorar sua condição psicológica, começou a frequentar palestras espíritas. Tinha a esperança de alicerçar dentro de si um perdão ou uma justificativa que o confortasse.

Todavia, inesperadamente, a partir do oitavo ano do ocorrido, começou a ter sonhos estranhos, com figuras vociferantes a persegui-lo, sendo afastadas sempre pela proteção onipresente de D. Fernando, que parecia velar por sua segurança na Terra e no além.

Relacionando o assassinato que praticara aos pesadelos, Cristiano entrou em colapso, receoso ainda de uma reação de José Carlos e dos outros comparsas. O esposo de Agnes sentia-se seguro no âmbito físico, já que mudara de emprego e de endereço. Todavia, não sabia se o verdugo do passado iria atuar em outras esferas. Imaginava que poderia ser vítima de ataques espirituais por encomenda ou por mera vingança.

Foi dominado por uma constante mania de perseguição, o que lhe comprometeu o já fragilizado equilíbrio emocional. Cristiano tornou-se um homem taciturno, que pouco conversava com a esposa. O relacionamento afetivo do casal caiu em uma fase de dura frieza.

Agnes não conseguia ter acesso ao íntimo do marido e isso era o que ela mais queria no momento, pois também estava abalada e por um motivo óbvio: apesar das tentativas e de um tratamento rigoroso, não conseguia engravidar. Os lamentos da moça tornavam a vida matrimonial de ambos em um tribunal de mudas acusações.

Em uma noite, Cristiano, em pleno desdobramento, reencontrou José Carlos. Este, assumindo uma postura agressiva, o ameaçava de destruição.

Cristiano acordou sobressaltado e, como de hábito, pediu orientação ao seu protetor, D. Fernando. Sempre econômico nas palavras, o guia sugeriu, telepaticamente:

— Peça ajuda!

A figura de Reinaldo, com quem Cristiano ainda mantinha amizade, logo lhe assaltou o pensamento. Certo de que havia problemas no plano espiritual, telefonou para o jovem psicólogo e lhe contou o problema. O amigo respondeu:

— Pode haver algo mais no passado, algo que você não chegou a tocar da última vez. Seria bom ver de onde vem esse ódio de José Carlos! Teve notícias dele?

— Não, nunca mais! Nem sei se está vivo ou morto!

Cristiano mal poderia saber que, nessa altura, José Carlos já estava morto e que o acompanhava em Espírito.

— É melhor – disse Reinaldo — você tentar uma nova regressão. Vou avisar o Everaldo e te marcar uma consulta!

Cristiano concordou. Conversou naquela noite com Agnes. A moça indagou se poderia assistir à sessão. Cristiano desaconselhou, porque não sabia se seria ético, mas diante da insistência da esposa, prometeu pedir ao terapeuta.

Após estudar o caso e o pedido, Everaldo concordou com a presença de Agnes. Ele entendia que sentimentos reprimidos talvez estivessem dificultando a gravidez da jovem e que algum detalhe, emergindo do passado, podia contribuir para a solução do problema.

A sessão começou com Cristiano entrando facilmente em um nível profundo de relaxamento. Agnes observava o marido, entre curiosa e cética.

Enquanto Everaldo falava manso, a cabeça de Cristiano rolava sobre o divã, de um lado para outro. Aos poucos, ele desenterrou uma realidade soterrada por séculos de esquecimento.

O terapeuta, ao perceber que a hipnose já invadia o inconsciente, sugeriu:

— Vá ao ponto em que surgiram os problemas com seus inimigos. O que você vê?

Cristiano começou a balbuciar de forma audível:

— Eu vejo um campo... Grande... Vasto... Vai até onde a vista alcança e se mistura com o céu! Há grama verde por toda parte. São pradarias...

— Onde fica isso?

— Ásia? Ásia...

— Em qual país você está?

— Não é um país como nós conhecemos! É a terra de um líder! Um reino! O reino do grande Khan!

— Khan?

— É, nosso imperador! Gengis!

— Gengis Khan?[43]

— Sim!

[43] Chefe Militar (1162-1227), fundador do império Mongol.

— Qual o ano?

— Não contamos o tempo por anos! Mas, Gengis já está bem velho!

Agnes ouvia a narrativa sem se impressionar. Sabia que o marido gostava de história. Era possível que Cristiano tivesse obtido tais informações em livros ou na televisão. Permaneceu atenta.

— Há alguma cidade por perto? – indagou Everaldo, que desejava conhecer o palco no qual as cenas se desenrolavam.

— Por perto, não! Mas na rota sul, há grandes capitais!

— Você pode mencionar uma?

— Ora, você nunca ouviu falar de Samarkand[44]? Todos conhecem Samarkand...

— E você vai lá?

— Raramente! Só fui umas duas ou três vezes! Não gosto de cidades!

— O que você foi fazer lá?

— Trocar mercadorias! Peles por tecidos e especiarias. Sal, principalmente!

— E a vida é boa? É tranquilo para vocês?

— Não. É perigoso! Estamos sempre em disputas com os vizinhos pelas pastagens e pela caça!

— Você tem família?

— Sim, sou casado! Tenho duas esposas! Sou respeitado! Bom guerreiro! E meu pai é o chefe, tenho regalias!

Enquanto Agnes se mostrava desconfortável, Everaldo insistiu em saber mais:

— E filhos?

— Vivos, tenho três. Dois morreram quando bebês.

— Você reconhece essas pessoas hoje em dia?

[44] Cidade no atual Usbequistão.

— Não! Apenas Ester. É uma das minhas filhas!

— E o teu pai, você reconhece?

Cristiano se remexeu no divã e disse, calmamente:

— Sim, é D. Fernando. É o líder do clã!

Aparentemente satisfeito por compor o quadro familiar, Everaldo partiu para descobrir um evento que fosse mais importante nessa vida:

— Vá até um momento significativo!

A resposta foi imediata:

— Um cavaleiro chega! Vem sozinho!

— Quem é ele?

— Um tártaro[45]! Um inimigo! A tribo dele vivia roubando nossos rebanhos! Nós os massacramos. Os sobreviventes foram para uma área mais isolada. Nós iríamos destruí-los a todos, mas Gengis proibiu! Ele quer usá-los como soldados! Assim, temos de deixá-los em paz! Nós, mongóis, detestamos os tártaros! São covardes e ladrões!

— Você conhece esse homem?

— Sim. É José Carlos!

Everaldo referia-se à situação do tártaro naquela vida, mas achou interessante a informação. Não interrompeu, apenas mudou o foco:

— E o que ele quer?

— Proteção e vingança!

— Em relação a quê?

— Ele é líder de um bando. É nosso vassalo. Seu irmão mais novo quer lhe tirar do comando da tribo porque ele se

[45] Tártaro é um termo genérico usado pelos europeus para designar povos das estepes. Pode abranger tribos de origem mongol ou turca. Aqui há uma clara distinção entre Mongol e Tártaro, sendo que estes últimos parecem ter alguma correlação com tribos de origem turca.

sujeita a nós! E também porque quer lhe roubar a mulher! Se ele morrer, o irmão mais novo herdará a liderança, o rebanho e a esposa!

Nesse instante, Cristiano parou. Parecia fazer uma comparação mental com o presente. Em seguida, concluiu:

— É Celso!

— Quem?

— O irmão mais novo! É Celso! Ele quer matar José Carlos!

Agnes considerou intimamente que as coisas começavam a se encaixar.

— E vocês vão ajudá-lo?

— Nós deliberamos! Meu tio impõe a sua opinião! Ele acha que não nos convém um rival fortalecido.

— Quem é seu tio?

— João... Juan... Amós? Meu irmão, Amós?

Everaldo não quis discutir esse detalhe e foi em frente.

— O que ficou decidido?

— Nós vamos ajudar! Teremos luta! Mas, estou preparado! Será bom me exercitar no arco! Sou excelente arqueiro! O melhor das estepes!

— E o que vocês fazem?

— Levamos José Carlos até o seu acampamento! Exigimos que o irmão mais novo seja entregue!

— Para...

— Ser morto! Será um escarmento para os tártaros e para todos aqueles que querem nos desafiar!

— Eles aceitam?

— Não facilmente... – e nesse momento Cristiano dá uma risada irônica, de maldade.

— O que acontece?

— Eles lutam! Mas é uma luta desigual! Somos muito mais numerosos. A maioria dos homens é abatida! Os que são leais a José Carlos são poupados em um primeiro momento!

— E o que acontece com o irmão mais novo?

— Com o Celso? Nós o prendemos! Está amarrado! Na nossa tradição, um inimigo capturado deve morrer dolorosamente, sem honra!

— Ele vai ser torturado?

— Sim! E morto! Meu pai diz que esse dever cabe a mim!

— E o que você faz?

Cristiano então balança a cabeça, como se não quisesse contar. Diante da insistência de Everaldo, ele esclarece:

— Nós o cozinhamos lentamente na fogueira! Depois, quando estamos saciados dos seus gritos, o tornamos alvo de nossas flechas. Eu obrigo José Carlos a terminar o serviço e matar o irmão com uma faca pequena, para que tenha de ser golpeado várias vezes. Depois, arranco as orelhas do morto e as entrego para José Carlos.

— E a coisa termina por aí?

Cristiano negaceia novamente e continua:

— Não! Antes de morrer ele clama pelos deuses da justiça e diz que jamais esquecerá essa ofensa! Há muita gritaria entre as velhas e as crianças. Mas, nós nos surpreendemos quando a mulher de José Carlos corre e se abraça a Celso. Ela é realmente linda e não gosta do marido! José Carlos tem de arrastar a própria esposa pelo cabelo, para soltá-la do condenado. Os nossos riem. Mas eu não. Eu fico sério! Acho a mulher bonita e a quero.

Celso a amaldiçoa por trazer a desgraça para o clã! Ele a acusa de bruxaria, de tê-lo tentado com a promessa de liderança apenas para se livrar do marido. A mulher chora. Então, começamos a execução. Ela é levada para a tenda e só ouve os urros do amante!

Depois de matar o irmão, José Carlos a arrasta novamente para fora e entre berros pergunta se Celso está bonito! A jovem se debate e começa a agredir o marido. Ele revida com socos e pontapés. Nós assistimos a esse espetáculo entre risos bestiais e instigações insanas. Mas, eu não suporto ver a jovem apanhando. Tiro uma flecha da aljava e acerto o marido. Ele cai de joelhos. Disparo outra seta. O homem se contorce. Meus soldados também o tornam alvo. Ele é crivado de flechas. Antes de sucumbir, lança para mim um olhar de ódio.

— O que você faz, então?

— Dou garantias à mulher de que ninguém mais da tribo dela morrerá, se ela vier comigo! Ela aceita e os meus não se opõem. É um espólio de guerra!

Agnes observava a hipnose, assustada por uma história surgir tão completa em poucos minutos. E ficou perplexa quando ouviu:

— Você conhece essa mulher?

— Claro! É Agnes!

Everaldo dá um olhar significativo para a jovem, após o que se volta para o paciente.

— E o que acontece depois?

— Ela se torna a minha esposa favorita. Será bem tratada, mas morrerá de parto! Eu fico triste e morro dois invernos depois, de pneumonia. Eu não me protejo do frio como seria de se esperar.

— O que de mais importante você extraiu daquela vida?

Sem titubear, Cristiano respondeu:

— Que matar é inútil! Que a guerra é inútil. O ódio de nossos inimigos continua vivo dentro e fora de nós!

Caiu um silêncio perturbador. Agnes, ficou se perguntando se era por isso que não conseguia engravidar. Emocionada, deixou lágrimas caírem. Pensou que tudo tinha terminado. Mas não era ainda o fim.

Cristiano subitamente esticou-se no divã e sua expressão facial mudou radicalmente, bem como a voz que a seguir se manifestou. Era um tom rouco, travado, com uma pronúncia distinta que Agnes reconheceu por comparação.

— Sim! – disse a voz. — O ódio é a única coisa que não morre! E atravessa os séculos! Se você, Agnes, pudesse sentir o meu ódio, teria medo por mil anos!

Everaldo interferiu ao perceber que uma personalidade intrusa[46] se fizera presente.

— Quem é você?

— Pergunta para ela! Agnes me conhece bem! Quando me trouxeram aqui, imaginava que ia ouvir um monte de bobagens! E, nossa! Eu já nem me lembrava mais dessas coisas! Traidores! Todos vocês! Todos! Por isso que os detestava! Vocês sempre; sempre planejaram a minha perda! Aqui, em Portugal, no reino do Khan! São oitocentos anos sofrendo! E querem que eu esqueça?

— Qual o seu nome? Pode se identificar?

— Meu nome nessa última vida foi José Carlos! Agnes me conheceu bem! Trabalhou comigo! E me repudiou mais uma vez!

— E por que está aqui?

— Não foi por minha vontade! Outras pessoas me conduziram até este local! Mas, agora que vim, vou dizer: não sossegarei enquanto eles estiverem felizes! Vou importunar até enlouquecê-los! Em especial este!

Agnes tremia, apavorada e aflita. A forma de falar era toda de José Carlos. Cristiano não podia estar fingindo ou imitando, mesmo porque ignorava se o sujeito estava realmente morto. Everaldo permanecia calmo e argumentou:

---

[46] A presença de personalidades intrusas não é anormal no processo hipnótico, que, quando levado a níveis profundos, torna-se também um processo mediúnico.

— Oitocentos anos já não são suficientes? Não é tempo de se perdoar, esquecer e seguir em frente? Amar e ser amado?

— É isso o que dizem! Celso pode ter esquecido e perdoado! É um fraco! Eu não!

— Pelo que vi, você está longe de ser inocente!

— Nunca fui santo, doutor! Mas, só colhi a indiferença e o desprezo! Como posso amar se nunca fui amado? Se a mulher que sempre amei só me devotava desprezo? Se ela tivesse lançado um olhar, dito uma palavra doce; se tivesse alimentado o que havia de melhor em mim, então eu seria outro!

— Não pode exigir isso dela!

— Como não, doutor? Ela foi minha esposa e me traiu com o meu irmão! Em Portugal ela me preteriu por Celso! E, no Brasil, casou-se com Cristiano! Ela nunca me deu uma chance de provar o quanto a amava. Eu tive de me desvirtuar e morrer assassinado mais uma vez, para que ela pudesse me notar. E só me notou porque estou infernizando a vida deles! Caso contrário, seria esquecido para sempre! Como um lixo!

— Você não é um lixo, Zé Carlos! – interrompeu Agnes.

— Mas, você sempre me tratou como tal! E agora quer que eu te deixe em paz?

— Por favor, Zé!

— Nunca! Se você tivesse me amado, ao menos um pouco, eu te perdoaria! Todavia, desprezo se paga com vingança!

Agora Agnes chorava copiosamente. Sentia-se de certa forma culpada. Poderia ter tratado José Carlos melhor. Poderia tê-lo tornado um amigo, alimentando-o com ternura e carinho. Ao invés disso, deixara transparecer sempre o seu desprezo, a repulsa que por ele sentia. Comovida, ajoelhou-se e chorando implorou:

— Eu peço o teu perdão, por tudo o que aconteceu! Eu não sabia! E se você me perdoar, hei de te oferecer o meu amor, algum dia, de alguma forma!

A entidade pareceu vacilar. Emocionada, disse:

— Não acredito em você...

— Eu juro, Zé! Farei o possível para reparar os meus erros. O que eu posso fazer?

— Não! Não! Não! Você está mentindo!

— Não estou! Eu só quero viver em paz! E, se para isso eu tiver apenas de amar você, então o preço será muito pequeno!

José Carlos começou a soluçar. Aquelas palavras de Agnes o tocaram profundamente. Com dificuldade, disse:

— Você sabe que é isso que eu quero e mais nada. Ser amado de qualquer jeito, de qualquer forma! Só um pouco que for! Você seria capaz de gostar de mim?

— Eu te juro de todo o meu coração! Poderemos nos amar no futuro, quando esquecermos as mágoas mútuas. Nós nos amaremos com pureza, sem dores, sem exigências, sem traumas!

Lágrimas também escorriam pela face de Cristiano. O silêncio agora foi mais longo.

— Sim! Talvez Deus seja misericordioso comigo a ponto de me permitir essa graça, apesar de tudo o que fiz!

— Deus não condena ninguém para sempre, meu irmão! – replicou Everaldo, percebendo que a resistência da entidade começava a desabar.

— É o que me dizem aqui! Querem que eu conheça a paz! Acho que já é a hora! Estou exausto! Que Deus me perdoe! Não quero mais... Viver assim... Cheio de dor... Triste... Vou com eles! – e virando o rosto para Agnes, que permanecia ajoelhada, disse:

— Eu te dou a minha paz e o meu amor! Eu te amarei para sempre, Agnes!

E Cristiano então suspirou profundamente. Everaldo chegou a pensar que tudo terminara, mas foi surpreendido por uma nova entidade, que falava com forte sotaque português:

— Ele já foi! Receberá o devido tratamento! E, minha filha, lembra para sempre dessa promessa, pois ela será testada em poucos anos! Terás de vencer as tuas prevenções e se dedicar de corpo e alma àquilo que te causará no futuro muitos transtornos! É com amor que se acalma o ódio!

— Quem é você? – indagou Everaldo.

— Sou Fernando, o antigo pai e protetor de Cristiano! Ele está livre para ser feliz contigo, minha filha! E eu pago o meu débito ao juntá-los definitivamente, posto que os separei por algumas vezes, em Portugal. Agora vós estais livres, assim como eu...

E, ao terminar a frase, afastou-se, fazendo com que Cristiano despertasse. O ex-evangélico não se lembrava de nada do que ocorrera, mas ficou satisfeito em saber que tudo terminara bem.

Agnes levou consigo as palavras de Fernando, sem porém, consegui-las traduzir adequadamente. Nunca soube com exatidão o que elas significavam.

Cristiano também não conseguiu responder, pois logo suas prioridades mudaram. Menos de um mês após a regressão, ele descobriu, feliz, que seria pai.

Pouco antes do parto, em uma noite quente de sábado, o casal se abraçava na varanda do apartamento. Eles trocavam doces ideias sobre o nome do menino que viria em breve. Agnes escolheu Antônio Marcos e comentou, preocupada:

— Será que é José Carlos?

Cristiano beijou a testa da esposa e disse, carinhoso:

— Não importa! O que passou, passou! É o nosso filho! Nós o amaremos do fundo do nosso coração! Não haverá ódio entre nós!

Agnes sorriu, apoiando a cabeça no ombro do marido com tranquila segurança. Eles sabiam que na vida humana o amor é a única escada que nos permite ascender a um caminho de felicidade rumo ao infinito.

❀

Longe dali, em um plano de suaves vibrações, dois Espíritos amigos se encontravam e trocavam saudações:

— Baruch! Quanta felicidade em rever-te, professor!

— E tu, como estás, Fernando?

— Melhor agora que encontrei a solução adequada para os meus tutelados!

— E o fizeste bem, pelo que soube!

— Espero! Agnes logo será mãe de um companheiro nosso, muito necessitado de reencarnar! Está voltando cedo, mas assim será melhor para todos!

Baruch coçou a barba e comentou, sério:

—Tenho acompanhado o caso! Não era muito favorável, mas o conselho optou por fechar o círculo. Esperemos que Jesus nos auxilie e que realmente o projeto dê bons resultados!

—Tu não achas que Antônio Marcos foi preparado para isso? – indagou Fernando.

— Preparado ele foi! Mas é um Espírito rebelde! Não sei se estará pronto para conviver com o homem que lhe tirou a vida! Pode haver muito rancor inconsciente!

Os dois amigos se referiam a Magrão. Preocupado, Fernando disse:

— Tu tens razão nesse aspecto, meu amigo. Oremos para que esse passado seja esquecido. Mesmo porque Antônio Marcos está destinado a ser o pai de José Carlos em algumas décadas. Tempo suficiente para que Agnes possa transmitir aquele amor que prometeu.

— É verdade! – tornou Baruch. — Esperemos que os laços familiares sufoquem as ofensas mutuamente praticadas.

— Será que eles conseguirão? – perguntou Fernando.

O antigo professor sorriu e disse, tranquilo:

— Os homens são os construtores de seus destinos. Só haverá paz na Terra, Fernando, quando entendermos de fato, que nunca saberemos realmente até que ponto somos os ofendidos ou os ofensores...

FIM

Século XVI	Século XX
Cristiano de Braga	Cristiano Xavier
Inês Lopes	Agnes Miraflores
Celso de Braga	Celso
José Nuno Gonçalves	José Carlos
Karim Al Saadi	Reinaldo
Juan de Extremadura	Amós Xavier
Ísis de Braga	Ester Xavier
Júlio Orestes	Pastor Eduardo
Vicente de Braga	Bernardo
Felipa de Braga	Beatriz
Leão Lopes	Mário Miraflores
Abelardo	Josivaldo
Amir	Joinha
Alef	Magrão
D. Fernando	D. Fernando (desencarnado)
Baruch (Caetano Coelho)	Baruch (desencarnado)
Álvaro Gusmão	Caetano do mercadinho

Romances

Voltando Para Servir

Adriana de Souza L. Eugênio / Duílio

16 x 23 | 224 Pág.

Quando Helena engravida, acontecimentos estranhos começam a ocorrer: seu marido Beto sente ciúmes do bebê tornando a vida da esposa insuportável. Os Espíritos das trevas querem impedir a reencarnação dessa criança e, para isso, tentam sugestionar a mãe a abortar e influenciam antigos desafetos do pai para que colaborem a fim de que a gestação seja interrompida.

Revivendo Lembranças

Maria Teresinha Panelli / João do Matto

16 x 23 | 256 Pág.

Estabelecido em um local estratégico do plano espiritual, João do Matto é uma espécie de confessor de almas, um Espírito que tem por tarefa ouvir e auxiliar as entidades sofredoras. O que se vê é um desfile de almas amarguradas que buscam superar deslizes morais, por meio da expiação e da conscientização de que a justiça divina é perfeita e que dá a cada um segundo suas obras.

Libertos Pelo Perdão

Marcial Jardim / Álvaro

16 x 23 | 384 Pág.

Durante a Segunda Guerra Mundial, milhões de seres humanos tiveram suas vidas ceifadas em nome do preconceito e do ódio. Todavia, Deus lhes concedeu nova oportunidade encarnatória, onde vítimas e algozes se reencontram para, valendo-se das perfumadas veredas do perdão, intentarem se reconciliar.

Uma Janela Aberta

Nadir Paes Viana / Jair Amorim

14 x 21 | 288 Pág.

O amor sincero de Judith, a jovem filha de um fazendeiro, e Benzinho, humilde servidor de seu pai, mostra que a discriminação social não conseguiu impedir o curso dos nobres sentimentos.

Colhendo Bênçãos

Roberto de Carvalho / Basílio

16 x 23 | 352 Pág.

Apresentando graves sintomas de doença terminal, não acusada em exames clínicos, Juliano recebe tratamento em um Centro Espírita, onde é desvendada a perseguição de vingadores espirituais.

Uma História de Perdão

Roberto de Carvalho / Basílio

14 x 21 | 224 Pág.

Elias tem a vida arruinada pela maldade do seu patrão, que falsamente o acusa de haver cometido um crime. Após cumprir longa pena num presídio, fica sabendo que o ex-patrão está morto. Endurecido pela revolta, vive sem objetivos, até encontrar no espiritismo esclarecimento e conforto às suas dores.

Cicatrizes na Alma

Roberto de Carvalho / Glorinha

14 x 21 | 224 Pág.

Após conturbado relacionamento, numa encarnação marcada por ambição e egoísmo, duas inimigas enfrentam o desafio de conviverem em família, como sogra e nora, numa nova experiência encarnatória.

Sem o Véu das Ilusões

Roberto de Carvalho / Basílio

16 x 23 | 256 Pág.

Emocionante história de Beatriz que, aos 16 anos, entrega-se a uma grande paixão e se desilude. Grávida, abandonada pelo namorado, e com medo da reação do pai, comete suicídio. Conduzida para uma colônia de tratamento, descobre que seu drama tem origem numa encarnação passada e conclui que o suicídio se revela como um terrível engano.

Obras de Nelson Moraes

Respostas que a Vida Dá

Nelson Moraes

14 x 21 | 224 Pág.

Nesta importante e inspirada obra, Nelson Moraes traz várias respostas às indagações que inquietam e desafiam a mente humana. São experiências coletadas nos acontecimentos cotidianos, fruto de suas pesquisas e de seu duradouro trabalho dedicado à seara espírita.

Magnetismo

Nelson Moraes

14 x 21 | 128 Pág.

Este livro contém uma abordagem esclarecedora sobre as variedades do Magnetismo intrínseco à natureza humana. Contém valiosos esclarecimentos que irão auxiliar o leitor a desenvolvê-lo e aplicá-lo como ferramenta para o sucesso e para a felicidade.

Um Roqueiro no Além

Nelson Moraes / Zílio

14 x 21 | 128 Pág.

Roqueiro famoso, surpreendido pela morte prematura causada pelo uso abusivo de álcool e de drogas, se vê diante de uma realidade que jamais imaginara. Propagador da libertade incondicial, submetido à lei de causa e efeito, se viu preso à sepultura durante longo período. Mais tarde, livre dessa situação, percorreu os vales de sofrimentos até alcançar o equilíbrio.

Para Onde Iremos Após a Morte?

Nelson Moraes / Aulus

14 x 21 | 128 Pág.

Para onde vão as crianças? De que forma somos protegidos das "balas perdidas", dos acidentes, das enfermidades... Quais as consequências espirituais do aborto? Como conquistar a paz e a segurança? Saiba tudo isto e muito mais! O Espírito Aulus através do médium Nelson Moraes, em desdobramento, responde à muitas perguntas sobre os temas do momento.

Obras de Saara Nouisiainen

Nós e o Mundo Espiritual

Saara Nouisiainen

11 x 15 | 208 Pág.

Tudo sobre o mundo espiritual e seu interrelacionamento conosco, nos milenares processos evolutivos do ser humano e da vida.

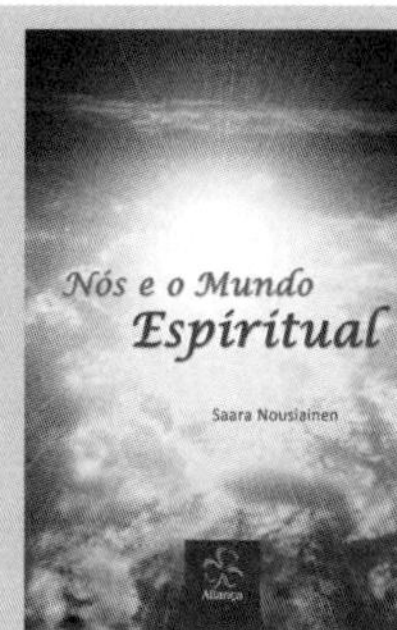

Mundo Espiritual

Saara Nouisiainen

14 x 21 | 256 Pág.

Nesta obra, Saara Nousiainen, de forma simples, direta e elucidativa, aborda diversos temas relacionados à Doutrina Espírita, utilizando o método de perguntas e respostas. Nela, o leitor tirará suas dúvidas sobre questões como: reencarnação, leis divinas, obsessão, mediunidade, expiação, conflitos familiares, etc., e o inevitável intercâmbio entre os mundos material e espiritual.

Chegou a Hora... E Agora?

Saara Nouisiainen

16 x 23 | 224 Pág.

Nesta obra, a autora, com seu estilo envolvente e esclarecedor, indica a melhor forma de nos prepararmos para os eventos referentes à transição planetária, além de nos capacitar a colaborar como presenças benéficas nos acontecimentos vindouros.

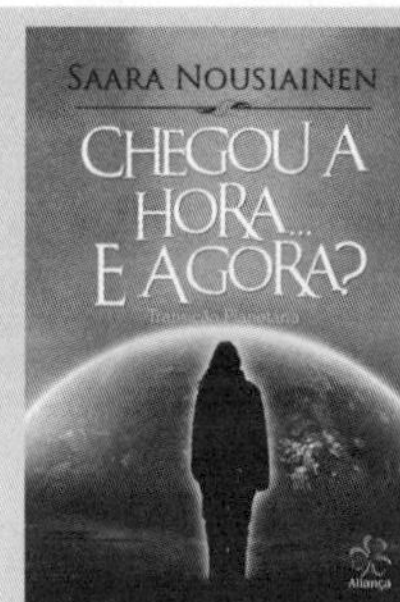

Um Forró no Umbral

Saara Nouisiainen

16 x 23 | 256 Pág.

Com seu estilo leve e agradável, por vezes divertido, a autora traz na trama desses enredos verdades profundas que geralmente não são percebidas no cotidiano. Com 24 contos em que se combinam lições de vida e emoções.

Amor ao Cair da Tarde

Cláudia Marum / Rodolpho

14 x 21 | 224 Pág.

Este romance narra a história de Laura, uma moça romântica, criada em berço espírita, que sofre uma grande decepção amorosa. O drama de Laura encontra explicação em experiências vivenciadas em sua encarnação anterior, mostrando que, graças à lei da reencarnação, todos somos herdeiros de nossas próprias ações.

Buscando a Luz

Edison Carneiro e Manuel S. / Espíritos Diversos

16 x 23 | 384 Pág.

No cenário geográfico e histórico do Brasil físico, humano e espiritual, entre 1750 e 1925, acompanhamos Manuel, um espírito mediano, atravessando encarnações malsucedidas e tomadas de consciência no plano espiritual, estacionado na sua evolução.

Caminho dos Mentores

Léa Caruso / José

14 x 21 | 288 Pág.

Uma narrativa sobre homens valorosos que acreditaram no Cristo e saíram a semear a lei de amor e caridade, no início da era cristã.

As Vidas de Arthur

Ana Diegues / Alberto

16 x 23 | 256 Pág.

Será que é verdade que nossos pensamentos e atitudes podem atrair bons ou maus Espíritos? Como isto acontece? Estas e outras perguntas serão respondidas nestas páginas que trazem a vida de Arthur, um Espírito rebelde e perdido que no ponto mais baixo de sua existência é apoiado por amigos sinceros e tem uma história de superação reencontrando o caminho da harmonia.

Campanha de Preservação da Vida
EDITORA ALIANÇA
Tema: PREVENÇÃO AO SUICÍDIO

Campanha de Preservação da Vida
EDITORA ALIANÇA
Tema: ABORTO